Renate Künast
Klasse statt Masse

Renate Künast

KLASSE STATT MASSE

Die Erde schätzen,
den Verbraucher schützen

Econ

Der Econ Verlag ist ein Unternehmen
der Econ Ullstein List Verlag GmbH & Co. KG, München

1. Auflage 2002

ISBN 3-430-18372-3

Inhalt

Für Rüdiger

Vorwort

Krisen meistert man am besten,
indem man ihnen zuvorkommt.
WALT WHITMAN, 1819–1892

Dieses Zitat des amerikanischen Lyrikers Walt Whitman fand ich im Spätsommer 2000 auf einer Pfefferminzschachtel. Da es mir gefiel, habe ich es sogleich der versammelten Runde von Kolleginnen und Kollegen vorgelesen. Der Grüne Bundestagsabgeordnete Matthias Berninger und ich, seinerzeit Bundesvorsitzende der Grünen, befanden uns auf einer Klausurtagung im Jagdschloss Hubertusstock, einem Juwel Honeckerscher Staatsgüter in der Nähe von Berlin.

Ein gutes halbes Jahr später saßen Berninger und ich wieder beisammen – diesmal im neuen Bundesministerium für Verbraucherschutz, Ernährung und Landwirtschaft. Wir steckten mitten in der BSE-Krise und – unverhofft – in den Anfängen einer neuen Ära deutscher Politik. Plötzlich fiel uns Whitmans Spruch wieder ein. Verwundert stellten wir fest, dass das Zitat ein früher Vorbote unserer gemeinsamen Aufgabe, die wir jetzt zu bewältigen hatten, gewesen war. Das Motto, dass Krisen sich am besten meistern lassen, wenn man ihnen zuvorkommt, begleitet uns bei unserer täglichen Arbeit seither ständig. Denn es macht immer wieder aufs Neue deutlich, dass es zum konsequenten, vorbeugenden Verbraucherschutz keine Alternative gibt!

Die BSE-Krise hatte ans Tageslicht gebracht, dass unsere Lebensgrundlage gefährdet war, weil wir uns auf die

Sicherheit unserer Lebensmittel (»Mittel zum Leben«) nicht verlassen konnten. Die Gesundheit der Menschen und ihrer Mitgeschöpfe, der Tiere, stand auf dem Spiel. Den Bürgerinnen und Bürgern wieder Vertrauen in die Nahrungsmittel zu verschaffen, hatte bei unserer Arbeit im neuen Verbraucherschutzministerium fortan höchste Priorität.

Bereits bei meiner Regierungserklärung sagte ich klar und ohne Umschweife, worauf wir uns eingelassen hatten: »Vor uns liegt ein langes steiniges Tal.« Mit jedem weiteren Tag ging dieses Wissen in Erfahrung über, und jedes Kapitel dieses Buches zeigt, wie viel Arbeit noch vor uns liegt!

Dies ist die Chronik des ersten Jahres einer Politik, die sich an den Menschen, den Verbraucherinnen und Verbrauchern, den Bäuerinnen und Bauern ausrichtet. Und somit an Ihnen, den Leserinnen und Lesern. Ich habe diese Monate in Gedanken noch einmal Revue passieren lassen und lade Sie ein, mich zu begleiten – durch das Dickicht der Fakten, durch die Verflechtungen der Lebensmittelproduktion, durch die verworrenen Wege der europäischen Agrarpolitik hin zu einer globalen Verantwortung im respektvollen Umgang mit den Ressourcen unserer Erde, den Menschen und seinen Mitgeschöpfen, den Tieren. Dieses Buch enthält persönliche Schilderungen der Ereignisse seit meiner Ernennung zur Ministerin sowie viele Hintergrundinformationen. Einige meiner Mitarbeiterinnen und Mitarbeiter habe ich dabei namentlich erwähnen können. Mein Dank gilt aber allen Mitarbeiterinnen und Mitarbeitern für ihr Engagement und ihre Unsütützung.

Mein Appell an die Leserinnen und Leser lautet: Ich brauche Sie! Unterschätzen Sie Ihre Macht nicht! Nutzen Sie Ihren Einfluss als kluge Konsumentinnen und Konsumenten! Vielleicht kann Ihnen dieses Buch als ein – kleiner – Instrumentenkoffer in Ihrem Bemühen dienen, sich verbraucherpolitisch bemerkbar zu machen und Ihre Möglichkeiten zu nutzen.

1962 definierte John F. Kennedy die vier fundamentalen Rechte der Verbraucher:

* das Recht auf Sicherheit
* das Recht auf Information
* das Recht auf Wahlfreiheit
* und das Recht, Gehör zu finden.

Um den Kampf zur Umsetzung dieser Grundrechte geht es hier. Er erfordert harte Auseinandersetzung und viel Geduld. Schon kleine Erfolge sind bei dieser Herkulesaufgabe ein entscheidender Schritt in die richtige Richtung.

Das Ziel unserer Verbraucherschutzpolitik, die sich durch alle Lebensbereiche zieht, definiert sich durch ein Kriterium: Wir müssen dafür sorgen, dass wir Politik für die erste Generation des 21. Jahrhunderts machen. Das Grundrecht auf Wahlfreiheit muss auch für sie noch gelten.

Die kommenden Generationen haben nur dann eine Chance auf ein Leben in einem intakten sozialen Umfeld und einer gesunden Umwelt, wenn wir eines beherzigen: die Erde zu schätzen und den Verbraucher zu schützen. Das heißt konkret, uns für einen nachhaltigen Umgang mit den Ressourcen dieser Welt und einen würdigen Umgang mit dem anderen zu entscheiden.

Im ersten Jahr ging es uns um die Sicherheit der Lebensmittel. Das vielleicht ein wenig übersteigert klingende Ziel des »ernährungsbezogenen Verbraucherschutzes« haben wir damals in drei Worte gefasst: »Klasse statt Masse«. Nur drei Worte, tatsächlich aber fast eine kleine Revolution auf demokratischem Fundament.

Im Frühjahr 2002
Renate Künast

1

Die Entscheidung

Der 9. Januar 2001 begann wie andere Tage auch. Morgens stiefelte ich durch das winterkalte Berlin zu meinem Büro in die Bundesgeschäftsstelle von Bündnis 90/Die Grünen. Fritz Kuhn und ich waren zu jener Zeit Bundesvorsitzende. Bereits vormittags liefen in der Bundesgeschäftsstelle die Telefone heiß, und die Gerüchteküche brodelte. Nachmittags dann bestätigte Andrea Fischer einem kleinen Kreis, dass sie vorhabe zurückzutreten. So richtig real wurde das Ganze aber erst, als uns unser Bundesgeschäftsführer Reinhard Bütikofer kurz vor 18 Uhr vor den Fernseher rief: Andrea Fischer – im Hintergrund die blaue Wand mit dem hellgrünen Schriftzug »Bundespressekonferenz« – erklärte ihren Rücktritt vom Amt der Gesundheitsministerin. Sie hatte sich zu diesem Schritt entschlossen wegen der anhaltenden öffentlichen Kritik an ihrem Krisenmanagement in Sachen BSE. Indem Andrea Fischer politisch Verantwortung für eine Krise übernahm, deren Ausmaß eigentlich andere zu verantworten hatten, wurde auch unser Koalitionspartner in Zugzwang versetzt. Keine zwei Stunden später legte Landwirtschaftsminister Karl-Heinz Funke von der SPD sein Amt nieder. Der siebte BSE-Fall aus deutschen Rinderbeständen hatte sich bestätigt, zusätzlich zu den sechs Fällen aus Beständen, die in den neunziger Jahren importiert worden waren. Deutschland galt nun offiziell als BSE-Land.

Unvergesslich sind die schrecklichen Bilder von erkrankten Rindern: torkelnd, stürzend, sabbernd und schreckhaft. BSE, auch Rinderwahnsinn genannt, ist eine Seuche, die erstmals 1986 in England erkannt wurde. Nach allem, was wir über diese tödliche Krankheit zu wissen glauben – und das ist allen Forschungsanstrengungen zum Trotz nicht viel –, wird sie durch körpereigene, infizierte Eiweiße (Prionen) verursacht. Im Endstadium durchsieben diese Prionen das Hirn wie einen Schwamm. Die Wissenschaft nimmt an, dass sich die Krankheit durch die Nahrungskette vom Magen-Darm-Trakt der Tiere auf das Hirn überträgt: Jahrelang hatte die Futtermittelindustrie Tiermehl produziert, welches die Landwirte ohne Kenntnis der möglichen Risiken an ihre Rinder verfütterten. Das war eine weit verbreitete Methode, Schlachttiere mit Proteinen rascher zu mästen und aufzuziehen – und eine ekelhafte, denn auf diese Weise hatte man Pflanzenfresser zu Kannibalen gemacht. Tiermehl besteht aus den Überresten toter Tiere, mitunter aber auch aus anderen tierischen Abfällen wie etwa Hühnerdreck oder Schweinekot. Einige Hersteller haben offenbar sogar Sägemehl, Ölreste oder Industrieabwässer unter das Tiermehl gemischt: unsere Nutztiere als lebende Müllverwerter!

BSE

Die Wissenschaft nimmt an, dass BSE entstanden ist, weil Rinder mit Tiermehl gefüttert wurden und der darin enthaltende Erreger durch den Magen-Darm-Trakt ins Hirn der Tiere wandern konnte. In Großbritannien enthielt dieses Tiermehl Ende der achtziger Jahre die zermahlenen Leichen von an Scrapie erkrankten Schafen. Scrapie (»Krätze«) ist eine mit BSE verwandte Gehirnkrankheit von Schafen und Ziegen, die man schon seit mehr als zweihundert Jahren kennt. Weil die Hersteller das Tiermehl bei der Produktion nicht vorschriftsmäßig erhitzt hatten, konnte der Erreger vermutlich überleben und die Artengrenze Schaf/Ziege-Rind überschreiten, um sich dann gefährlich auszubreiten. BSE hat eine Inkubationszeit von vier bis fünf Jahren. Der Erreger könnte aber ebenso über die künstliche Ersatzmilch, die so genannten »Milchaustauscher«, weitergetragen worden sein. In der Intensivlandwirtschaft, die sich von der Extensivlandschaft im Wesentlichen dadurch unterscheidet, dass das Futter nicht mehr auf dem eigenen Hof hergestellt, sondern zum Großteil zugekauft wird, ist es gängige Praxis, die Kälbchen gleich nach der Geburt von der Mutterkuh zu trennen. Anstelle der Muttermilch füttern die Bauern die Kälber mit Milchaustauschern, einem pulvrigen Milchersatz. Dieses Milchpulver hatten die Hersteller bis zum Verbot Anfang Dezember 2000 mit den Fetten verendeter Rinder angereichert – unter Umständen eben verseuchter Rinder. In den Fettschmelzen wurden mitunter ganze Rinderköpfe mit Hirn verwendet.

Es scheint auch einen Zusammenhang zwischen BSE und der verwandten, für den Menschen tödlichen, neuen Form der *Creutzfeldt-Jakob-Erkrankung* zu geben. 106 Menschen sind mittlerweile an dieser Hirnkrankheit gestorben, die meisten davon in Großbritannien, in Irland und Italien gibt es einen und in Frankreich drei Todesfälle. Die neue Form der Creutzfeldt-Jakob-Krankheit überträgt sich wahrscheinlich durch den Verzehr von Rindfleisch; da die Inkubationszeit lang ist, müssen wir noch weitere Todesfälle erwarten. Nach dem gegenwärtigen Wissensstand scheint bei je einer Million Einwohner

jeweils ein Todesfall aufzutreten. Wie genau BSE ver-
läuft und auf den Menschen übertragen wird, ist noch
immer nicht bekannt. Bislang kann die Forschung den
BSE-Erreger nur bei toten Rindern über zwei Jahre
an einer bestimmten, kleinen Stelle im Hirn – der
Obex-, zu Deutsch Gehirnstammregion – nachweisen. Erst, wenn sie entschlüsselt haben wird, wie die
Prionen vom Magen zum Gehirn wandern, kann sie
die Krankheit auch an lebenden Rindern testen: Die
Wissenschaft ist fieberhaft damit beschäftigt, dem
Rätsel auf die Spur zu kommen. Obwohl die BSE-
Gefahr schon jahrelang bestand, und allein in Großbritannien von 1987 bis 2000 rund 180 000 Fälle
bekannt geworden waren, galt Deutschland lange als
BSE-frei – viel zu lange. Der Deutsche Bauernverband
und vor allem Bayerns Ministerpräsident Edmund
Stoiber hatten lautstark jegliche Gefahr bestritten. Bis
zuletzt stand Stoiber an der Spitze des Verharmlo-
sungskartells, und als in Deutschland der erste BSE-
Fall auftrat, versuchte er diesen sogar noch politisch
zu instrumentalisieren. Darauf, dass die Hälfte aller
bislang bekannten BSE-Fälle in Bayern aufgetreten ist,
mag sich jeder seinen eigenen Reim machen ... In
Schleswig-Holstein meldete die Tierärztin Margrit
Herbst zwischen 1990 und 1992 19 Schlachtrinder,
die ihr BSE-verdächtig vorkamen. Doch niemand reagierte. 1994 ging Herbst mit dem Vorwurf an die
Öffentlichkeit, Rinder seien trotz BSE-Verdachts in
die Lebensmittelkette gelangt. Daraufhin wurde ihr
fristlos gekündigt. Es folgten öffentliche Diffamie-
rungen, Prozesse, Arbeitslosen- und Sozialhilfe. Es
dauert bis zum November 2001 bis Herbst endlich
zwei wohlverdiente Preise, den »Welt-Ethik-Preis für

Zivilcourage 2001« und den »Whistleblower-Preis
2001«, erhielt. Rehabilitiert und entschädigt ist sie
trotzdem immer noch nicht!

Es hatte zwar immer wieder Einfuhrverbote für britisches
Rindfleisch gegeben, und die zuständigen Ministerien hatten eine Reihe wichtiger Maßnahmen ergriffen. Besonders
Bärbel Höhn hatte sich mit ihren Forderungen nach einer
veränderten BSE-Politik bei der Agrarlobby immer wieder
unbeliebt gemacht. Im Gegensatz zu ihr haben die meisten
anderen die Gefahr für Deutschland jedoch nicht richtig
eingeschätzt.

Ungeachtet der Tatsache, dass schon 1996 ein wissenschaftlicher Bericht der EU-Kommission in Brüssel vorlag,
in dem die Ausbreitung von BSE vorausgesagt wurde, hatte man für den Ernstfall in keiner Weise vorgesorgt. Und
der trat mit dem ersten Verdacht am 24. November 2000
auf: In Schleswig-Holstein wurde das erste BSE-infizierte
Rind entdeckt, das im Land geboren war; am 26. November bestätigte sich der grausige Verdacht. Kurz darauf folgten sechs weitere Fälle. Das war aber nur der Anfang. Mit-
lerweile haben wir bald 150 Rinder registriert, die an BSE
erkrankt sind.

Unter den Verbrauchern machten sich große Unruhe und
Unsicherheit breit. Die Versuche von Gesundheitsministerin Andrea Fischer, entsprechende Vorkehrungen zu treffen, scheiterten. Als schließlich Separatorenfleisch in Wurst
gefunden wurde – Separatorenfleisch ist ein Erzeugnis, das
nach dem Entbeinen durch maschinelles Abtrennen von
frischem Restfleisch von Knochen (Kopfknochen und Röh-
renknochen ausgenommen) sowie Enden von Gliedmaßen
und Schweineschwänzen gewonnen wird und das im Zuge
der BSE-Krise aus dem Verkehr gezogen worden ist –, geriet

17

Fischer in den Strudel der Ereignisse. Sie und Landwirtschaftsminister Karl-Heinz Funke zogen ihre politischen Konsequenzen.

Kuhn, Bütikofer und ich waren beeindruckt, wie souverän Fischer ihre Rücktrittserklärung meisterte, keiner von uns wollte in diesem Moment in ihren Schuhen stecken. Nachdem wir den Fernseher ausgestellt hatten, saßen wir betreten beisammen. Wir suchten nach einer Nachfolgerin für Andrea Fischer. Bundeskanzler Gerhard Schröder machte uns ein Angebot: Ihr könnt das Gesundheitsressort wieder haben oder ihr übernehmt das Landwirtschaftsministerium. Landwirtschaft und Verbraucherschutz sollten verbunden und Zuständigkeiten des Verbraucherschutzes aus dem Gesundheitsministerium sowie aus dem Wirtschaftsministerium in das neu zu gestaltende Ministerium integriert werden: Ein solches Angebot konnten wir nicht ablehnen. Mir war klar, dass Agrarpolitik in Brüssel gemacht wird. Hier hat sich zum Beispiel Friedrich Wilhelm Graefe zu Baringdorf, Vorsitzender der Arbeitsgemeinschaft bäuerliche Landwirtschaft (AbL), als langjähriger Vorsitzender des EU-Agrarausschusses verdient gemacht. Auch Fachleute wie Hardy Vogtmann, erster Professor für Öko-Landbau in Deutschland und heute Chef des Bundesamtes für Naturschutz, sowie die Grünen Politikerinnen Ulrike Höfken und Steffi Lemke haben seit vielen Jahren die Grundlagen einer Grünen Landwirtschaftspolitik entwickelt, ganz zu schweigen von Bärbel Höhn, der Grünen Landwirtschafts- und Verbraucherschutzministerin in Nordrhein-Westfalen. Die Grünen hatten nach der letzten Bundestagswahl 1998 das Umweltministerium im Blick, während im Bau-, im Verkehrs- und im Landwirtschaftsministerium sehr wichtige umweltpolitische Bereiche nicht von uns verantwortet wurden. Durch Gerhard Schröders Angebot hatten wir nun die Chance, mit dem Landwirtschaftsressort unsere Kernkompetenz in der Umweltpolitik auszuweiten.

NACHHALTIGE LANDWIRTSCHAFT

Nachhaltige Landwirtschaft bedeutet, dass natürliche Ressourcen und ihre Funktionsfähigkeit für heutige und nachfolgende Generationen bewahrt werden. Die Bodenfruchtbarkeit und die biologische Vielfalt bleiben erhalten oder werden sogar verbessert. Es gilt, Mineraldünger und Pflanzenschutzmittel bedarfsgerecht und effizient einzusetzen. Umweltbelastende Stoffverluste, insbesondere Ammoniakemissionen und Nitrateinträge in die Gewässer, sind so weit wie möglich zu vermeiden. Begrenzt verfügbare endliche Ressourcen, wie beispielsweise Erdöl, müssen schonend verwendet werden. Das Ziel ist, diese Ressourcen, wo immer sinnvolle technische Möglichkeiten bereits vorhanden sind, durch erneuerbare Ressourcen zu ersetzen.

Auf dem vorläufigen Höhepunkt der BSE-Krise brauchten wir eine Kandidatin, der die Öffentlichkeit die schwierige Aufgabe zutrauen würde. Nach längerem Hin und Her sahen mich Kuhn und Bütikofer plötzlich beide gleichzeitig an und sagten: »Renate, dann musst du das machen! Du bist gegenwärtig die herausragendste Grüne Frau, eine, die die Partei akzeptiert und die in der Öffentlichkeit damit identifiziert wird, dass die Grünen wieder mit Volldampf voraus wollen!« Ein Gefühl von Trockenheit machte sich in meinem Mund breit. Alles, was ich in diesem Augenblick sagen konnte, war: »Fritz, hast du bitte eine Aspirin für mich?« Kuhn stand sogleich auf und legte mir eine Tablette hin. »Ich muss mal eine Viertelstunde raus«, stöhnte ich und verließ den Raum. Ab da begann für mich ein intensiver Prozess des Nachdenkens. Viel Zeit zum Entscheiden hatte ich nicht, denn schon in wenigen Stunden erwartete uns der Kanzler, um unsere Antwort zu hören. Zuvor waren wir noch mit Joschka Fischer verabredet.

Mir war klar, dass ich diese Herausforderung annehmen würde – am Willen zur Verantwortung mangelt es mir nicht. Es reizt mich, einen Prozess zu gestalten und mich strategisch in Richtung meines Zieles zu bewegen. Mitunter dachte ich zwar noch einmal: Fällt mir denn wirklich niemand anderes ein? Doch dieser Gedanke wurde sofort von meiner Neugierde verdrängt. Ich war positiv angetan von der Management- und Organisationsaufgabe. Unbefangen und unbeugsam alles zu hinterfragen tat Not: Wie konnte es zu der BSE-Katastrophe kommen? Was ist falsch gelaufen – in der Landwirtschaft, in der Futtermittel- und Lebensmittelindustrie, im Umwelt- und Tierschutz? Wer hat mit wem paktiert, wer ist mit wem wie verwoben? Wer hat sich bereichert? Was muss zugunsten der Verbraucher, der Tiere und der Umwelt geändert und damit für die Landwirte getan werden? Zugleich war ich mir durchaus bewusst, dass diese politische Aufgabe bedeuten würde, festgefahrene Strukturen aufzulockern, Konflikte zu lösen und Innovationen auf den Weg bringen zu müssen. Mit BSE war alles anders geworden.

Es schien mir, als herrsche gerade an Facharbeitern und Lobbyisten kein Mangel. In diesem Amt geht es nicht darum, eine Kuh melken oder eine Lebensmittelanalyse durchführen zu können. Vielmehr ist es ein Vorteil, dass ich – anders als meine Vorgänger – nicht mit dem System verbandelt bin: Das erlaubt mir einen neutralen Blick und unabhängigere Entscheidungen. Vorrang hat, einen Prozess zu organisieren, der die jahrzehntealte Landwirtschaftspolitik reformiert. Kein Grund für Illusionen: Ich würde mich auf einen langen, harten Marathonlauf einlassen. Meine bisherigen Lebens- und Berufserfahrungen würden mir jetzt zu Hilfe kommen.

Zu der an mich herangetragenen Aufgabe habe ich einen emotionalen Zugang. Meine Eltern lebten in Reckling-hausen, wo ich 1955 als zweites von vier Kindern zur Welt kam. Mein Vater hat uns Kindern viel über die Pflanzen- und Tierwelt beigebracht. Jeden kleinsten Halm, jeden Vogel oder Baum erklärte er uns, weshalb ich schon früh Weizen von Roggen und Gerste unterscheiden konnte. Es ist schade, dass dieser Bezug zur Natur so vielen Stadt-kindern heutzutage verloren gegangen ist und sie Kühe oder Pferde oft nur noch aus dem Buch oder Fernsehen kennen. Alle Kinder sollten die Möglichkeit haben, die Lebendigkeit und Sinnlichkeit der Natur zu erfahren, auf Bäume zu klettern, Tiere und Pflanzen kennen zu lernen, zu wissen, wie sie sich anfühlen und riechen. Mir bringt es noch heute große Freude zu beobachten, wie etwas wächst. Wer Samen sät und Knollen in die Erde steckt, erlebt, wie sich etwas entfaltet. So liebe ich es, diese Begeis-terung weiterzugeben und Kindern beizubringen, wie Pflanzen funktionieren – wie sie entstehen, sich ernähren und wie sie wachsen.

Die Grünen sind schon immer für den Schutz der Natur und Umwelt eingetreten. Am 15. November 2001 hat der Bundestag die Novellierung des Bundesnaturschutzgeset-zes beschlossen. Über fünfzehn Jahre hatten die Vertreter von Industrie, Landwirtschaft und Umweltschutz wegen dieser Reform gestritten. Vier Legislaturperioden lang sind die Regierungen an dieser Aufgabe gescheitert. Die dama-ligen Umweltminister Angela Merkel und Klaus Töpfer mussten sich dem erbitterten Widerstand der Landwirte beugen. Unserer rot-grünen Koalition ist dieser Schritt nun gelungen. Das Gesetz sieht Folgendes vor: Für Landwirte gelten verschärfte Naturschutzauflagen, und Umweltschutzverbände dürfen bundesweit gegen schädliche Bau- und Verkehrsprojekte klagen. Außerdem wird der Artenschutz gestärkt und müssen die Bundesländer künftig 10 Prozent der Fläche Deutschlands als schutzwürdige Biotope ausweisen. Die Grünen waren die Vorläufer der internationalen Umweltbewegungen, und in Sachen Umweltschutz sind wir weltweit noch immer Vorreiter. Von früh an haben wir eine andere Landwirtschaft propagiert und den Öko-Landbau gefördert. Unsere Ökologen und Landwirtschaftspolitiker entwarfen Gegenmodelle zu den bestehenden Agrar- und Wirtschaftsformen. Im Jahr 2000 hatten wir in Münster einen Bundesparteitag, der sich mit dem Thema Landwirtschaft und ländlicher Raum beschäftigte; unsere Vorstellungen vom ländlichen Raum haben wir anschließend auf der Internationalen Grünen Woche vorgestellt. Das sind altbekannte und immer wieder aktuelle Themen für uns Grüne. Die Erde zu schützen ist mir ein Anliegen und wie so viele meiner Parteifreunde war ich in der Anti-Atomkraftbewegung aktiv.

Aus all diesen politischen und persönlichen Erwägungen heraus war es für mich keine Frage mehr, dass ich dieses Ministerium übernehmen wollte. Ich sah es als ungeheure Chance, hier Grüne Politik durchzusetzen: der Landwirtschaft eine Perspektive zu geben, die Tiere zu schützen, die Natur zu erhalten und vor allem die Verbraucher zu schützen.

Am späten Abend saßen wir bereits bei Joschka Fischer im Büro: wir, die beiden Parteivorsitzenden sowie unser Fraktionsvorsitzender Rezzo Schlauch und seine Kollegin Kerstin Müller. Umweltminister Jürgen Trittin war auch dabei – aus dem Urlaub über die Lautsprechanlage des Telefons zugeschaltet. Ich war von den Ereignissen ziemlich beeindruckt und von den Anwesenden die Schweigsamste. Auf andere wirke ich in Stresssituationen stets, als sei ich die Ruhe selbst. Die Erfahrung hat mich gelehrt, dass Gefühlswallungen in schwierigen Situationen ganz und gar nicht helfen. Nur wer die Ruhe bewahrt, behält den Überblick.

Wir haben bei Joschka Fischer noch einige Pros und Contras erörtert, doch es wurde rasch einvernehmlich beschlossen: »Renate soll das machen.« So sind wir zum Kanzler ins Büro gegangen. Er residierte damals noch neben dem Palast der Republik im alten Staatsratsgebäude. Wir haben ihm mitgeteilt, dass die Grünen das Amt einer Ministerin für Verbraucherschutz, Ernährung und Landwirtschaft besetzen möchten. Die Sozialdemokraten würden demnach das Gesundheitsministerium übernehmen.

Im Anschluss diskutierten wir über die politische Situation nach den Rücktritten, aber auch über die Chancen – so wurde bereits zu diesem Zeitpunkt die Idee für ein Bundesamt für Verbraucherschutz geboren. Als wir uns trennten, war es fast Mitternacht. Für Bundesgeschäftsführer Bütikofer ging die Arbeit weiter. Noch nachts rief er erste Grüne an, um sie für die Parteiratssitzung am darauf folgenden Vormittag einzuladen, auf der dem Bundesvorstand und den Ländervertretern meine Kandidatur vorgeschlagen werden sollte.

Der Parteirat stimmte meiner Kandidatur zu. Ich war im Reinen mit meiner Entscheidung und empfand Respekt vor der Verantwortung: Ich würde nun die Leitung von 939 Mitarbeiterinnen und Mitarbeitern im Ministerium und 5353 weiteren Angestellten und Beamten im nachgeordneten Bereich, insbesondere der Forschung, übernehmen. Der BSE-Erreger hatte das Vertrauen der Bürgerinnen und Bürger in das Landwirtschaftsministerium zerstört, ein Vertrauen, das es wieder herzustellen galt. Ich legte mir sofort einen Aktionsplan zurecht: Welche Schritte sind jetzt notwendig, mit wem muss ich mich beraten, welche meiner früheren Mitarbeiterinnen und Mitarbeiter nehme ich mit ins Ministerium, welche ersten Maßnahmen müssen wir mit Blick auf BSE ergreifen, welche Besprechungen sind nötig, welche Signale setzen wir?

Mein kleiner Rucksack, in den ich am vorangegangenen Tag meine Saunasachen gestopft hatte mit der Absicht, abends gemütlich in die Sauna zu gehen, stand noch immer in der Bundesgeschäftsstelle. Wochen später hat ihn mein Fahrer dann tatsächlich völlig verwaist an derselben Stelle unter dem Schreibtisch gefunden, wo ich ihn am 9. Januar abgesetzt hatte.

2

»Frau Minister?«

Am Tag nach der Entscheidung waren die Journalisten auf der Pressekonferenz höchst gespannt zu erfahren, wer der künftige Landwirtschaftsminister sein würde. Angesichts der BSE-Angst und der allgemeinen Verunsicherung wollte die Bevölkerung verständlicherweise wissen, wie es nun weitergehen würde. Erwartungsgemäß war die Überraschung groß: Der neue Minister, so erfuhr die Öffentlichkeit, würde erstmals *eine Ministerin* sein und erstmals eine Grüne Politikerin. Mehr noch, die Neue ist keine Landwirtin – wie alle ihre Vorgänger, sondern Juristin. Frau, Grüne, Juristin – da hatten einige, vor allem die alteingesessenen Agrarlobbyisten, eine Kröte zu schlucken. Andere haben sich sehr gefreut, nicht zuletzt meine Mutter und meine Schwester. Mein Vater wäre gewiss stolz gewesen. Er hätte sich nicht träumen lassen, dass seine Tochter eines Tages in der Regierung sitzen würde.

Noch in der Grundschule habe ich hart kämpfen müssen, um überhaupt die Realschule besuchen zu dürfen! Meine Eltern waren ganz und gar dagegen, denn sie waren einfache Leute – Kfz-Mechaniker und Hilfsschwester im Krankenhaus. Mein Vater sagte, dass sich eine bessere Bildung für Töchter nicht lohnen würde, weil Mädchen sowieso früh heirateten. Wo meine Eltern herkamen, waren Frauen nicht erwerbstätig. Zu jener Zeit, in den sechziger

Jahren, war das noch nicht gang und gäbe, selbst das Eherecht ist ja erst Ende der siebziger Jahre reformiert worden! Ich war das erste Kind in der gesamten Sippschaft, welches sich mit den bestehenden Verhältnissen und der Familientradition nicht zufrieden geben wollte. Zu verdanken habe ich diesen Drang zu keinem geringen Maß meiner damaligen geliebten Klassenlehrerin Brunhilde Verstege, der ich kürzlich einmal wieder begegnet bin. Die hatte meine große Neugierde stets gefördert. Wochenlang habe ich meine Eltern terrorisiert, ich wolle nicht auf die Haupt-, sondern auf die Realschule. Mein Ziel war das Abitur. »Ich will, ich kann, aber ich darf nicht!«, so mein gängiger Spruch, an den sich meine Familie noch heute mit großer Belustigung erinnern kann. Obwohl klein und schüchtern, war ich fest entschlossen, und ich hatte die nötige Disziplin und den langen Atem zur Durchsetzung meines Ziels. Es war aber vor allem der Unterstützung und den Überredungskünsten meiner Lehrerin zu verdanken, dass meine Eltern schließlich einlenkten.

Als die Realschule zu Ende ging, hatte sich meine Mutter gewünscht, dass ich Bankkauffrau werden würde. In meiner wilden Fantasie sah ich mich Anfang der Siebziger täglich in grauem Faltenrock und mit onduliertem Lockenkopf in die Bank stöckeln. Eine Vorstellung, die mir so gar nicht behagen wollte. Ich konnte mich viel eher damit identifizieren, Kripobeamtin zu werden. Mir kam es nie in den Sinn, die klassische Frauenrolle einzunehmen, wie das damals allenthalben noch üblich war.

So kam es, dass ich erfolgreich die Fachhochschulreife erreichte und in Düsseldorf Sozialarbeit studierte. 1976 brach ich auf nach Berlin, wo ich im Strafvollzug mit Drogenabhängigen arbeitete. Als Sozialarbeiterin in der Männer-Justizvollzugsanstalt Berlin-Tegel durfte ich Konfliktfähigkeit, starke Nerven und diplomatisches Geschick entwickeln. Zu jenem Zeitpunkt war ich mit 21 Jahren noch sehr jung. Das allein kann es doch nicht gewesen sein!, dachte ich ungeduldig und voller Tatendrang. Mich hat der Kern der Dinge stets interessiert und ich war nun überzeugt, dass ich mit dem Jurastudium nicht nur ein tieferes Verständnis für Zusammenhänge entwickeln könnte, sondern auch einen Einblick in den Werkzeugkasten bekäme: Welche Instrumente brauche ich, um politische Probleme zu lösen, Lebensbedingungen zu verändern, Strategien erfolgreich zu verfolgen? Ich begann folglich neben meiner anstrengenden Sozialarbeit noch an der Freien Universität Berlin Rechtswissenschaften zu studieren. 1979 beschloss ich, mich ausschließlich dem Jurastudium zu widmen. Doch die Zeiten waren zu bewegt, als dass das ganz so klappte, wie ich es vorhatte. Nicht nur im Frühsommer 1979 hielt ich es für angebrachter, in der Republik Freies Wendland im Hüttendorf zu sein und gegen den Bau des atomaren »Endlagers« in Gorleben zu kämpfen.

In die Studienzeit fiel auch meine Politisierung. Gleich zu Beginn meines Studiums der Putsch in Chile am 11. September 1973. Die Militärjunta unter General Pinochet verhängte den Ausnahmezustand. Politisch sensibilisiert war ich zuvor schon dadurch, dass ich mich von der elterlichen Rollenvorgabe abgegrenzt hatte und aus der Familiennorm ausgebrochen war. Und so fühlte ich mich in Berlin von der Alternativen Liste, den Vorläufern der Grünen, besonders angezogen: Hier vereinten sich die Menschenrechtler, die Vertreter der Anti-AKW-Bewegung, der Friedens- und Umweltbewegungen. Sie stellten endlich die richtigen und politisch notwendigen Fragen – undogmatisch, demokratisch, kreativ und voller Visionen. Und was mir besonders wichtig war: Sie haben einem das Denken nicht verboten, und die Kehrseite der Medaille wurde immer mitgedacht! Ende der siebziger Jahre war das für mich die Alternative, und ich empfand das Zusammentreffen mit den Grünen Gründungsmitgliedern geradezu wie eine Befreiung.

Kaum hatte ich zu Ende studiert, bin ich 1985 für die Alternative Liste in das Berliner Abgeordnetenhaus gewählt worden. Nach zwei Jahren schied ich wegen des Grünen Rotationsprinzips wieder aus und arbeitete als Rechtsanwältin. 1989 gab es eine rot-grüne Koalition in Berlin, und ich fand mich aufs Neue im Abgeordnetenhaus, als Fraktionsvorsitzende in der rot-grünen Landesregierung mit Walter Momper. Das war eine aufregende, interessante Zeit, in der ich bis ins Detail lernte, Politik zu machen, und Gelegenheit hatte, eine Menge wichtiger Erfahrungen zu sammeln. Als Fraktionsvorsitzende wird man ständig mit Konflikten konfrontiert, man muss jonglieren, vermitteln, Mehrheiten schaffen und ein Auge auf die Gesamtzusammenhänge behalten. In dieser Zeit wurde politisch viel Neues umgesetzt – wir haben zum Beispiel das Gleichstellungsgesetz durchgeboxt, den Hochsicherheitstrakt und die politische Staatsanwaltschaft abgeschafft sowie auf die Aufarbeitung der deutschen NS-Vergangenheit gedrängt. Im November 1989 fiel die Mauer. Fortan waren wir mit der Herstellung der Berliner Einheit beschäftigt und dem Versuch, zwei Teile einer Stadt zusammenzubringen. Bald werden wir getrost sagen können: Wo immer unsere Eltern herkommen – aus Ost, West, aus der Türkei oder aus Polen –, was zählt, ist die Lust, etwas aus dieser Stadt zu machen.

Ab 1991 waren wir in der Opposition. Eine ruhigere Zeit war angebrochen, die ich nutzte, um viel zu reisen und auch international Kontakte aufzubauen. Ich unterrichtete an der DRK-Fachschule für Altenpflege Rechtskunde, eine Tätigkeit, die mich auch nach Temesvar/Rumänien führte. Spannend waren auch Demokratieseminare in St. Petersburg, die im Rahmen der TACIS-Programme der EU stattfanden. 1998 war ich wieder für zwei Jahre Fraktionsvorsitzende. Im Anschluss an die Bundestagswahl vom September, in der Gerhard Schröder endlich Helmut Kohl ablöste, war ich Mitglied der Verhandlungskommission, die die Koalition zwischen SPD und Grünen aushandelte. 1999 Spitzenkandidatin in Berlin und schließlich von Juni 2000 an zusammen mit Fritz Kuhn Bundesvorsitzende von Bündnis 90/Die Grünen.

Nach so viel Entwicklung und Bewegung in meinem Leben stand ich nun am 12. Januar 2001 beim Bundespräsidenten, in dessen Berliner Amtssitz, Schloss Bellevue. Johannes Rau überreichte der neuen Gesundheitsministerin Ulla Schmidt (SPD) und mir im Beisein des Kanzlers die Ernennungsurkunden. Das war beeindruckend, aber auch beklemmend, denn im gleichen Zuge erhielten Andrea Fischer und Karl-Heinz Funke ihre Entlassungsurkunden. Unmittelbar im Anschluss kam jemand auf mich zu und sprach mich an: »Frau Minister, wir sind hier, um Sie abzuholen.« Ich fand es amüsant, dass mich noch einige Tage alle mit »Frau Minister« ansprachen, weil sie das Wort Ministerin nicht über die Lippen bekamen!

Der Fahrer brachte mich ins Bundesministerium in der Berliner Wilhelmstraße. Ich war dort zwecks Amtsübergabe mit meinem Vorgänger verabredet. Wir haben über die BSE-Krise und einige andere Punkte gesprochen. Karl-Heinz Funke war gelassen und zog an einer Zigarre.

Seit dem Auftreten des ersten BSE-Falls war die Atmosphäre im Ministerium so gewesen, als sei dort ein Sprengsatz gezündet worden. Im Landwirtschafts- und Veterinärbereich hatte ja das Phänomen der kollektiven Verdrängung vorgeherrscht: BSE? – gibt es bei uns nicht! Als der *worst case* im November 2000 tatsächlich eintrat, war die Aufregung groß, einen Handlungsplan gab es nicht. Nach meinem Eindruck hatte keiner eine Vorstellung davon, wie mit der Krise systematisch umgegangen werden könnte. Von nun an fiel mir die Rolle der obersten Krisenmanagerin zu. Zuallererst wollte ich im Haus Ruhe einkehren lassen, denn übertriebene Emotionalität ist bekanntlich ein schlechter Ratgeber.

Zur Strukturierung der Arbeitsweise unseres Hauses habe ich regelmäßige Lagebesprechungen mit meinen Staatssekretären und Mitarbeiterinnen und Mitarbeitern einerseits und mit den Leitern der einzelnen Abteilungen andererseits eingerichtet. So tauschen wir uns regelmäßig aus und versuchen miteinander, statt aneinander vorbeizuarbeiten, wie das in der Vergangenheit geschehen war. Wir berieten die Sofortmaßnahmen zur Bekämpfung der Seuche und erarbeiteten eine Reihe von Empfehlungen an die Europäische Kommission. Zum Beispiel hielten wir es für nötig, die Liste der so genannten Risikomaterialien auszuweiten. Unter Risikomaterialien versteht man alle die Teile eines Rinds, die den Erreger in sich tragen könnten – das sind vor allem Hirn und Rückenmark – sie sollten keinesfalls mehr in die Nahrungsmittelkette geraten. Wir forderten zudem die Einführung von BSE-Schnelltests in Drittländern, um für den Verbraucher bei importiertem Fleisch und Fleischerzeugnissen mehr Schutz zu erreichen. Unser Anliegen war ebenso, ein EU-weites Scrapie-Überwachungssystem durchzusetzen.

Wir setzten das BSE-Testalter von Rindern, anders als die EG-Richtlinie vorgibt, von 30 auf 24 Monate herunter, da BSE auch schon bei einem 28 Monate alten Rind festgestellt worden war. Wir bauten mit Ulla Schmidt und Edelgard Bulmahn die Forschung über Ursachen und Verlauf von BSE und die Verbesserung von Testverfahren aus. Wir hoffen, dass die Wissenschaft bald fündig wird, denn wir werden mit den Folgewirkungen von BSE noch viele Jahre zu kämpfen haben. Was den Bereich der Futtermittel für Tiere anging, so machten wir ebenfalls diverse Vorschläge. Unter anderem forderten wir, dass das Verbot zur

Verfütterung des in Verruf geratenen Tiermehls unbefristet gelten und auch auf Tierfette, die in der Milchpulvernahrung für Kälber verarbeitet wurden, ausgedehnt werden sollte. Wir forderten eine Positivliste für Futtermittel und die offene Deklaration aller Inhaltsstoffe, aus unserer Sicht eine selbstverständliche Bringschuld der Futtermittelindustrie und nicht etwas, was die Landwirte mühsam erfragen müssen. Futtermittel müssen sauber sein, um Tier und Mensch nicht zu schaden. Wir empfahlen deshalb eine Reihe von Kontrollsystemen, damit hier Sicherheit einkehren kann. Dies waren nur einige von vielen Maßnahmen und Vorschlägen, die wir in der kurzen Zeit auf den Weg bringen und im Laufe des darauf folgenden Jahres größtenteils auch schon verwirklichen konnten.

Die notwendige Einarbeitung in die oft komplizierte Thematik vollzog sich in rasendem Tempo: Was blieb mir anderes übrig, schließlich musste ich in dieser Situation ohne Verzug handeln. Von vielen Seiten drängte man mich, rasch alle möglichen Maßnahmen einzuleiten. »Schnell gibt es hier gar nichts zu regeln«, habe ich erwidert: »Erst die Daten und Fakten auf den Tisch, dann entscheiden!«

Doch was waren die Fakten? Viele Experten hatten kaum mehr als ein Zucken mit den Schultern für meine Fragen übrig. Oft war die Schlussfolgerung: »Wir haben keine Erkenntnisse!« Obwohl die Europäische Kommission schon 1996 einen detaillierten wissenschaftlichen Bericht zu BSE, seinen Übertragungswegen und der Ausbreitung über die Grenzen Großbritanniens hinaus publiziert hatte, nahm man ihn im Ministerium fünf Jahre lang nicht ernst. Eine positive Ausnahme und große Hilfe stellten die Experten der Bundesforschungsanstalt für Viruskrankheiten der Tiere unter Leitung von Professor Thomas Mettenleiter dar, die uns fast rund um die Uhr berieten.

Der Deutsche Bauernverband ist seit 1949 im Landwirtschaftsministerium ein- und ausgegangen und hatte nicht unerheblichen Einfluss auf die Politik des Hauses – eine Politik, die, wie wir inzwischen wissen, auch zur Misere beigetragen hat. Heute wird mit allen geredet. Das Ministerium ist aufgefordert, zu Gesprächen und Anhörungen breit einzuladen. Und ich tue dies ebenso.

Klar war Anfang 2001: Erst einmal müssen Tatsachen geschaffen werden, nur so gibt es eine Chance auf das Vertrauen der Verbraucher. Aus ebendiesem Grund ordnete ich, trotz aller Zweifel, damals die so genannte Bestandstötung von Rindern an, bei der die gesamte Herde eines BSE-erkrankten Tieres getötet werden muss. Die Schweizer, die den Rinderwahnsinn schon seit zehn Jahren systematisch erforschen und erfolgreich bekämpfen, konnten es sich zu Recht schon länger leisten, nur die Kohorte zu töten – darunter verstehen wir alle Rinder, die in dem Jahr vor und nach der Geburt des kranken Rindes im selben Bestand geboren oder die gemeinsam mit dem kranken Rind aufgezogen und gefüttert wurden, sowie alle die Rinder, die Nachkommen einer erkrankten Kuh sind. In Deutschland hatten wir beim Ausbruch der Krise jedoch bei weitem noch nicht denselben Kenntnisstand über unsere Bestände wie die Schweizer. Für jene Landwirte, bei denen eine erkrankte Kuh entdeckt worden war, war die Bestandstötung hart, sehr hart, denn sie verloren ihre ganze Herde, wenn der Veterinär vor Ort so entscheiden musste. In vielen Fällen war die Arbeit von Jahrzehnten dahin. Aber was wäre gewesen, wenn wir zu wenig getan hätten? Die Bestandstötung war zum Schutz der Verbraucher unverzichtbar. Die Kohortentötung habe ich erst im Sommer 2001, ein halbes Jahr nach meinem Amtsantritt, veranlasst, nachdem wir 1,4 Millionen BSE-Tests an Schlachtrindern durchgeführt hatten und sicher sein konnten, dass bei einer Erkrankung nicht der gesamte Bestand eines Betriebes betroffen ist.

Bis Anfang 2001 waren die Verbraucherschutzzuständigkeiten über mehrere Ministerien und Ressorts verteilt gewesen, die meist durchaus unterschiedliche Interessen verfolgten. Das hatte zu, gelinde gesagt, Abstimmungsschwierigkeiten geführt. Deshalb hatte der Bundestag die damalige Präsidentin des Bundesrechnungshofs, Hedda von Wedel, beauftragt, eine Analyse der Schwachstellen und Vorschläge zur Neustrukturierung zu erarbeiten, die sie im Sommer dann vorlegte. Diese und die Entwürfe einer Projektgruppe im Ministerium haben wir analysiert, und nun wird die beste Lösung umgesetzt. Das angekündigte Bundesamt für Verbraucherschutz und Lebensmittelsicherheit ist seit Januar 2002 per Organisationserlass im Aufbau, ebenso das neue Bundesinstitut für Risikobewertung. Die zersplitterten Zuständigkeiten kommen zusammen. Oberste Regel: Die Wissenschaft soll unabhängig forschen und bewerten. Deshalb das Institut für Risikobewertung als eigene Behörde.

Gesagt, getan. Kaum eine Woche später, am 18. Januar 2001, war der Tag meiner Vereidigung vor dem Deutschen Bundestag. Termine folgten Schlag auf Schlag, und ich war 18 Stunden auf den Beinen. Die erste Begegnung hatte ich beim Frühstück mit dem Agrarkommissar der Europäischen Union, Franz Fischler, um 7.30 Uhr. Um 9.00 Uhr sah ich mich sodann in den Plenarsaal des Reichstags katapultiert, um vor dem gesamten Deutschen Bundestag vereidigt zu werden.

Es war ein sonderbares Gefühl, vor den versammelten Abgeordneten zu sagen: »Ich schwöre, dass ich meine Kraft dem Wohl des deutschen Volkes widmen werde!« Denn die Frage nach dem Wohl des deutschen Volkes bekam angesichts der akuten BSE-Krise eine ganz besondere Bedeutung: Mittlerweile war in Deutschland schon der 16. BSE-Fall bestätigt worden. Nachdem jahrelang auf dem

Agrarsektor so viel schief gelaufen war, empfand ich es als ungeheure Herausforderung und Verantwortung, nun selbst da vorne im Plenum zu stehen und die Richtung anzugeben. Mit denen, die in meinem Rücken standen, mit den Abgeordneten der Koalitionsfraktionen. Zum Lächeln war mir ganz und gar nicht zumute. Das war wieder so eine Situation, in der ich still und ehrfürchtig werde und meine Konzentrationsmaske überziehe. Gleich musste ich in der BSE-Plenardebatte meine erste Rede halten.

In dieser Rede habe ich natürlich die verfehlte Agrarpolitik kritisiert und auf die Versäumnisse vergangener Jahre hingewiesen, bei der BSE-Bekämpfung rechtzeitig mit der EU zu kooperieren und vorbeugenden Verbraucherschutz zu betreiben. Ich betonte mit großem Nachdruck, dieses Amt nicht gegen irgendjemanden, schon gar nicht gegen die Landwirte, angetreten zu haben, sondern als ein Amt für Verbraucherschutz, Ernährung und Landwirtschaft. »Die Zeit des Gegeneinander ist vorbei«, sagte ich und kündigte an, die Verbraucherschützer, die Tierschützer und die Verbände der Land- und Ernährungswirtschaft an einen Tisch bekommen zu wollen. Es gehe in der Lebensmittelherstellung nicht darum, billige Massenware, sondern bezahlbare Qualität zu produzieren: Klasse statt Masse. Ich stellte eine Reihe von BSE-Sofortmaßnahmen dar und formulierte einige Ziele, die ich mir gesteckt hatte. Vor allem deutete ich schon die geplante Agrarwende an, die ich bald ausführlicher beschreiben würde.

Nach der Debatte kamen viele Abgeordnete auf mich zu, um mir zu gratulieren, darunter auch Angela Merkel, zu der ich trotz politischer Differenzen ein angenehmes Verhältnis habe, weil mir ihre direkte Art und Weise gut gefällt. Kaum, dass ich aus dem Plenarsaal war, bekam ich auch schon eine Vorlage für die nächste Rede in die Hand gedrückt. Ehe ich mich versah, saß ich wieder im Wagen auf dem Weg zum nächsten Termin. Mein Wunsch, einen kurzen Moment der Ruhe und Besinnung für mich zu haben, sollte nicht nur heute unerfüllt bleiben. Es ging in die nächste Feuerprobe: die Eröffnung der Internationalen Grünen Woche.

3

Auf internationalem Parkett

Als ich den Saal betrat, in dem ich die Internationale Grüne Woche eröffnen sollte, erwarteten mich rund 300 Medienvertreter. Es war das erste obligatorische Treffen mit den in- und ausländischen Agrarjournalisten. Die Szene erinnerte mich an die überhitzte und bedrängte Atmosphäre in riesigen Geflügelfarmen. Die Kameraleute fielen, kaum dass ich eingetreten war, übereinander her, als ginge es um Leben und Tod – aufeinander einhackend, nur um möglichst dicht in meine Nähe zu gelangen. Selbst ich, die ich einigen Rummel gewöhnt bin, konnte diesen Ansturm nicht nachvollziehen.

Hier im Saal schlug mir vor allem höchste Anspannung entgegen: Was würde nun passieren? Würde ich ein Angebot an den Deutschen Bauernverband machen oder auf Konfrontationskurs gehen? Wo sollte die Reise hingehen? Wohl alle im Saal erwarteten von mir Eckpunkte für die Lösung der aktuellen Probleme.

Die Internationale Grüne Woche wurde 1926 als Landwirtschaftsausstellung gegründet und ist weltweit die größte Messe für die Nahrungsgüter der Land- und Ernährungswirtschaft. Mit rund einer halben Million Besuchern, an die 2000 Ausstellern und rund 3500 Journalisten aus mehr als siebzig Ländern kann ohne Übertreibung behauptet werden: Was hier jährlich stattfindet, erzeugt erhebliche öffentliche Resonanz. Träger der Ausstellung sind der

Deutsche Bauernverband und die Bundesvereinigung der Deutschen Ernährungsindustrie. Unter den Anwesenden im Saal war deshalb auch der Präsident des Deutschen Bauernverbands, Gerd Sonnleitner. EU-Agrarkommissar Franz Fischler wartete ebenso wie der seinerzeit noch Regierende Bürgermeister Eberhard Diepgen sowie die Chefin des Bundesverbands der Verbraucherzentralen und -verbände Edda Müller und Peter Traumann vom BVE, dem Bundesverband der Ernährungsindustrie. Da kam ich die Treppe herunter und war für viele schon kraft meiner Person eine Herausforderung: 45-jährige Grüne, Juristin, Wahl-Berlinerin (»Großstadtgöre« wie mich einige Medien zu nennen pflegen).

Nachdem Fischler seine Ansprache gehalten hatte, war ich an der Reihe, aufs Podium zu steigen. Im Saal war es mucksmäuschenstill. Außer den Zuhörern in den ersten Reihen – darunter auch einige Grüne (aus dem Bundestag Uli Höfken und Steffi Lemke, die Berliner Kollegin Sibyll Klotz und Wolfgang Wieland), die zu meiner Unterstützung erschienen waren – verschlang die Dunkelheit des Raums die übrigen Anwesenden; Gegenlicht blendete mich, eine Stecknadel hätte man fallen hören können. Ich war geneigt, darum zu bitten, es möge doch jemand das Licht anmachen, damit ich sehen könnte, ob einer da sei!

Schon in der Anrede wurde Neues deutlich, denn seit eh und je war bei der Eröffnung der Grünen Woche als einziger der Präsident des Bauernverbands dort begrüßt worden. Ruhig setzte ich sofort den ersten Programmpunkt: »Sehr geehrter Herr Sonnleitner, sehr geehrter Herr Graefe zu Baringdorf und sehr geehrte Edda Müller!«, begann ich meine Ansprache. Damit hatte ich nicht nur zum ersten Mal die Chefin der Verbraucherverbände genannt, sondern auch den Bundesvorsitzenden der Arbeitsgemeinschaft bäuerliche Landwirtschaft (AbL) einbezogen.

Obwohl ich ohne Umschweife ankündigte, dass sich vieles werde ändern müssen, damit das Essen dem Verbraucher wieder schmecke, ging ich nicht auf Konfrontationskurs. Die Situation war durch BSE sowieso schon desolat genug. Stattdessen betonte ich, die Landwirte in ihrer schwierigen Lage nicht im Stich zu lassen. Dem Verbraucherschutz räumte ich höchste Priorität ein, und ich forderte Transparenz der Produktion vom Stall bis zur Ladentheke. Nur mit geeinten Kräften, sagte ich, könnten wir die Agrarwende herbeiführen. Das Ziel: Bis 2010 den Anteil der Öko-Produkte von derzeit 3 auf 20 Prozent zu steigern. Es gelte, das Vertrauen in die Sicherheit unserer Lebensmittel zurückzugewinnen und Lebensmitteln wieder einen Wert zu geben, anstatt sie zur Ramschware verkommen zu lassen. Die Landwirtschaft werde künftig die Interessen der Verbraucher berücksichtigen müssen, indem sie mit der Natur pfleglicher umgehe und artgerechte Tierhaltung praktiziere, sagte ich. Konventionelle und ökologische, große und kleine Betriebe – nichts sollte gegeneinander ausgespielt werden. Diese Krise müsse zur Chance für alle Beteiligten werden.

Die Zuschauer, darunter viele Bauern, waren während meiner gesamten Rede, abgesehen von dem einen oder anderen Applaus, vollkommen still geblieben. Das empfand ich als höchste Form des Respekts. Danach entspannte sich die Situation, und es machte sich sogar ein wenig Erleichterung breit; das jedenfalls schien der freundliche Beifall deutlich zu machen. Mein Arbeitstag, der um 7 Uhr morgens begonnen hatte, war danach noch immer nicht beendet: Ich würde nun noch bis Mitternacht ausländische Ehrengäste, darunter mindestens 15 Agrarminister, empfangen.

Am nächsten Morgen war ich glücklicherweise geistesgegenwärtig genug, um mir feste, bequeme Schuhe anzuziehen: Auf dem Programm standen fünf Stunden Eröffnungsrundgang. Um 8 Uhr traf ich auf dem Messegelände den Regierenden Bürgermeister Diepgen, der mich im Berliner Wahlkampf 1999 noch zischend als »Giftmischerin« bezeichnet hatte, weil ich die Fragen zum Großflughafen Schönefeld nicht lassen wollte. Freundlich schüttelten wir uns die Hand, und los ging's im Gedränge von Ausstellungsstand zu Ausstellungsstand.

Ich hatte als Wunsch vorausgeschickt: keinen Schnaps! Meine Vorgänger hatten sich in der Regel nämlich tapfer durch die Messe trinken müssen. Fruchtsäfte und klares Wasser nippend marschierte ich von einem Stand zum anderen. Am Stand von Marokko gab's endlich Tee.

Diese ministerialen Rennen von Verpflichtung zu Verpflichtung – dazu braucht man die physische und psychische Kraft einer Marathonläuferin. Nötig ist auch die Fähigkeit, abschalten zu können, und sei es nur für wenige Minuten im Auto auf dem Weg zum nächsten Termin. Dennoch muss ich mir bewusst »Ruhezonen« einrichten. Zum Verbraucher- und Tierschutz gehört gelegentlich auch der »Ministerinnenschutz«. Ich nenne es artgerechte Ministerinnenhaltung, und deshalb gönne ich es mir zwischendrin, tief Atem zu holen. Am besten kann ich mich entspannen, wenn ich gemütlich mit Freunden zusammensitze; dabei achte ich sehr darauf, dass die Freunde von sich und ihrer Welt erzählen, und nicht ich meinen Arbeitstag wiederhole. Saunieren, inlineskaten, köstliche Pasta kochen oder in ein gutes Buch versinken, sind ebenfalls Dinge, die mir Freude bereiten, doch als Ministerin komme ich so gut wie gar nicht mehr dazu. Gleichwohl sage ich mir, wenn ich es nicht schaffe, mir ab und zu einige Freizeitstunden einzurichten, kann mein Management noch nicht gut genug sein.

In diesen ersten Wochen als Ministerin bestand mein Leben ausschließlich aus Arbeit. Hunderte von Presseanfragen gingen im ersten Vierteljahr ein. Wir gaben einmal täglich, wo auch immer in Deutschland, eine spontane Pressekonferenz, um den Zeitaufwand auf ein Minimum zu bringen, aber auch alle offen zu informieren. Alle kamen hin oder ließen sich ansonsten für Monate vertrösten. Die gesamte Energie ging in die Bewältigung der BSE-Krise, in die Neustrukturierung des Ministeriums und die Einleitung der Agrarwende.

Der Rindfleischmarkt war zusammengebrochen: Der Fleischkonsum der Verbraucher war um ein Viertel gesunken, bei Rindfleisch sogar um über 70 Prozent. Bei einem Rinderbestand in Deutschland von über 14 Millionen, werden normalerweise jährlich 4,5 Millionen Rinder und 1,5 Millionen Kühe geschlachtet. Jetzt blieben die Bauern auf ihren Rindern sitzen und waren ungeheuer unter Druck. Es bestand dringender Handlungsbedarf.

EU-Agrarkommissar Franz Fischler hatte schon im Dezember 2000 einen Vorschlag vorgelegt, mit dem er den europäischen Rindfleischmarkt regulieren wollte: Bei einer Sonderankaufsregelung sollten die EU-Staaten Rindfleisch, das von über dreißig Monate alten (und somit besonders BSE-gefährdeten) Tieren stammt, vom Markt nehmen und es vernichten. Diese »Herauskaufaktion« war keineswegs eine Aktion zur Bekämpfung der Krankheit, sondern eine reine Marktentlastungsmaßnahme in der akuten Krise. Gleichzeitig gibt es noch eine weitere Vorschrift zur Marktordnung der EU, die so genannte *Intervention*. Danach sind die Mitgliedsstaaten verpflichtet, landwirtschaftliche Produkte wie Butter, Getreide oder Rindfleisch zu einem festgelegten Interventionspreis aufzukaufen, sobald der Erzeugerpreis auf eine Summe abgesunken ist, die für die Landwirte wirtschaftlich nicht mehr vertretbar sei. Die aufgekauften Produkte werden dann zu hohen Kosten eingelagert, um erst dann verkauft zu werden, wenn der Markt sich wieder erholt hat. Im Februar-Agrarrat schlug Kommissar Fischler in einem Sieben-Punkte-Plan noch weitere Maßnahmen vor, unter anderem, die bei der Intervention vorgeschriebene Obergrenze von 350 000 Tonnen Fleisch bis 2002 aufzuheben, um den Markt zusätzlich zu entlasten.

Ich schätze den EU-Agrarkommissar Fischler als sehr klugen Kopf und guten Strategen, aber hier reflektierten seine Vorschläge aus meiner Sicht zu sehr die alten Mechanismen der Marktordnung: weiter subventionieren. Dabei ist auch er stark gebunden. Die Gemeinsame Agrarpolitik der Europäischen Union verfolgt noch, trotz Agenda 2000 und Nachhaltigkeit die Ziele, die schon 1957 von der Europäischen Wirtschaftsgemeinschaft vertraglich festgelegt wurden. Diese Politik basiert auf dem Denken der Nachkriegszeit. Damals stand allein die Ernährungssicherung auf der Tagesordnung, während heute Lebensmittelsicherheit und die Frage des Landschafts- und Tierschutzes zunehmend an Bedeutung gewinnen. Die Devise der nationalen Agrarpolitik und der Verbände war »Wachse oder weiche!«

Dadurch entstanden mit der Zeit immense Produktionsüberschüsse: Butter-, Fleisch- und Getreideberge sowie Milchseen – alles subventioniert. Diese Überschüsse konnten in den vergangenen zehn Jahren zwar erheblich reduziert werden, doch nach wie vor liegen an die sieben Millionen Tonnen Getreide und tausende von Tonnen Rindfleisch in den Lagerhallen. Um im Zusammenhang mit der Einlagerung oder Vernichtung von Rindfleisch eine Vorstellung von der Größenordnung zu geben: Bis Ende Juli 2001 wurden durch die Herauskaufaktion 265 000 Tonnen Fleisch vom europäischen Markt genommen, zusätzlich zu den 130 000 Tonnen, die aus veterinärrechtlichen Gründen (Maul- und Klauenseuche) gekauft und den rund 240 000 Tonnen, die interveniert wurden – insgesamt also um die 635 000 Tonnen Fleisch innerhalb eines halben Jahres!

Dominierende Fragen nach Lebensmitteln sowie Aufgaben für Politik und Agrarforschung nach dem Zweiten Weltkrieg:

Ich habe Hunger!	Ich habe Appetit!	Ich bin verunsichert!
Ist was zu essen da?	Was ist zu essen da?	Wie sicher ist das Lebensmittel?
Lebensmittelsicherung, Bereitstellung von genügend Lebensmitteln	Lebensmittelqualität, Reduzierung von Überschüssen	Lebensmittelsicherheit
Steigerung von Agrarproduktion	Qualitätsforschung, Produktqualität	Sicherheitsforschung
Nutzung aller Ressourcen	Prozessqualität, effektiver (schonender) Ressourceneinsatz	

©Bundesforschungsanstalt für Landwirtschaft FAL

Die europäische Landwirtschaft wird auch nach ersten Reformen 1992 durch ein höchst kompliziertes Prämiensystem gefördert. Für Rinder gibt es Geburtsprämien, Mutterkuhprämien, Bullen- und Ochsenprämien, Schlachtprämien, Prämien über Prämien. Es fehlt nur noch die Prämie dafür, dass ein Rind gar nicht erst zur Welt kommt ... Ein Tier wird mehrfach prämiert, aber nicht, weil es so gut ist, sondern schlicht und ergreifend nur dafür, dass es existiert. Ende des Jahres 2000 wurden trotz sinkender Zahlen in der EU noch immer 81,6 Millionen Rinder registriert! Mittlerweile ist das Prämiensystem so verwirrend geworden, dass ähnlich wie beim Steuersystem kaum noch jemand durchblickt. Die Verwaltungskosten sind immens hoch. Die Steuerzahler sind es, die diesen Wahnsinn finanzieren. Die anstehende Halbzeitbewertung der Agenda 2000 sollte deshalb zum Anlass genommen werden, die EU-Agrarpolitik an den veränderten Rahmenbedingungen neu auszurichten sowie die Ziele und Schwerpunkte weiter zu entwickeln.

EU-AGRARPOLITIK DER ZUKUNFT

Die EU-Agrarpolitik ist 1992 und im Rahmen der Agenda 2000 reformiert worden, indem die Preisstützung auf wichtigen Agrarmärkten abgebaut und flächen- beziehungsweise tierbezogene Ausgleichszahlungen eingeführt wurden. Die Maßnahmen der ländlichen Entwicklung und zur Förderung der Umwelt wurden in einer zweiten Säule der Agrarpolitik gebündelt. Mit dem Agenda-Beschluss wurde auch der Finanzrahmen für die Agrarpolitik von 2000 bis 2006 festgelegt. Dabei wurden Finanzmittel für neu hinzukommende Mitgliedsstaaten für die Vor-Beitrittshilfen und für die ländliche Entwicklung vorgesehen. Gemäß dem Beschluss der Staats- und Regierungschefs vom März 1999 sollen in den Jahren 2002 und 2003 die Marktordnungen Getreide, Ölsaaten, Milch und Rindfleisch sowie die Agrarausgaben der 15 europäischen Länder einer Halbzeitbilanz (*mid-term-review*) unterzogen werden. Beschlossen ist einstweilen, die obligatorische Rindfleischintervention ab 1. Juli 2002 abzuschaffen.

Der Deutsche Bauernverband war mit der Agenda alles andere als einverstanden, und Agrarkommissar Franz Fischler hat Recht, wenn er sagt, die Deutschen hätten die Möglichkeiten der Agenda 2000 in der Vergangenheit bei weitem nicht ausgeschöpft. Wir arbeiten daran, und ich begrüße die Entwicklungen sehr: Agrarpolitik ist Europapolitik. Mit dem Auslaufen der Agenda im Jahre 2006 müssen wir eine neue Gemeinsame Agrarpolitik haben.

Es gibt eine Reihe von externen und internen Gründen für die Dringlichkeit weiterer Reformen der EU-Agrarpolitik:

- die Vereinbarungen der Welternährungskonferenz von 1996 zur Sicherung der Ernährung der Weltbevölkerung und
- die Verhandlungen über ein neues Agrarabkommen im Rahmen der Welthandelsorganisation WTO, die weitere Reformen der EU-Agrarpolitik erfordern, in die wir aber auch unsere Interessen durch die EU einbringen;
- die Erweiterung der EU um mittel- und osteuropäische Staaten, die ab 2004 erfolgen könnte;
- die Umsetzung der Vereinbarungen der Agenda 21 zur nachhaltigen Entwicklung im Blick auf die Nachfolgekonferenz im September 2002 in Johannesburg;
- die Umsetzung der internationalen Übereinkunft zur Erhaltung der biologischen Vielfalt;
- das wegen BSE, Maul- und Klauenseuche (MKS) und einer Reihe von Skandalen im Futtermittel- und Tierarzneimittelbereich erschütterte Vertrauen in die Sicherheit und Qualität unserer Lebensmittel;
- die Beobachtung, dass die EU-Agrarpolitik zur Intensivierung, Rationalisierung und Spezialisierung mit negativen Folgen für Natur und Umwelt sowie den Schutz der Tiere beiträgt. Auch einge-

leitete Agrarumweltmaßnahmen waren bislang nicht imstande, dieses zu kompensieren;

– die Erkenntnis, dass der weit überwiegende Teil der Ausgaben für den Agrarbereich nach wie vor unabhängig von ökologischen und anderen gesellschaftlichen Leistungen der Landwirtschaft vergeben wird und mit einem hohen Maß an Bürokratismus verbunden ist.

Deutschland verfolgt das Ziel, die Gemeinsame Agrarpolitik an den Interessen der Verbraucher und damit stärker am Markt zu orientieren. Die produktionsgekoppelten, »klassischen Instrumente« der Gemeinsamen Agrarpolitik – das heißt interne Preisstützung bei gleichzeitiger Gewährung von Exporterstattungen und einer staatlichen Intervention im Falle nicht absetzbarer Überschüsse – begünstigen tendenziell die Massenproduktion. Dies geht häufig zu Lasten der Umwelt und der Qualität der erzeugten Lebensmittel. Sie dienen daher nicht dem Ziel, die landwirtschaftliche Produktion auf Nachhaltigkeit und gesellschaftlich gewünschte Leistungen auszurichten.

Die landwirtschaftliche Produktion muss sich aber stärker als bisher an den Prinzipien der Nachhaltigkeit ausrichten. Es kommt darauf an, die gesellschaftlichen Anforderungen, die in den Bereichen des Verbraucher-, des Tier- und Umweltschutzes wie auch der sozialen Verantwortung an die Landwirte gerichtet sind, konsequent zu berücksichtigen.

Mit dem geplanten, schrittweisen Abbau der zum Teil marktverzerrenden Maßnahmen sollen die Erzeuger besser auf die Signale des Marktes reagieren können. Die Produktion tritt damit in einen Qualitätswettbewerb, der sich über Inhaltsstoffe der Produkte und die Art ihrer Erzeugung definiert. Die stärkere Orientierung am Markt dient so vor allem den Verbraucherinteressen.

Doch zurück zum Januar des Jahres 2001: Für Deutschland hätte die Herauskaufaktion von Fischler bedeutet, schätzungsweise 400 000 Rinder aufzukaufen, schlachten und verbrennen lassen zu müssen, um den zusammengebrochenen Markt zu stabilisieren. Viele haben verständlicherweise gefragt, ob wir verrückt geworden seien, Rinder mästen zu lassen, um sie anschließend ohne weitere Verwertung zu vernichten. Freilich widersprach dieser Beschluss meinen ethischen und moralischen Vorstellungen in einem Maße, dass es mir in der Seele wehtat! Ich habe in Berlin zu einem Runden Tisch eingeladen, zu dem Tier- und Umweltschützer und Vertreter der Bauernverbände erschienen, um das Problem gemeinsam zu besprechen. Zu jener Zeit machten alle Seiten Druck, die Landwirte, die ihre Rinder verkaufen mussten, die Vertreter der Schlachtbetriebe, die wegen der geringen Fleischnachfrage schon auf Kurzarbeit umgestiegen waren und um Arbeitsplätze bangten, sowie die Tierschützer. Was viele, die mich in dieser Situation angriffen, nicht wussten oder verdrängten, war, dass die Vorschriften der EU zwingend sind. Dagegen zu verstoßen hätte juristische Konsequenzen gehabt und hätte uns, den Staat, die Bürger, Millionen gekostet. Ich habe dieses Dilemma nur lösen können, indem ich versuchte, die Regeln der Maßnahme in Brüssel zu verändern.

Die Bauern hatten aber noch ein weiteres Problem, das auch mir Sorgen machte. Da seinerzeit noch die Bestandstötung galt, hatten viele Angst, ihre Tiere für die Schlachtaktion zu verkaufen. Denn in Deutschland wurde jedes ein-

zelne Schlachtrind auf BSE untersucht und jeder Rinderkopf aufbewahrt, sodass man zurückverfolgen konnte, aus
welchem Bestand ein erkranktes Tier stammte. Einige
Landwirte haben mir persönlich berichtet, wie elend sie
sich fühlten, wenn sie von ihren vielleicht hundert Tieren
zwei zur Schlachtung gaben. Mit größter Anspannung
haben sie Tag und Nacht auf das Testergebnis gewartet,
das über das Schicksal ihrer Herde entscheiden würde.
Wäre bei einem einzigen Rind BSE festgestellt worden,
wäre es den betroffenen Bauern an den Stall gegangen; einige dieser Fälle hat es ja gegeben, wo dann alle Tiere vernichtet werden mussten und der Stall plötzlich bedrückend
leer war. Ich konnte diese Ängste nachempfinden. Aber der
vorsorgende Verbraucherschutz bot beim damaligen
Kenntnisstand keine Alternative. Unterdessen hatte ich
wiederholt angekündigt, die Situation im Sommer auf der
Basis der gesammelten Daten aufs Neue zu evaluieren, um
dann unter Umständen auf die Kohortentötung überzugehen – wie am Ende geschehen.

Der niedrigere Ankaufspreis und die BSE-Furcht hatten
zur Folge, dass viele Landwirte es vorzogen, einstweilen
auf ihr Geld zu verzichten und ihre Rinder nicht in die
Schlachtung zu geben. Der Druck wurde als Forderung des
finanziellen Ausgleichs allerdings an die Politik zurückgegeben.

Die EU-Regelungen für die ordnungsgemäße Schlachtung sind seit BSE besonders streng. Bis ins kleinste Detail
ist dargelegt, wie bei einem Schlachtvorgang vierzig Tiere
pro Stunde unter peniblen Hygienebedingungen geschlachtet werden müssen. Danach muss das Gebäude bis in den
letzten Winkel desinfiziert und kontrolliert werden. Durch
das langwierige Bewerbungsverfahren und die aufwändigen Anforderungen an die Schlachthöfe vergingen einige
Wochen.

Das gab mir die Zeit, mich auf dem Agrarrat in Brüs

sel für akzeptablere Bedingungen einzusetzen: Ich wollte darauf drängen, dass vor allem die Herauskaufaktion noch mal diskutiert und einzelne Punkte verändert würden. In Brüssel wartete man gespannt und je nach Land durchaus mit gemischten Gefühlen auf »die Neue aus Deutschland«.

4

»Lead the Change!«

Ausgerechnet mit einem Stück Rindfleisch fing alles an. Nächtelang hatte ich mich auf die komplizierte EU-Agrarpolitik inhaltlich vorbereitet: »Das europäische Prämien- und Subventionssystem von A bis Z« könnte man zum Beispiel eine der Lektionen nennen, die ich im Intensivkurs lernen musste. Nun saß ich – es war der 29. Januar, und ich war gerade knappe zwei Wochen im Amt – beim Eröffnungslunch des Agrarrats inmitten der vierzehn anderen Agrarministerinnen und -minister und kaute mühsam auf einem Stück Rindfleisch herum. Es war halb roh und, weil es vor dem Servieren offenbar weite Strecken durchs Haus getragen worden war, obendrein schon fast kalt. Was an diesem Mahl sonst noch warm geblieben war, erledigte die Klimaanlage mit ihrer kühlen Luft. Sollte ich in diesen BSE-Tagen auch nur irgendeinen Appetit auf Fleisch gehabt haben: der war mir jetzt vollends vergangen. Unglücklich betrachtete ich den ungenießbaren Gegenstand auf meinem Teller.

Gleichzeitig musste ich mich konzentrieren, um der Debatte folgen zu können. Beim Agrarrat melden sich die Minister alle in ihrer Landessprache zu Wort, die anderen hören die Übersetzung durch einen Knopf im Ohr. Das fordert höchste Aufmerksamkeit. War ich in meiner politischen Zeit zuvor auf die Innenpolitik spezialisiert gewesen, musste ich hier nun außenpolitisch denken und agieren.

Um sich im Agrarrat zurechtzufinden, muss man wissen, welches Land welche Interessen vertritt und welche Argumentationslinien es deshalb verfolgt. Dazu gehört selbstverständlich die Kenntnis der jeweiligen Agrarstrukturen – was wird, was kann im Mitgliedsstaat produziert werden, was sind die durchschnittlichen Betriebsgrößen? Ich musste also lernen, als europäische Agrarministerin zu denken.

Entscheidungen im Agrarrat hängen aber auch von der Frage ab: Wer bekommt wie viel aus Brüssel? Deutschland zahlt zum Beispiel rund 10 Milliarden Euro ein, bekommt aber nicht mal 6 Milliarden zurück. Bei Frankreich ist es umgekehrt: Es zahlt nur rund 6,7 Milliarden Euro ein, erhält aber fast 9,5 Milliarden zurück. Anders ausgedrückt, erhält Deutschland für jeden eingezahlten Euro nur 55 Cent zurück, Frankreich hat hingegen für jeden eingezahlten Euro einen Rückfluss von 1,3 Euro. Zu den Ländern, die nur wenig einzahlen können, aber viel zurückbekommen, gehören Griechenland, Portugal und Spanien. Für jeden eingezahlten Euro erhalten sie zwischen 1,81 und 4 Euro zurück.

Mache ich also Änderungsvorschläge, muss ich stets bedenken, welche Folgen sie für das jeweilige Land haben. Irland etwa schlachtet kaum selbst und ist stattdessen auf Tiertransporte spezialisiert. Es hat sich die Märkte in Nordafrika und im Libanon erschlossen, wo Rinder lebend abgenommen werden, damit sie gemäß den Landes- und Religionstraditionen geschlachtet werden. Für jedes Transportrind, das lebend am Zielort ankommt, gibt es Exportsubventionen. Die EU-subventionierten Transporte haben in der Vergangenheit wiederum die nordafrikanischen Märkte zerstört. Wenn ich fordere, die Transportzeiten zu verkürzen, weil die Tiere auf den langen Strecken größte Not erleiden beziehungsweise allzu oft elendiglich verrecken und weil die lokalen Märkte in der so genannten Drit-

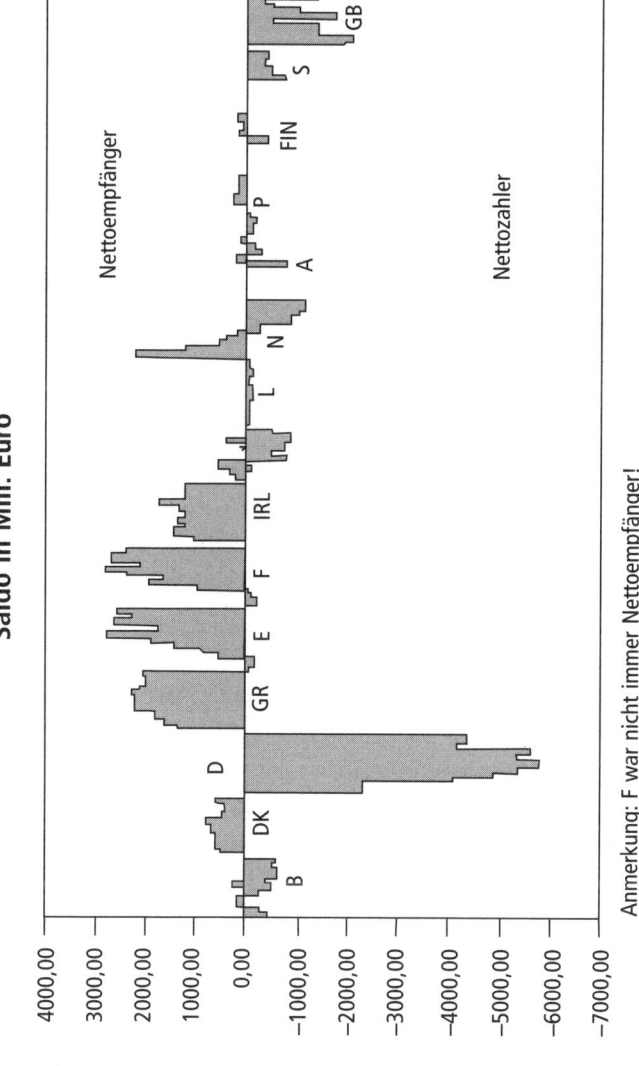

Nettobeiräge der EU-Mitgliedsstaaten zum EAGFL; Garantie Saldo in Mill. Euro

Nettoempfänger

Nettozahler

4000,00
3000,00
2000,00
1000,00
0,00
-1000,00
-2000,00
-3000,00
-4000,00
-5000,00
-6000,00
-7000,00

B DK D GR E F IRL L N A P FIN S GB

Anmerkung: F war nicht immer Nettoempfänger!

51

ten Welt geschützt werden müssen, ist klar, wer da nicht folgt. Manche EU-Länder wie Spanien haben große Schlachthöfe, die aus den europäischen Strukturfonds gefördert wurden und an denen zehntausende von Arbeitsplätzen hängen. Die Iren transportieren die Rinder, um sie wiederum auf der Iberischen Halbinsel schlachten zu lassen. So bilden sich Allianzen gegen die Beschränkung von Tiertransporten auch innerhalb Europas.

Nach dem stundenlangen Mittagessen mit zähem Fleisch und trockenen Diskussionen begann die eigentliche Ratssitzung. Ich befand mich in einem riesigen Saal, in dessen Mitte ein scheinbar endlos langer, rechteckiger Sitzungstisch steht. Die fünfzehn Ministerinnen und Minister saßen wie immer jeweils links und rechts, flankiert von ihren Mitarbeiterinnen und Mitarbeitern, hinter ihnen eine weitere Runde von Expertinnen und Experten und diverse Glaskästen mit eifrig übersetzenden, tuschelnden Dolmetschern. Der französische Agrarminister Jean Glavany bezog in der Debatte um BSE und das Thema Rindfleisch eine sehr klare Position und präsentierte, wie ich fand, sehr harte Forderungen: Öffnung der Interventionsgrenze und Forderung nach der Herodesprämie, was bedeutet hätte, schon Kälber unter einem Jahr zu schlachten, um die Fleischproduktion niedrig zu halten, und das auch noch zu belohnen!
In Brüssel gibt es Dinge, die man nicht offen anspricht, man diplomatisiert sich vielmehr durch höfliche Worte langsam ans Thema ran. Als sei man in Japan, beginnen Reden immer mit regelrechten Dankesriten. So dankte auch ich zunächst für die Aufmerksamkeit, dann redete ich Klartext: »Ich stelle mir das ganz anders vor«, begann ich. Ich äußerte in ruhigem Tonfall Bedenken gegenüber einigen Punkten im Fischler-Plan, weil darin zu viel vom alten Denken stecke. Als ich erwähnte, mit der Herauskaufak-

tion von Rindfleisch sei ich in dieser Form nicht einverstanden, schwappte mir ein fast aggressiver Beitrag des französischen Ministers entgegen: Wie könne Deutschland, das sich so lange selbstgefällig für BSE-frei erklärt hatte, jetzt nicht mithelfen, den Markt zu regulieren, sagte er erbost und warf uns vor, wir seien nur daran interessiert, unser Fleisch in andere Mitgliedsstaaten zu verkaufen, womit wir dort den Markt belasteten. Wohl wissend, dass wir Deutschen in dieser Frage keinen Alleingang machen konnten, ging es mir aber vorrangig darum, das herauszukaufende Fleisch wenigstens nicht sinnlos vernichten zu müssen. Ich fragte nach Einlagerung oder Verschenken zu humanitären Zwecken.

Ferner machte ich mich dafür stark, darüber nachzudenken, die Prämien von der Produktion abzukoppeln, damit es für die Menge der Produktion keinen Anreiz mehr gibt. Überhaupt solle das Prämiensystem vereinfacht und die Förderung bei Wiederkäuern beispielsweise an Grünlandprämien gebunden werden, sagte ich. Außerdem vertrat ich die Ansicht, dass bei mehr Rindern ökologische und soziale Kriterien erfüllt werden müssten, um den Hof förderungswürdig zu machen.

Es folgte eine sehr lange Sitzung. Es war wohl so gegen 23 Uhr, bis endlich ein Positionspapier vorlag, das unsere Sitzung, die Debatte beim Lunch und die darin zustande gekommenen Beschlüsse zum Thema Rindfleischmarkt und Sicherheitsmaßnahmen zusammenfasste. Ich überflog es und war für einen Moment erschrocken: »Was ist denn hier los?«, fragte ich verdutzt. Was da auf dem Papier stand, entsprach nicht dem, was wir den ganzen Tag besprochen hatten. Gerade hörte ich einen Redner in seiner Sprache sprechen – ich glaube, es war Französisch –, und in mein anderes Ohr dröhnte die deutsche Übersetzung über Mikrofon. Meine schriftliche Vorlage war indes auf Englisch und dazu noch voll mit Fachausdrücken, die man gemeinhin nicht kennt, selbst dann nicht, wenn man fabelhaft Englisch spricht. Für einen Moment zweifelte ich an mir selbst – war ich vielleicht durch die vielen Sprachen verwirrt? Doch ich entschied rasch: Mindestens drei Punkte in dem Beschlusspapier sind falsch! Ich meldete mich und bekam auch sofort Rückendeckung vom holländischen Kollegen: »Sie hat Recht, so haben wir das nicht besprochen!« Der Text wurde mühsam korrigiert. »So, jetzt haben wir's!«, meinte die schwedische Agrarministerin. »Nein, so stimmt es immer noch nicht«, erwiderte ich hartnäckig.

Pingelig zu sein und konzentriert seine Interessen zu vertreten, gehört zum Geschäft in Brüssel. So haben wir auch den Sieben-Punkte-Plan, den Kommissar Fischler auf der Agrarratssitzung am 13. Februar vorgelegt hatte, über Wochen debattiert. Der Einsatz hat sich gelohnt: Noch bevor der gesamte veränderte Fischler-Plan auf dem Agrarrat im Juni verabschiedet wurde, wurde beschlossen, dass Bio-Bauern auf stillgelegten Flächen eiweißreiche Pflanzen anbauen dürfen. Auch in Sachen Fortführung der Herauskaufaktion für Rindfleisch hatte ich einen Teilerfolg: Auf der Sitzung hatten wir zwar eine zweite Herauskaufaktion beschlossen. Fleisch, das in der zweiten Aktion aufgekauft wurde, musste aber nicht vernichtet werden, sondern konnte entweder eingelagert oder als humanitäre Hilfsmaßnahme verschenkt werden. Alle Länder, die in der Lage waren, die volle Kapazität für BSE-Tests nachzuweisen, durften schon vor Ablauf der ersten in die zweite Herauskaufaktion einsteigen. Deutschland zählte dazu: Wir mussten deshalb nicht bis zum Juli warten, sondern konnten die erste Aktion schon Mitte Mai abschließen und sofort in die zweite einsteigen.

Wir hatten erst spät, Ende März, mit der ersten Herauskaufaktion begonnen. Bis Mai mussten wir deshalb nur 89 000 Rinder aufkaufen, die alle auf BSE getestet wurden (darunter zwei positive Befunde). In der zweiten Aktion kauften wir 104 000 Rinder und hatten nun die Möglichkeit, deren Schlachtfleisch einzulagern oder zu verschenken.

Da befand ich mich aber, wie häufig in diesem Amt, in einer Situation, in der Entscheidungen nicht leicht fallen. Folgende Problematik: Das Fleisch stammte ja nicht von jungen Kühen, sondern von solchen, bei denen man BSE schon nachweisen konnte: von mindestens 24 Monate alten Tieren. Jungbullenfleisch kann man ohne Qualitätsverlust drei Jahre einfrieren und auf dem Markt gut verkaufen. Doch das Fleisch von alten Kühen kann man höchstens 18 Monate einfrieren, dann verliert es rapide an Qualität. Tausende Tonnen Kuhfleisch einzulagern hätte Millionen an Lagergebühren und Energie für die Kühlung gekostet. Und nach dem Auffrieren hätte ich das Fleisch, das keiner will, letztendlich vielleicht dennoch für viel Geld vernichten lassen müssen. Mit dem Verschenken des Fleisches an Länder, die mit dem Hunger kämpfen, ist das jedoch auch so eine Sache: Zum einen bedeutet es zusätzlichen Aufwand, das Fleisch dorthin zu verschiffen. Zum anderen muss sichergestellt sein, das die wohlgemeinte Hilfe nicht dazu führt, dass der örtliche Markt zusammenbricht. Schon manche Lebensmittel-Hilfsaktion hat auf diese Weise langfristig mehr Schaden als Nutzen angerichtet. Aufgrund solcher Überlegungen war für uns der Vorschlag, das Fleisch nach Nordkorea zu versenden, wo ein Rindfleischmarkt derzeit ohnehin nicht vorhanden ist, am plausibelsten. Angesichts der politischen Verhältnisse in Nordkorea musste allerdings sichergestellt sein, dass das Fleisch auch wirklich an die Not leidende Bevölkerung gelangt und nicht an die Eliten und die Soldaten verteilt wird.

Deutschland hatte erst zu Beginn des Jahres 2001 diplomatische Beziehungen zu Nordkorea aufgenommen. Die

Lieferung von Rindfleisch konnte also eine erste gemeinsame Aktion werden. So wurde die Fleischlieferung schließlich von der Bundesregierung beschlossen. Die ersten 6000 Tonnen Fleisch, das entspricht der Menge von acht randvoll gefüllten Turnhallen, trafen am 13. November 2001 in Nordkorea ein und wurden unter Aufsicht der Gesellschaft für Technische Zusammenarbeit tatsächlich an Kinder, Kranke, Alte, werdende und stillende Mütter verteilt.

Zu meiner Erleichterung erholte sich der Fleischkonsum im Laufe des Sommers rasch. Mit den besseren Möglichkeiten der zweiten Herauskaufaktion hielt sich die Absurdität der Fleischvernichtung deshalb in Grenzen: Jedenfalls blieben wir mit 89 000 herausgekauften und vernichteten Rindern weit unter den 400 000 Rindern, die uns zu Beginn der Krise prophezeit worden waren.

Mein erster Agrarrat endete nach Mitternacht auf einer Pressekonferenz. Die Zeitungen schrieben seinerzeit, ich hätte rot geränderte Augen gehabt. Das stimmte, aber nicht wegen der Anstrengung! Ich hatte kurz zuvor ein Pröbchen »reichhaltige Creme für die reife Haut« bekommen. Doch meine Haut war mit dieser Creme mitnichten einverstanden und reagierte allergisch! Das hat mich naturgemäß prädestiniert, in meinem Amt auch gegen Allergene in Kosmetika aktiv zu werden. Eigentlich muss man bei solchen Hautreaktionen viel schlafen und für wenig Stress sorgen. Ich tat arbeitsbedingt das Gegenteil und lief deshalb tagelang mit roten Augen herum.

Nach der Pressekonferenz war ich aber tatsächlich redlich erschöpft. Um 1 Uhr morgens waren meine Mitarbeiter und ich zurück im Brüsseler Hotel. Ich war durch den Druck des Tages noch so aufgedreht, dass ich wahrscheinlich eine Stunde aufrecht im Bett gestanden hätte. Deshalb lud ich meine Leute zum Ausklingen des Tages noch auf ein Bier in der Hotelbar ein. Die war allerdings geschlossen.

Da stand am Eingang auch Nick Brown, der damalige britische Landwirtschaftsminister, den ich schon während der Sitzung als einen ausgesprochen amüsanten Zeitgenossen kennen gelernt hatte. »Wir haben das gleiche Problem«, sagte er. Um die Ecke fanden wir schließlich eine noch geöffnete Kneipe, in der einige schläfrige Gestalten saßen. Wir stellten uns an die Bar, weil nach diesem endlosen Tag im Tagungsraum keiner von uns mehr sitzen wollte und zischten ein erfrischendes Bier. Damit war ein wunderbares, lustiges Gespräch geboren. Brown ist ein gemütlicher, etwas rundlicher Mann mit einem ganz speziellen englischen Humor. Er ist in der Lage, wirklich alles in rasend komische Witze zu fassen. Brown und ich haben uns noch eine gute Stunde über unser Thema ausgetauscht, und wir waren uns einig, dass Deutschland eine Agrarreform nur in Zusammenarbeit mit Frankreich realisieren könnte. Bevor wir uns schließlich trennten, um vor der Abreise am frühen nächsten Morgen noch einige Stunden Schlaf zu ergattern, sprach Brown die notwendige Dynamik für eine europäische Agrarwende an. Mit verschmitztem, aber gleichzeitig sehr ernstem Gesicht sagte der Engländer zu mir: »Renate, lead the change!« – führe die Veränderungen an! Na, solche Wünsche hatten mir am Ende des Tages gerade noch gefehlt! Geschlafen habe ich dennoch tief und traumlos.

5

Die Erklärung

Am 8. Februar war meine Regierungserklärung zur neuen Verbraucherschutz- und Landwirtschaftspolitik fällig. Allenthalben wurde um diese Erklärung ein Wind gemacht, als gelte es, mir auf stürmischer See die Kapitänsprüfung abzunehmen. Noch hatte ich nicht bekannt gegeben, wie ich mir die kommenden Jahre vorstellte und was ich plante. Ich war anfangs ja ganz darauf konzentriert gewesen, den Karren aus dem Dreck zu ziehen und die BSE-Krise in den Griff zu bekommen: Arbeit unter Hochdruck, von Termin zu Termin, keine Einzelinterviews. Umso gespannter warteten alle.

Über die Jahre habe ich gelernt, wichtige Dinge rechtzeitig und gründlich vorzubereiten, damit ich ausreichend Zeit zum Nachdenken habe und noch eine Nacht darüber schlafen kann. Ich wollte eine gute Rede vorlegen, deren Aussagen sitzen. Es galt, das neue Prinzip der Politik zu erklären – und zwar nicht nur den Abgeordneten im Bundestag, sondern ganz besonders den Menschen draußen, die sich als Verbraucher fragten, welchem Produkt sie wohl trauen könnten. Eine der Ausgangsfragen meiner Rede war: Wer vertritt welche Interessen, wer wartet jetzt besonders auf Antworten, wer wird meinen Kurs befürworten und wer wird ihn anfechten? Mir war bewusst, dass ich mich zu diesem Zeitpunkt – BSE war ja noch immer ein heißes Thema – auf die Ernährung, sichere

Lebensmittel und die neue Landwirtschaft konzentrieren musste. Auf die einzelnen Bereiche des Verbraucherschutzes – dazu zählt E-Commerce ebenso wie die Altersvorsorge oder die Einführung des Euro – würde ich zunächst nur am Rande eingehen können. Prioritäten setzen und alles Schritt für Schritt systematisch abarbeiten, war und ist unser Leitfaden.

Die Arbeitspapiere, die man im Ministerium erarbeitet und mir vorlegt, kommen meist sehr trocken daher: Für Laien klingen sie erst wie Fachchinesisch und sind dann geeignet, die Wirkung eines Beruhigungsmittels zu entfalten. Fachausdrücke zum Beispiel aus dem Lebensmittel-Kennzeichnungsrecht, aus der Agrarsubventionspolitik oder den Düngemittelverordnungen sind oft schwer verständlich. Sinnesfroh sind sie ebenfalls nicht und in ihrer Sprödigkeit kaum vermittelbar – vielleicht einer von mehreren Gründen, warum das Landwirtschaftsministerium in der Vergangenheit weitgehend unter Ausschluss der Öffentlichkeit agiert hat. Tatsächlich verbirgt sich hinter den trockenen Begriffen in der Regel Spannendes, das unser aller Leben und Gesundheit betrifft.

Um klare Botschaften vermitteln zu können stellten wir uns – das heißt meine Staatssekretäre Alexander Müller und Matthias Berninger, Martin Wille, der Leiter des Leitungsstabs, Bernt Farcke, Ralf Wolkenhauer, Swantje Helbing und ich – in der Vorbereitungsphase für die Regierungserklärung einfache Fragen wie: Wo stehen wir? Die schlichte Antwort, die dann auch in die Rede einfloss, lautete: »Der BSE-Skandal markiert das Ende der Landwirtschaftspolitik alten Typs. Wir stehen ... vor einem Scherbenhaufen.« Und die nächste simple Frage: Wo wollen wir hin? »Zum vorsorgenden Verbraucherschutz!« Ergo: »Wir setzen auf die Agrarwende.«

Punkt für Punkt »übersetzten« wir komplizierte Sachverhalte in verständliches Deutsch und dampften sie aufs

Wesentliche herunter. Wir wollten einen neuen Qualitätsbegriff entwickeln, der auch subjektive Aspekte des Umwelt- und Tierschutzes einbezieht, also weg von der Massentierhaltung und der subventionierten Überschussproduktion. Daraus entstand der Oberbegriff »Klasse statt Masse«, ein Slogan, der seither überall, auch in ganz anderen Zusammenhängen, benutzt wird.

Mein Mitarbeiterstab und ich hatten an der gemeinsamen Entwicklung der Rede großen Spaß: Intensiv zu diskutieren, auch über die EU-Erweiterung und die nächste WTO-Runde, und Ideen zu finden, war für uns zudem ein notwendiger Verständigungsprozess und schuf die Basis für unsere künftige politische Ausdrucksweise. Während wir berieten, drängte sich mir folgender Gedanke auf: Unsere Einbindung in die Gemeinsame Agrarpolitik nimmt uns viel Handlungsspielraum, denn die fünfzehn EU-Länder in Brüssel müssen agrarpolitischen Entscheidungen mehrheitlich zustimmen.

Auf nationaler Ebene haben die einzelnen Bundesländer starke Zuständigkeiten, sodass viele Vorschläge eines Ministeriums erst mehrheitlich im Bundesrat abgestimmt werden müssen, um umgesetzt werden zu dürfen. Das bedeutet, dass jede grundsätzliche Änderung – wie etwa die Abschaffung der Käfigbatterien für Legehennen – mehrere Hürden nehmen muss und folglich nur unendlich langsam verwirklicht werden kann.

Die Landwirte produzieren teilweise Überschüsse, die die Regierungen letztendlich auf Weltmarktpreisniveau heruntersubventionieren, teuer vernichten oder einlagern. Der Lebensmittelhandel kauft, vor allem immer internationaler, so günstig wie möglich ein, damit er die Produkte zu Billigstpreisen an die Verbraucher bringen kann. Auch dort ist die Konkurrenz hart. Stattdessen will ich jedoch, dass die deutschen Bauern ihren Wert und den der Natur wieder schätzen lernen! Sie sollen mit Qualität werben und auch nach der Osterweiterung der EU wettbewerbsfähig bleiben. Während sie im Preiskampf mit den Niedriglohnländern kaum mithalten könnten, können sie an Klasseprodukten allerdings verdienen – national sowie international. Dieses setzt aber voraus, dass der Lebensmittelhandel und die Verbraucher mitspielen und die Politiker für Tierschutz in den Ställen und Naturschutz auf den Äckern sorgen.

Diese kausale Kette muss man nutzen, dachte ich während unserer Besprechungen Anfang Februar. Neben den gewundenen bürokratischen Entscheidungswegen im Bundesrat, in Agrarministerkonferenzen und im EU-Agrarrat müsste es doch noch einen zweiten Pfad geben, der zum Ziel führt! Ich kam zu dem Schluss, es sei an der Zeit, alle an der Kette beteiligten Akteure zusammenzubringen: die Verbraucherinnen und Verbraucher, die Landwirte, die Futtermittelindustrie, die Lebensmittelindustrie, den Handel und die Politik. Denn einzig wenn sich alle diese Akteure austauschen, ihre Bedürfnisse äußern und bereit sind, am gleichen Strang zu ziehen, weil sich ihre Interessen zum Teil überschneiden, lässt sich eine Wende in unserer Agrar- und Verbraucherpolitik bewerkstelligen.

Sachverhalte stelle ich gerne grafisch dar – als kleine Skizzen, mitunter auch mal als Cartoons auf dem Notizblock. Auch diesmal zeichnete ich im Laufe unserer Diskussionen vor mich hin. Plötzlich fügten sich die oben genannten, potenziellen Akteure der Agrarwende zu einem Sechseck zusammen. Das griff sofort jemand in der Runde auf und rief, »dann lasst es uns das Magische Sechseck nennen!« Das gefiel uns, weil dieser Gedanke sich an das »Magische Viereck« in der Wirtschaftspolitik anlehnt, welches die vier Ziele der Wirtschaftspolitik definiert (Vollbeschäftigung, Geldwertstabilität, wirtschaftliches Wachstum und Ausgeglichenheit der Zahlungsbilanz). Magisch suggeriert außerdem die Beschwörung geheimnisvoller

Kräfte, die wir nun aktivieren wollten, um den Prozess in Gang zu bringen!

Zum Hintergrund will ich hier anmerken, dass die Akteure des Sechsecks in der Vergangenheit sowohl gegeneinander als, in ungutem Sinne, auch miteinander gewirkt haben. Der Deutsche Bauernverband hatte die Politik des Landwirtschaftsministeriums seit 1949 wie gesagt entscheidend beeinflusst – unterstützt von den Unionsparteien und der FDP. Die internationale Lebensmittelindustrie hat die Landwirte faktisch zu Zulieferern gemacht und zu immer höheren Kosteneinsparungen gezwungen. Zusammen mit der Futtermittelindustrie wurden Rohstoffquellen in Schwellenstaaten und Staaten der so genannten Dritten Welt erschlossen. Im Zuge dessen waren die hiesigen Produzenten gezwungen, mit Methoden zu produzieren, die die Natur zunehmend belasten.

Es bedarf gewiss großer Anstrengungen und vielleicht sogar wirklich »magischer Kräfte«, um diese Machtverhältnisse in positive Bahnen umzulenken. Doch andererseits hatte die BSE-Krise allen Beteiligten einen erheblichen Dämpfer versetzt und gezeigt, dass es so nicht weitergehen kann. Die Einbußen, die der Lebensmittelhandel durch den Einbruch des Rindfleischmarkts erfahren hat, will er keinesfalls noch einmal hinnehmen müssen. Zu viele Arbeitsplätze hängen dort und in der verarbeitenden Industrie davon ab. Die Krise hat, wie von mir erhofft, zu mehr Gesprächsbereitschaft und Offenheit geführt: Ein Roundtable mit den Akteuren des Magischen Sechsecks kam zustande, und gemeinsam erarbeiteten wir als Erstes das neue Bio-Siegel. Doch mehr davon später!

So viel also zur Geburt des Magischen Sechsecks. Wir haben immer wieder an der Rede geschliffen, gekürzt, hinzugefügt, verschärft, verändert. Es fehlte uns aber noch ein Schlusssatz. Irgendwann rief mein Parlamentarischer

Staatssekretär Gerald Thalheim in anderer Sache an. Er berichtete mir, wie sehr er sich kürzlich bei einer Veranstaltung in Bayern geärgert habe, weil er dort auf so viel Widerstand bezüglich der Qualitätszeichen und Lebensmittelkennzeichnung gestoßen sei. Beim Bier, hätte er den Anwesenden zugerufen, bestünden sie doch auch auf dem Reinheitsgebot, warum also nicht bei anderen Produkten? Da kam mir eine Idee: »Herr Thalheim«, fragte ich, »kann ich die Metapher haben?« Ist nicht das Bier den Deutschen heilig? Nichts als Wasser, Hopfen und Malz soll in dieses Volksgetränk. Dank dieses Telefonats fand ich für meine Rede ein gutes Ende und ein Bild: »In unsere Kühe kommt nur Wasser, Getreide und Gras.«

Danach habe ich einstweilen einen Schlussstrich unter das Manuskript gezogen und mich mit Fachleuten innerhalb und außerhalb des Ministeriums sowie mit Grünen über die Inhalte ausgetauscht. Erst am Vorabend der Regierungserklärung saß ich abermals mit meinen Leuten zusammen, um ein letztes Mal alles zu erörtern: Wer würde uns morgen wie kritisieren, und haben wir alle relevanten Punkte angesprochen? Wir haben uns dann einen Spaß erlaubt: Theater im Ministerium! Rollen wurden verteilt und wir spielten, was in der Debatte im Anschluss an meine Rede passieren könnte. Matthias Berninger musste die Rolle von Angela Merkel übernehmen, die als CDU-Chefin und Schirmherrin der Agrarfunktionäre in Form des konservativen Deutschen Bauernverbands gewiss die größte Kritik anbringen würde. Es konnte ja nur im Interesse der Opposition sein, eine Konfrontation zwischen den Bauern und der Grünen Bundesministerin zu provozieren – was heute immer noch versucht wird. Die anderen diskutierten in unterschiedlichen Rollen kontrovers mit.

»Wir brauchen keine Agrarwende, weil wir seit eh und je nachhaltig wirtschaften!« oder: »Sie idealisieren diese Agrarwende und denken bei der breit angelegten Umstel-

lung auf Öko-Produkte gar nicht an die Wettbewerbsfähigkeit unserer Bauern«, näselte Angela Merkel alias Berninger. Ich konterte mit Vorschlägen zum Ausbau der
ländlichen Region und mit der Direktvermarktung landwirtschaftlicher Produkte. Die Bauern hätten nach der EU-
Osterweiterung nur dann rosige Zukunftsaussichten, wenn
sie auf hohe Qualität, Umwelt- und Tierschutz setzten.
Habe nicht selbst EU-Kommissar Franz Fischler vorgeschlagen, den Verbraucher- und Umweltschutz sowie soziale Standards über die EU-Ebene hinaus in die WTO-Verhandlungen einzubringen?

So warfen wir uns die Bälle hin und her, bis wir jede
denkbare Kontroverse erschöpft hatten. Ich fühlte mich
nun auf alle Eventualitäten vorbereitet und war mir sicher:
Die Rede war gelungen, und ich wusste genau, was ich von
der Gegenseite zu erwarten hatte.

Dennoch war ich am 8. Februar 2001, dem großen Tag,
gespannt wie ein Flitzebogen. In solchen Situationen werde ich muffelig. Ich konzentriere mich ganz nach innen und
wehre jede äußere Irritation oder Ansprache ab. Meine
Leute lassen mich möglichst in Ruhe oder schirmen mich
ab, denn sie kennen es schon, wenn Chefin Künast etwas
grimmig wird.

Ich war aber nicht die Einzige, die unruhig war: Alle
anderen um mich herum waren es auch. Die Medien hatten großes Aufhebens von der Regierungserklärung gemacht: Was wird die Grüne Künast sagen? Nicht zuletzt
war dies erst die vierte Regierungserklärung zur Agrarpolitik seit 1962. Die Journalisten waren in heller Aufregung
und verlangten ebenso hartnäckig wie vergeblich nach Vor-
abdrucken der Rede, Interviews, Informationen. Wir wussten, dass dies die Rede sein würde, die am nächsten Tag
durch die ganze Republik gehen würde. Man kann es nicht
oft genug wiederholen: Wir befanden uns mit der BSE-
Gefahr in einer sehr belastenden Situation, und alle frag-

ten sich, wie soll es nur weitergehen? Natürlich wollte jeder wissen, ob ich diese Misere bewältigen, ja, ob ich überhaupt realistische Ziele definieren und praktische Maßnahmen für die Zukunft ergreifen könnte. Die Agrarpolitiker von den Grünen und der SPD waren voller Erwartung, ganz zu schweigen von den Landwirten.

Die Opposition hingegen befand sich in fröhlicher Kampfbereitschaft, etwa mit dem Tenor: Da kommt jetzt die Berliner Göre, noch grün hinter den Landwirtschaftsohren, der heizen wir mal schön ein! Ich erinnere mich noch gut, wie mir in der vorangegangenen Bundestagsdebatte am 24. Januar ein Abgeordneter der CDU/CSU, während ich sprach, zugerufen hatte, ich hätte doch noch nie einen Stall von innen gesehen. Prompt hatte ich gekontert: »Können Sie mir erklären, wie es kommt, dass all die, die Ställe von innen kennen, nicht das Entstehen des Problems verhindert haben, das wir heute haben?« Er blieb die Antwort bis heute schuldig. Die Mitglieder der Grünen und der SPD-Fraktion applaudierten.

Vor dem Reichstag erwartete mich eine Gruppe der Landfrauen aus Alsfeld. Eine der Bäuerinnen trug eine »Kanne voller Sorgen«, eine Milchkanne gefüllt mit Briefen der Landfrauen, die heute in meinem Büro steht. Trotz der Kälte setzten wir uns gemeinsam auf die Reichstagstreppe, damit sie mir ihre Sorgen auch mündlich mitteilen konnten. Dann war die Zeit gekommen, mich in den Bundestag aufzumachen.

Die Redesituation im Bundestag gefällt mir: Im Gegensatz zum Berliner Abgeordnetenhaus sitzt man hier dicht beieinander. Das Haus war voll und die Spannung auf jeder Sitzreihe spürbar. »Ich gehe jetzt an das Pult und trage meine Erklärung vor, ohne Dönekes und ohne mich von Zwischenrufen ablenken zu lassen«, sagte ich mir selbst. Ich wusste genau, was ich wollte, und konnte damit in die Offensive gehen.

So begann ich meine fast dreißigminütige Rede. Den Verbrauchern als Teil des Magischen Sechsecks kündigte ich an, durch zwei Qualitätszeichen künftig Orientierung zu bieten: durch ein Bio-Siegel und ein konventionelles Siegel. Zum Lebensmitteleinzelhandel sagte ich, die Agrarwende könne erst dann wirklich gelingen, »wenn die großen Ketten den Wettbewerb nicht länger auf die Frage konzentrieren, wer die billigste Milch anbietet, sondern wenn endlich gesagt wird: Wir wollen ökologische Produkte aus der Nische herausholen. Was zählt, ist Qualität.« Ich betonte, dass diese Produkte selbstverständlich auch erschwinglich sein müssten. Die Lebensmittelindustrie rief ich dazu auf, mit den Bauern eine Partnerschaft einzugehen und mit einer Qualitätsoffensive die bäuerliche Zukunft zu sichern: »Die Bauern dürfen nicht mehr der billige Jakob sein.« Wer zukünftig unterhalb des Niveaus der beiden Qualitätszeichen produziere, müsse gravierende Wettbewerbsnachteile in Kauf nehmen. Immer wieder gab es Zwischenrufe und Beifall.

Die Futtermittelindustrie, so fuhr ich fort, müsse sich zu einer gläsernen Produktion verpflichten, denn »gutes Futter ist die Voraussetzung für neue und gute Qualität. Wir werden für die offene Deklaration, für eine Positivliste für Futtermittel sorgen.« Die Bauern ließ ich wissen, dass ich sie für die Krise eindeutig nicht allein verantwortlich hielt. Jahrelang hätten sie unter dem Strukturwandel gelitten, und ich wolle ihnen gewiss zur Seite stehen. Ob ökologisch oder konventionell – es gelte von nun an, ein Bündnis mit der Natur zu schließen, nach neuen Regeln und Mindeststandards zu wirtschaften. Wir müssten mehr direkte und regionale Vermarktung praktizieren, damit »die Wertschöpfung in der Region – zum Beispiel bei den Bauern – bleibt«.

Der Politik, dem sechsten Akteur im Magischen Sechseck, übertrug ich die Verantwortung für die Umsetzung der Agrarwende. Dabei vergaß ich nicht, Vorschläge zur Finanzierung zu machen – womit ich Frau Merkel keinen Anlass zur Kritik gab: »Wir wollen in Zukunft keine Überschüsse produzieren, sondern Qualität. Wir wollen in Zukunft keine Tierquälerei finanzieren, sondern artgerechte Tierhaltung; keinen Raubbau, sondern Schutz von Boden und Wasser.« Immerhin fließen in Deutschland jährlich circa 14 Milliarden Euro öffentliche Hilfen in den Sektor Landwirtschaft. Davon entfallen 6,4 Milliarden Euro auf die EU und 5,2 Milliarden Euro auf den Bund. Nicht eingerechnet sind die Kosten, die den Verbrauchern durch so genannte Marktordnungen entstehen, die die Preise für Zucker, Milch, Oliven und vieles mehr künstlich hochhalten. Diese Gelder müssten endlich im Sinne des Steuerzahlers für eine Agrarwende ausgegeben werden. Ich kündigte an, die Subventionsgelder in Zukunft nach anderen Regeln zu verteilen: Eine ökologische Landwirtschaft, artgerechte Tierhaltung und die Sicherung von Arbeitsplätzen im ländlichen Raum müssten endlich verwirklicht werden. Ich schloss mit dem Reinheitsgebot für Kühe.

Den Applaus der Regierungsparteien, der folgte, habe ich kaum mitbekommen. Erleichtert setzte ich mich zurück: Das war geschafft! Vor Anstrengung habe ich sicher wieder 20 Gramm abgenommen, dachte ich, weil ich mich in diesen Tagen im Körperumfang immer weiter vom alten Bild eines Landwirtschaftsministers entfernte. Nach all dem Ernst begann sich auch mein Humor wieder zu regen. Der Kanzler schüttelte mir erfreut die Hand und klopfte mir anerkennend auf die Schulter. Joschka Fischer, die Fraktionsvorsitzenden und andere kamen, um mir zu gratulieren. In der folgenden Debatte konzentrierte sich Angela Merkel in ihrer Rede darauf, den Kanzler anzugreifen – das gehört eben zu den Riten des Parlamentarismus. Doch während sie ihn kritisierte, bot sie mir zugleich die Zusammenarbeit an. In Wahrheit liegen unsere Einschätzungen in vielen Angelegenheiten nahe beieinander. Auch Frau Merkel ist gegen die Subvention von Agrardiesel und hat sich engagiert für den Tierschutz eingesetzt. Als Umweltministerin hat sie 1997 versucht, das Naturschutzgesetz nach ihren Wünschen zu novellieren. In ihrem Entwurf hatte in einer spezifischen Landwirtschaftsklausel gestanden, Landwirtschaft habe zugleich Umweltschutz zu sein. Bei der Überarbeitung – die Bauernfunktionäre haben vermutlich nachgeholfen – konnte Merkel sich nicht durchsetzen. Deshalb verschwand diese Klausel und mit ihr die Verpflichtung, Landwirtschaft anders zu betreiben. Stattdessen sollte künftig nach »guter fachlicher Praxis« gewirtschaftet werden – wie, blieb offen. Als die CDU-Chefin ins Plenum rief, wir Politiker hätten »in der Vergangenheit Fehler gemacht« und sollten »wenigstens heute das Richtige tun«, empfand ich diese Aufforderung vor allem als beste Bestätigung all dessen, was ich vorher klar und deutlich gesagt hatte! Doch dann kam ein richtig guter Satz: »Es geht nicht um 20 Prozent der Landwirtschaft und ausschließlich um den ökologischen Landbau«, sagte Merkel, »sondern um 100 Prozent der Landwirtschaft und deren Zukunft.« Ich hatte zwar das Gleiche gesagt, ihre Formulierung war aber entschieden gelungener. Berninger, der den Inhalt ihrer Rede ansonsten genau vorausgesagt hatte, hat sich richtig geärgert, dass sie an dieser Stelle noch einen kleinen Treffer landen konnte.

Einige hatten wohl gehofft, meine Grünen Visionen würden seltsame Blüten treiben, sodass sie meine Vorschläge gleich in den Wind schlagen könnten. Gegen die Fakten, die ich aufgezählt hatte, war kein Ankommen: Das Echo auf meine Rede war sehr positiv. Trotz ihrer Bedenken versprach selbst Frau Merkel mir Unterstützung, und die Opposition von CDU/CSU, FDP und PDS bot ihre Zusammenarbeit an. EU-Kommissar Fischler ließ wissen, dass meine Pläne durchaus seinen Vorstellungen entsprächen. Die Tierschutz- und Naturschutzverbände signalisierten ihre generelle Zustimmung. Dabei habe ich unter anderem von Wolfgang Apel vom Deutschen Tierschutzbund, von Hubert Weinzierl vom Deutschen Naturschutzring und von Jochen Flasbarth vom NABU, aber auch von vielen kleinen NGOs große Unterstützung erfahren. Und selbst Gerd Sonnleitner, der Präsident des Deutschen Bauernverbands, zeigte sich mit meinem Dialogangebot zufrieden und kündigte an, über eine Umgestaltung mit uns zu diskutieren. Die Medien reagierten ebenfalls sehr freundlich und schrieben eifrig über die angekündigte Agrarwende.

Es war ein merkwürdiges Gefühl, wie strahlend nach der Regierungserklärung alle auf mich reagierten. Selbstverständlich habe ich mich sehr gefreut, doch mir wäre es lieber gewesen, wenn diese Begeisterten ein wenig auf dem Teppich geblieben wären. Da war auch wieder dieser Moment, in dem ich dachte: Kann sich auch mal wieder jemand normal mit mir unterhalten? Ich spürte deutlich, dass die Erwartungen die Realität überstiegen. Schon in dieser Rede hatte ich mehrfach betont, dass eine andere Landwirtschaftspolitik ihre Zeit braucht: »Wir spüren alle, dass wir in einem langen und steinigen Tal sind, das wir nicht morgen durchschritten haben werden«, waren meine Worte. Damit wollte ich bewusst die übersteigerte Euphorie dämpfen. Ich wusste ganz genau, dass wir zur Gestaltung dieses Prozesses die Ausdauer von Kamelen und die Geduld von Schnecken brauchen würden. Hat nicht schon Montesquieu gesagt: »Der Erfolg der meisten Dinge hängt davon ab, dass man weiß, wie lange es dauern wird, bis sie gelingen?«

Ich hatte den Eindruck, dass viele gar nicht wahrnehmen wollten, wie langsam diese Saat aufgehen würde. Gerade die Medien, die die Agrarwende anfangs am meisten hochgejubelt hatten, haben schon nach wenigen Wochen am lautesten gemäkelt, nach meinen großen Ankündigungen habe sich ja noch kaum etwas verändert. Die Agrarwende lässt sich nur mithilfe der Akteure des Magischen Sechsecks, der Agrarminister der Bundesländer und in Übereinstimmung mit dem Agrarrat in Brüssel verwirklichen – die Zukunft dieses Landes können wir nur gemeinsam gestalten. Dazu müssen jahrzehntealte Machtstrukturen aufgebrochen, Überzeugungsarbeit geleistet und die verschiedenen wirtschaftlichen Interessen auf die neuen Ziele gerichtet werden. Ich habe nie einen Hehl daraus gemacht, dass wir uns mit der Agrarwende ein ehrgeiziges Ziel gesetzt haben. Doch bei uns im Ministerium pflegen wir dazu zu sagen: Die einfachen Jobs waren schon vergeben!

6

Schwitzen in Schweden

Schnee und Stille – so weit das Auge reicht! Weiß bedeckte Tannen, deren Zweige unter der Last des Schnees tief hängen. Die schwedische Einöde strahlte mir entgegen, schöner als ein Postkartenmotiv. Obwohl kurz vor Ostern, war es noch immer bitterkalt. Angeregt plauderten Margareta Winberg, meine schwedische Kollegin, und ich miteinander. Um uns herum stieg Dampf auf. Anstelle von Schneeflocken bedeckten Schweißperlen mein Gesicht. Ab und zu ließen wir schweigsam die Landschaft und den zugefrorenen See auf uns wirken, an dessen Ufer wir gemütlich saßen: Wir hockten, nur mit einem Badeanzug bekleidet, in einem halbierten Fass, das groß genug gewesen wäre, noch zwei bis drei weitere Agrarminister (agrarministerialen Körperumfangs) aufzunehmen. Der Kälte trotzend, umhüllte uns wohltuend auf 40 Grad erwärmtes Wasser. Hinter uns befand sich das Saunahäuschen, in dem wir zuvor ordentlich geschwitzt hatten.

Weit über eine halbe Stunde entspannten wir plantschend in unserem Dampftopf. Dabei bekamen wir gelegentlich Besuch von anderen Ministern: Kommissar Fischler war Angeln gewesen – an einem ins Eis geschlagenen Loch – und diskutierte am Fass stehend mit uns über seinen Fang, eine Rotfeder. Andere glitten auf Langlaufski die Hügel entlang, alle zu einem Scherz oder kurzen Schwatz aufgelegt. Welch angenehme Art, sich menschlich näher zu kommen!

Informelle Fachministertreffen finden zweimal jährlich statt, jeweils in dem Land, das gerade die Ratspräsidentschaft innehat. In jenem ersten Halbjahr 2001 war es Schweden. Zweck der informellen Ratssitzungen ist es, sich an einem Wochenende ohne Verhandlungs- und Beschlusszwang auszutauschen. Der Gastgeber hat dabei die Chance, den EU-Ministern sein Land vorzustellen und über aktuelle, landesspezifische Strukturen und Probleme zu informieren. Da man sich überwiegend auf Englisch unterhält und es üblich ist, sich mit dem Vornamen anzusprechen, sind scheinbar alle per du. Die Atmosphäre ist unverkrampft, und das trägt viel zur Verständigung unter den EU-Ländern bei. Mir bot sich in Schweden die Gelegenheit, meine Kolleginnen und Kollegen endlich besser kennen zu lernen, von den Schwierigkeiten in ihren Ländern zu erfahren und gemeinsam Pläne zu entwickeln. Über persönlichen Kontakt ist bekanntlich viel zu erreichen!

Mit den europäischen Kolleginnen und Kollegen verbringe ich in manchen Monaten mehr Zeit als mit den Agrarministerinnen und -ministern der Bundesländer. Die informellen Treffen gefallen mir insbesondere, weil sie mich an Situationen im Gericht oder in der Wirtschaft erinnern: Jeder legt seine Interessen klar und deutlich auf den Tisch. Da die Sitzungen nicht öffentlich sind, steht niemand unter dem Druck der öffentlichen Beobachtung. Umso angenehmer ist der Umgangston untereinander.

Bevor ich mit Margareta im Fass landete, war ich über Stockholm nach Östersund geflogen. Mich begleiteten unter anderem Staatssekretär Martin Wille und seine Frau. Von Östersund aus ging die Reise per Hubschrauber weiter ins Land hinein zu einem Tagesausflug. Die Hubschrauber setzten auf einem vereisten See auf, und wir stiegen auf Schneemobile um. Los ging's auf dem weichen Weiß durch üppige Tannenwälder in die Jämtland-Berge zu einem Ort, in dem die Sámi, die Ureinwohner Nordskandinaviens, leben. Die Sámi empfingen uns in bunten Trachten und stellten uns ihre traditionelle Lebensweise, die ganz im Einklang mit der Natur steht, vor. Rentierhaltung ist in diesem Teil Schwedens ihre Lebensgrundlage. Ich erstand sogleich einen Anhänger aus Rentierhorn mit traditioneller Schnitzerei. Trotz des schwedischen Rentierreichtums bekamen wir die subarktischen Hirsche aber nicht zu Gesicht. Der Grund: Rene sind Klauentiere, und in Großbritannien war im Februar die hoch gefährliche Maul- und Klauenseuche (MKS) ausgebrochen.

MKS überträgt sich durch Kontakt von Tier zu Tier im Stall, bei Sammeltransporten und auf Viehmärkten. MKS verbreitet sich über kürzere Strecken aber auch durch den Wind und auf allen möglichen Wegen indirekt. Dabei kommt dem Menschen eine erhebliche Rolle als Zwischenträger zu: Kleidung und Schuhe nicht gewechselt oder Haar nicht gewaschen reicht schon, um das Virus von einer Herde auf die nächste zu übertragen. Folglich hatte man in Schweden dafür gesorgt, die Rentiere vor unserer Ankunft wegzuschaffen, weil einige von uns aus Ländern kamen, in der die Seuche ausgebrochen war.

Am schlimmsten betroffen war Großbritannien. Dort traten innerhalb des Jahres 2001 über 2000 MKS-Fälle auf, und insgesamt mussten fast 5,3 Millionen Tiere gekeult, das heißt getötet werden, um die weitere Ausbreitung der Seuche zu verhindern. In den Niederlanden erkrankten 26 Tiere und in Frankreich drei – Importtiere aus England.

Mit Schrecken erinnert man sich an die Leichenberge, die Tierkadavermassen, die in den Himmel gestreckten Beine unwürdig übereinander geworfener Leiber, an die Vernichtung durch Verbrennen. Sofort nachdem der erste Fall in Nordengland entdeckt worden war – was offenbar durch fahrlässiges Verhalten auf einem einzigen Hof eini-

MAUL- UND KLAUENSEUCHE

MKS ist eine fast hundertprozentig ansteckende Tier-
seuche, die durch äußerst widerstandsfähige, winzige
Viren entsteht und Paarhufer beziehungsweise
Wiederkäuer – vor allem Rinder, Schafe und Ziegen,
aber auch Schweine – befällt. Ausgebrochen ist die
Krankheit vermutlich, weil in Großbritannien Spei-
sereste verfüttert worden waren, in denen MKS-Viren
lauerten. Ursache Schlamperei: Durch vorschriftsmä-
ßiges Erhitzen hätten die Erreger vernichtet werden
können. Sei es in tief gefrorenem Fleisch oder im Erd-
boden – das hartnäckige Virus kann monate-, ja sogar
jahrelang infektiös bleiben. Erkrankte Tiere triefen
vor Speichel, leiden unter Fieber und schmerzhaften
Blasen, besonders im Maul- und Klauenbereich.
Wenn die Blasen platzen, verbreiten sich die Erreger
in rasendem Tempo, und oft entwickeln sich Folge-
infektionen. Die Sterblichkeitsrate ist bei MKS zwar
gering – meist endet die Seuche nur bei Jungtieren
tödlich. Das größte Problem ist aber ein ökonomi-
sches, denn alle MKS-Betriebe und deren Nachbarn
müssen nach Bekanntwerden der Seuche sofort her-
metisch abgeriegelt werden. Strikte Handelssperren
und Transportverbote führen dazu, dass der Absatz
sofort einbricht und auf null zurückgefahren wird –
das gilt auch für alle von den betroffenen Tieren stam-
menden Erzeugnisse.

ge Tage gedauert hatte und dem Virus deshalb Gelegenheit gab, sich wie halbmondförmig vom Norden des Landes bis in den Süden zu verbreiten –, habe ich unverzüg-
lich gehandelt. Zuerst haben wir die Notfallpläne in Kraft
gesetzt und dann den zentralen Krisenstab von Bund und

Ländern einberufen. Wir sorgten dafür, dass zwei Tierärzte auch am Krisenstab in unserem Nachbarland Niederlande teilnahmen, denn von dort drohte unmittelbare Gefahr für Deutschland. Alle Schafe und Schweine, die in einem bestimmten Zeitraum aus England importiert worden waren, wurden umgehend unter amtliche Beobachtung gestellt; die Schafe wurden gründlich serologisch untersucht. Ebenso wurden alle Tiertransporte, die aus Großbritannien oder über andere Mitgliedsstaaten zu uns gekommen waren, überprüft. In Nordrhein-Westfalen mussten Tiere, die aus MKS-Beständen gekommen waren, getötet werden.

Ab Ende Februar 2001 wurden bundesweit alle Viehmärkte, Tierschauen und Sammelstellen geschlossen – es gab ein totales Bewegungsverbot. Und hier sind wir auch schon am Kern des Problems: Je mehr Lebendviehtransporte und internationalen Handelsverkehr es gibt, quer durch Europa und am anderen Ende wieder heraus in Drittländer, desto rascher können sich Seuchen verbreiten. Vor allem deshalb taucht MKS weltweit auf. Wo immer Vieh auf Sammelstellen verkauft und an andere Orte gebracht wird, können Erreger sich strahlenförmig ausbreiten. Ohnehin müssen sich Tiere bei jedem Ortswechsel mit neuen, ungewohnten Bakterien und Viren auseinander setzen. Das fällt vor allem bei der Schweinezucht ins Gewicht: Der eine Landwirt züchtet Ferkel; der nächste hält diese Ferkel, bis sie nach einigen Monaten in den übernächsten Betrieb kommen oder direkt zum Schlachthof gefahren werden. Damit bei diesen häufigen Umsiedlungen keine Krankheiten entstehen, verabreichen viele Landwirte ihren sensiblen Schweinen antibiotische Leistungsförderer.

Kaum dass wir die nötigen Maßnahmen gegen BSE in Angriff genommen hatten, sah ich mich mit der nächsten Krise konfrontiert. Als MKS uns ab Februar immer näher rückte, kochten die Emotionen hoch und es war oft schwer, die Konzentration der Beteiligten auf die sachlich notwendigen Maßnahmen zu lenken. Das war für mich die härteste Zeit des Jahres 2001. Wie viele Male arbeitete ich abends noch angestrengt mit meinen Leuten, da klingelte das Telefon, Thomas Mettenleiter, Präsident der Bundesforschungsanstalt für Viruskrankheiten der Tiere war am Apparat, um uns zu informieren: »Wir haben da wieder eine Probe von einem MKS-verdächtigen Tier bekommen ...« Tierärzte waren von uns ermutigt worden, lieber zu viele als zu wenig Proben zur Untersuchung einzuschicken. Die Laborantinnen und Laboranten mussten deshalb unzählige Köpfe und Klauen rund um die Uhr prüfen. Stunden später, es war schon bald Mitternacht, rief Mettenleiter wieder an: »Ich befürchte, diesmal könnte uns wirklich eine positive Probe vorliegen, endgültig Bescheid kann ich Ihnen aber erst morgen Früh geben.« Mein Handy habe ich mit ans Bett genommen, ich war ständig unter der Anspannung, gleich könne der Anruf mit der furchtbaren Nachricht eintreffen. Jede Minute, die ohne Klingeln verstrich, war ein Stück Erleichterung.

Seinerzeit gab es ungeheuren öffentlichen Druck, alle gefährdeten Tiere impfen zu lassen. Impfen oder nicht?, lautete die allenthalben heiß diskutierte Frage. Seit 1992 besteht in Deutschland und anderen EU-Ländern aber grundsätzlich die so genannte Nicht-Impfungspolitik, weil wir es schon längst nicht mehr mit den drei MKS-Typen zu tun haben, gegen die man die Tiere bis zu diesem Datum hatte impfen und erfolgreich schützen können. Denn mittlerweile werden immer neue „exotische Seuchenstämme« eingeschleppt, die mit den herkömmlichen Impfstämmen nicht mehr übereinstimmen. Es können Tage bis Wochen vergehen, bis ein neuer Impfstoff für die immer wieder neuen Viren entwickelt ist. Abgesehen davon, dass unser Impfserum auf die aktuellen Erreger gar nicht angeschlagen hätte, hätten die Vorräte der Bundesländer auch nicht ausgereicht – für 40 Millionen Tiere hatten sie trotz Aufstockung der Vorräte nur 1,5 Millionen Impfdosen bereitliegen: sichtlich zu wenig! Außerdem wären sie mit der Impfung einer solchen Masse von Tieren nie rechtzeitig nachgekommen. Und selbst wenn wir den richtigen Stoff in ausreichenden Mengen zur Verfügung gehabt hätten und so schnell wie erforderlich hätten impfen können, wäre uns das nächste Dilemma nicht erspart geblieben: Die MKS-Kontrolltests können nämlich nicht zwischen geimpften und kranken Tieren unterscheiden. Wären wir als MKS-Impfland eingestuft worden, hätten wir für mindestens ein Jahr erhebliche Exporteinschränkungen unserer Tiere hinnehmen müssen, denn die meisten Staaten dieser Welt kaufen kein Fleisch aus MKS-Ländern. Nach BSE wären unsere Rinder-, Schaf- und Schweinezüchter dann vollends eingebrochen. Es schien mir ungeachtet aller Skrupel sinnvoller, im Fall der Fälle die betroffenen Tierbestände so schnell wie möglich töten zu lassen. Ich folgte unter anderem dem Rat meines Staatssekretärs Alexander Müller, der die gesamte Krise über einen kühlen Kopf bewahrt hat: die Sperren einhalten, desinfizieren, jeglichen Kontakt meiden, keine Tiere transportieren und Importtiere aus erkrankten britischen Beständen sofort melden! Dennoch waren wir auch darauf vorbereitet, wenn nötig unter Inkaufnahme gravierender Handelsbeschränkungen, die Möglichkeiten von Not- und Ringimpfungen auszuschöpfen und haben mit den Niederlanden und Großbritannien dafür gesorgt, dass EU-Gremien rechtzeitig dazu Ausnahmemöglichkeiten eröffneten.

Die Landwirte waren verständlicherweise in heller Aufregung. Dabei war die Emotionalisierung der Impfschutzdebatte nicht gerade hilfreich. Der Deutsche Bauernverband postulierte seinerzeit populistisch »Impfen statt Töten!« – freilich ohne im Kleingedruckten einzuschränken, nur dann impfen zu wollen, wenn daraus keine Exportbeschränkungen folgten, genau das ist aber das Problem. Er startete eine große Unterschriftenaktion, und Vertreter des Verbands marschierten ohne Desinfektion von Hof zu Hof und verteilten Postkarten, die die Landwirte unterschrieben an den EU-Verbraucherschutzkommissar David Byrne schicken sollten.

Zum Glück blieb Deutschland MKS-frei, und wir konnten unser Fleisch ungehindert weiter exportieren. Damit endet die Angelegenheit aber nicht: Sei es Impfen, sei es Töten – vor allem Letzteres ist natürlich eine Zumutung und äußerst bedenklich –, auf unserem informellen Agrarministertreffen in Schweden waren diese Fragen Topthema. Selbst dort im Dampfbad mit Margareta Winberg. Unsere Diskussionen führten dazu, dass wir schon auf dem darauf folgenden Agrarrat Ende April beschlossen, das aktuelle MKS-Geschehen gründlich auszuwerten, um den Schutz vor Seuchen künftig zu verbessern. Schon zu jenem Zeitpunkt sprachen wir von den »Foodmiles«, den tausenden von Kilometern, die ein Lebensmittel beziehungsweise im Fall von Tieren: ein künftiges Lebensmittel, zurücklegen muss, bevor es den Verbraucher erreicht. Meiner Meinung nach sollte unser vorrangiges Ziel sein, die Impfpolitik gründlich zu untersuchen und energisch einen Marker-Impfstoff zu entwickeln, der es möglich macht, anhand der Markierung zwischen geimpften und erkrankten Tieren zu unterscheiden – um so einen anderen Umgang mit den Tieren und die internationalen Absatzmärkte zu sichern. Es wird schwer sein, dies durchzusetzen, da dazu die Zustimmung aller europäischer Regierungen notwendig wäre. Gleichwohl müssen wir die Zucht- und Transportpraktiken von Tieren kritisch betrachten und gegebenenfalls revidieren: Mehr Regionalität könnte viele der Probleme eindämmen. Außerdem gibt es damit noch mehr gute Gründe, nicht lebende Tiere, sondern Fleisch zu transportieren.

Auch wenn informelle Agrarministertreffen eher der entspannten Begegnung dienen sollen – und ich bei alldem BSE- und MKS-Krisenmanagement den Nachmittag in der schwedischen Schneeruhe zugegebenermaßen unendlich genoss –, beschäftigten mich diese Fragen unaufhörlich. Zurück im Östersunder Hotel waren die Ministerinnen und Minister in unterschiedlichen Grüppchen ins Gespräch vertieft. Ich saß mit dem französischen Agrarminister Jean Glavany in einer Sitzecke – man erinnere sich, bei meiner allerersten Agrarratssitzung vertraten wir sehr unterschiedliche Positionen – und plauderte mit ihm darüber, wie Agrarpolitik in der EU aussehen könnte: ein weiterer Baustein in den deutsch-französischen Beziehungen, wie ich noch berichten werde.

Am zweiten Tag unserer Begegnung zeigten uns die Schweden ihre Pferdezucht. In Wången brachte man uns in einen Traberstall. Eigentlich war geplant, uns draußen mit Sulkys, den Trabrenngespannen, loszuschicken. Aber mittlerweile war es so warm geworden, dass der Schnee in den Händen zerrann und so kräftig matschte, dass wir trotz entsprechender Kleidung, für die man gesorgt hatte, bis zu den Haarspitzen mit Matsche vollgespritzt worden wären. Folglich sollten wir in der Reithalle Trabrennerfahrungen machen. Die Veranstalter fragten gerade: »Wer will zuerst aufs Sulky?« Da stieg ich schon bereitwillig mit einigen Kollegen und dem mir üblichen Gottvertrauen auf das Gefährt, und los ging's! Nachdem ich die erste Runde gedreht hatte – die Traber waren wirklich perfekt ausgebildet –, gewann ich Spaß an dem Sport. Die Tiere reagierten auf jedes Zupfen am Zügel. Wann immer mal ein Sulky für eine Minute frei stand, bin ich nichts wie rauf. Ich war die Letzte, die die Halle wieder verließ.

Zum schwedischen Besucherprogramm gehörte am Ende auch der Besuch eines Gemeindehausprojekts zur Stärkung des ländlichen Raums in dem Städtchen Trångsviken, das mich sehr faszinierte und ein besonderes Steckenpferd von Margareta Winberg, meiner schwedischen Kollegin, ist. Hier haben sich Menschen aller Alters- und Berufsgruppen zusammengetan. Sie haben ein altes Gebäude zum Gemeindehaus umgebaut – mit Turnhalle, Veranstaltungssaal, Kindergarten, Post, Buchladen, Café und so weiter –, eine tolle Sache. Die Leute, die wir dort trafen, sprühten nur so vor Ideen. Sie waren mit ihrem Projekt auch in der Lage, kleine Unternehmen und junge Familien in die Stadt zu locken und das ländliche Angebot zu erweitern. Kinder und Jugendliche haben im Gemeindehaus eine Firma gegründet und sich selbstständig gemacht. Sie sollen auf diese Weise lernen, wie ein Gewerbe funktioniert. Einmal wöchentlich backen sie beispielsweise köstliches Brot, das sie in der Stadt verkaufen. Einkauf, Kasse und Buchhaltung regeln sie selbst. Von Margareta hatten sie den bislang größten Auftrag ihres Lebens erhalten: Sie sollten die EU-Ministerinnen und -Minister mit Tee, Kaffee und selbst gebackenem schwedischen Kekssortiment verköstigen. Das taten sie auch mit großem Enthusiasmus und gut.

Zum Abschluss des informellen Teils unserer Reise – bevor wir am nächsten Morgen vor unserer Abfahrt eine offizielle Sitzung bestreiten würden – gab es ein wunderbares Gala-Essen mit vielen Reden und Musik. Alle waren fein gekleidet und bester Laune. Als nach dem Essen die ersten Rock-'n'-Roll-Klänge durch den Saal hallten, sah man einige in heftiger Körperarbeit auf den Stühlen wippen. Der niederländische Agrarminister Laurens Brinkhorst war auch schon ordentlich in Schwung, und mit ihm habe ich dann ausgiebig das Tanzbein geschwungen: Deutschland und die Niederlanden hätten miteinander getanzt, hieß es später oft. Womit ich jetzt nicht behaupten will, wir hätten auch schon agrarpolitisch den Takt angegeben!

7

Auf dem Deutschen Bauerntag

Bauern mögen starke Frauen«, versuchte mir Gerd Sonnleitner, Präsident des Deutschen Bauernverbands (DBV),
zu schmeicheln, als er mich seinerzeit auf der Grünen
Woche begrüßte. Mitten in der Krise und ohne konkrete
Aussichten auf Erfolg versprechende Lösungen war er sich
in jener angespannten Situation der großen Medienauf-
merksamkeit bewusst und reagierte folglich positiv auf
mich. In diesen Tagen sind wir freundlich und dialogbe-
reit miteinander umgegangen: Es gab keinen Showdown,
wie viele erwartet oder gar gehofft hatten. Gewiss, ich kann
ungeheuer gut streiten und dabei harte, klare Sätze sagen.
Ich bin aber entschieden gegen Auseinandersetzungen, in
denen zwischen der sachlichen und der persönlichen Ebene nicht mehr unterschieden wird. Auch in der heftigsten
Diskussion sollte man Schläge nie unter die Gürtellinie verteilen oder sein Gegenüber abwerten.

Faire Umgangsformen, wie ich sie mir vorstelle, habe ich
einmal als »mittelenglisch« bezeichnet, weil mir gefällt, wie
die Engländer sogar bei schärfsten Differenzen *distingui-
shed* bleiben können. Ähnlich vornehm gingen Sonnleitner
und ich damals aufeinander zu. Galt es doch, BSE und später noch MKS zu bekämpfen; da war der DBV auf die
Ministerin angewiesen, denn die Öffentlichkeit stufte die
Bauernfunktionäre und die ihnen nahe stehenden Agrarpolitiker seinerzeit als wenig glaubwürdig ein.

Mir ist bekannt, dass Sonnleitner wegen seines freundlichen Umgangs mit mir Kritik bekam. Laut Gerüchten soll vor allem die CSU darüber unglücklich gewesen sein – eine Polarisierung zwischen der Grünen Bundesministerin und dem DBV hätte ihren Interessen schon Anfang 2001 gewiss besser gedient. Mir war allerdings auch stets klar, dass die DBV-Spitze versuchen würde, bei der erstbesten Gelegenheit wieder die althergebrachte Rolle einzunehmen.

Manche haben mich gefragt, warum ich mich so oft mit dem DBV-Präsidenten treffen würde. Tatsache ist, dass Herr Sonnleitner überall, wo ich hinkam, als Vertreter des DBV bereits anwesend war! Herr Sonnleitner ist nicht nur stolzer Inhaber eines 100 Hektar großen Bauernhofs mit 700 Schweinemastplätzen und 250 Kälbern. Er bekleidet auch mindestens 29 verschiedene Ämter. Und er ist nicht der Einzige, denn viele seiner Kollegen haben neben ihren großen landwirtschaftlichen Betrieben ebenfalls eine erstaunliche Zahl von Funktionen angehäuft. Detailliert nachzulesen ist dies bei den Autoren Schmidt und Jasper sowie in einer Studie des Naturschutzbundes NABU über Lobbyverflechtungen in der Landwirtschaft. NABU-Geschäftsführer Gerd Billen kritisierte, Bauernvertreter gingen »Nebenjobs« nach und entschieden deshalb oft »gegen die Interessen der eigenen Klientel«. Die häufigen Begegnungen mit Gerd Sonnleitner und anderen waren für mich eine wichtige Lektion, denn das verwobene deutsche Agrarsystem konnte sich mir so kaum anschaulicher darstellen.

Trifft man zum Beispiel Vertreter der CMA, der Centralen Marketing-Gesellschaft der deutschen Agrarwirtschaft, nimmt auch Sonnleitner an dem Gespräch teil – denn der Präsident des Bauernverbands ist traditionell auch im Aufsichtsrat der CMA. Die CMA ist 1970 mit dem Ziel gegründet worden, das Gemeinschaftsmarketing deutscher landwirtschaftlicher Produkte zu steuern und deren Er-

Ämter und Funktionen von Gerd Sonnleitner*

1. Absatzförderungsfonds der deutschen Land- und Ernährungswirtschaft, Vorsitzender des Verwaltungsrats
2. Bayerische Akademie Ländlicher Raum, Mitglied
3. Bayerischer Bauernverband (BBV), Präsident
4. BayWa AG, Mitglied des genossenschaftlichen Beirates
5. bbv-service Versicherungsmakler, Vorsitzender des Aufsichtsrats
6. Bundesministerium für Wirtschaft und Technologie, Außenwirtschaftsbeirat (AWB), Mitglied des Ausschusses
7. Bundesvereinigung der Deutschen Arbeitgeberverbände (BDA), Mitglied des Präsidiums
8. Centrale Marketing-Gesellschaft der deutschen Agrarwirtschaft (CMA), Aufsichtsrat
9. COPA Europäischer Bauernverband (Comité des Organisations Professionelles Agricoles de la C.E), Präsident
10. Deutsche Landsenioren (DLS), Mitglied des Präsidiums
11. Deutsche Landwirtschafts-Gesellschaft (DLG), Mitglied im Gesamtausschuss
12. Deutscher Bauernverband (DBV), Präsident
13. Deutscher Bauernverband, Fachausschuss Finanzen, Vorsitz
14. Deutscher Bauernverband, Verbandsrat, Verbandsratsmitglied
15. Deutscher Landwirtschaftsverlag, Vorsitzender des Aufsichtsrats
16. Deutscher Raiffeisenverband (DRV), Mitglied des Präsidiums
17. Deutsches Milchkontor GmbH, stellv. Aufsichtsratsvorsitzender
18. Fördergemeinschaft nachhaltige Landwirtschaft (FNL), Vorsitzender des Vorstandes
19. Forum für Zukunftsenergien, Mitglied des Kuratoriums
20. Hans-Seidel-Stiftung, Mitglied des Beirates
21. information.medien.agrar (i.m.a), Präsident
22. Isar-Amperwerke, Beirat
23. Kreditanstalt für Wiederaufbau, Mitglied des Verwaltungsrats
24. LAND-DATA Gesellschaft für Verarbeitung landwirtschaftlicher Daten, Aufsichtsratsvorsitzender

25. Landwirtschaftliche Renten- bank, Vorsitzender des Verwal- tungsrats	28. Zentralausschuss der deut- schen Landwirtschaft, Vorsit- zender
26. R+V Lebensversicherung AG, Aufsichtsrat	29. Zentrale Markt- und Preis- berichtsstelle (ZMP), Aufsichtsrat
27. Wirtschaftsbeirat der Union, Mitglied des Präsidiums	

*nicht vollständig
© Journalist & Medien, 4/2001

zeugnisse im In- und Ausland abzusetzen. Die CMA hat nur geringe eigene Mittel. Den Hauptanteil ihres Haushalts bezieht sie aus dem Absatzfonds, den der Deutsche Bundestag 1969 per Gesetz gründete. Der Absatzfonds bekommt seine Gelder von den so genannten Flaschenhalsbetrieben, das sind Großbetriebe, die die Produkte der Landwirte sammeln und verarbeiten – dazu zählen zum Beispiel die Schlachthöfe, Molkereien, Brauereien oder Zuckerraffinerien. Die Betriebe ziehen diese Abgaben wiederum ihren Lieferanten, überwiegend also den Landwirten, ab. Deren Abgaben sind auf den Cent genau gesetzlich definiert und sind von der Erzeugung abhängig. Insgesamt kommen durch die Abzüge bei den Bauern jährlich rund 75 Millionen Euro für den Absatzförderungsfonds zusammen.

Im Absatzfonds sitzen neben Bundestagsabgeordneten dieselben Funktionäre, die zugleich im Deutschen Bauernverband, in dessen Untergliederungen oder in den Gremien der CMA aktiv sind. Auch hier wieder Herr Sonnleitner, der kraft seines Amtes als Präsident des Bauernverbands automatisch auch der Vorsitzende des Verwaltungsrats des Absatzfonds ist. Damit nicht genug: Sonnleitner oder seine Kollegen findet man ferner bei der Landwirtschaftlichen Rentenbank, im Raiffeisenverband, in den Raiffeisenbanken, im deutschen Weinfonds oder bei dem deutschen Holzabsatzfonds. Ihr Netzwerk wirkt bis in die Redaktionen der bäuerlichen Publikationen hinein. Wer wirklich wissen will, was im Bundesministerium für Verbraucherschutz, Ernährung und Landwirtschaft beschlossen wird, ist besser beraten, dessen Homepage im Internet zu studieren: unter www.verbraucherministerium.de.

Die Funktionäre haben auch Aufsichts- und Verwaltungsratsposten in den Vorständen der Lebensmittel-, Futtermittel- und chemischen Industrie. Sie dienen (und verdienen) in der Politik als Mandatsträger konservativer Parteien auf der Kommunal-, Kreis-, Landes- und Bundesebene und seit Anfang der achtziger Jahre auch in der Europäischen Union. Der DBV konnte erreichen, dass Stellen in den Fachverwaltungen des Bundes sowie der Länder, in den Rundfunkräten oder sogar der Kirche mit Mitarbeitern besetzt wurden, die seine Ziele vertreten. So zum Beispiel sitzt Wilhelm Niemeyer, Vizepräsident des DBV, im Rundfunkrat des ZDF. Natürlich hatten sie auch Einfluss im Landwirtschaftsministerium.

Diese Gruppe von Lobbyisten, die die deutsche Agrarpolitik seit jeher herausragend bestimmt haben, hat sich im Laufe der Jahre auf eine begrenzte Zahl von Personen verdichtet. Sie waren überzeugt davon, über Bewegung oder Stillstand entscheiden zu können. Unausgesprochenes Ziel und tatsächliches Ergebnis ihrer Politik ist es, die Einkommens- und Wettbewerbssituation großer, exportierender landwirtschaftlicher Betriebe bevorzugt zu fördern. Die kleinen, schon gar die ökologisch sowie tiergerecht wirtschaftenden Betriebe wurden in der Regel nur berücksichtigt, wenn es darum ging, konservative Mehrheitsverhältnisse in Parteien oder Verbänden zu erhalten.

Mit rund 430 000 Bauern und ihren Familien vertritt der Deutsche Bauernverband etwa 90 Prozent aller organisierten Bauern. Als der DBV 1948 gegründet wurde, waren 4 Millionen Menschen in der Landwirtschaft tätig – heute sind es keine 600 000 mehr. Es gibt derzeit circa 183 000

Ämter und Funktionen von Wilhelm Niemeyer*

1. Agra Euro GmbH, Vorsitz des Aufsichtsrats
2. Akademie for Agrar-Marketing, Mitglied des Kuratoriums
3. Beratender Ausschuss Schweinefleisch der EU-Kommission, Vorsitzender
4. Bundesmarktverband für Vieh und Fleisch, Vorsitzender
5. Centrale Marketing-Gesellschaft der deutschen Agrarwirtschaft (CMA), Aufsichtsrat
6. CG Nordfleisch AG, Aufsichtsratsvorsitzender
7. CG Nordfleisch AG, Vorsitzender des landwirtschaftl. Beirates
8. Deutscher Bauernverband (DBV), Vizepräsident, ständiger Vertreter des Präsidenten
9. Deutscher Bauernverband (DBV), Fachausschuss Schweinefleisch, Vorsitzender
10. Deutscher Bauernverband, Verbandsrat, Verbandsratsmitglied
11. Deutscher Landwirtschaftsverlag, Aufsichtsrat
12. Europäische Warenterminbörse Beteiligungs AG, Vorsitzender des Aufsichtsrats
13. LAND-DATA Gesellschaft für Verarbeitung landwirtschaftlicher Daten, Mitglied des Aufsichtsrats
14. Landeszentralbank (LZB) in der Freien Hansestadt Bremen, in Niedersachsen und Sachsen-Anhalt, Mitglied des Beirates
15. Landvolk Niedersachsen, Präsident/Vorstand
16. Landvolk Osnabrück, Kreisvorsitzender
17. Landwirtschaftliche Brandkasse Hannover (VGH-Versicherungsgruppe), beratendes Mitglied des Aufsichtsrats
18. Landwirtschaftliche Rentenbank, stellv. Vorsitzender des Verwaltungsrates
19. Marketinggesellschaft für niedersächsische Agrarprodukte, Vorsitzender des Vorstandes
20. Raiffeisen Central Genossenschaft Nordwest e.G. RCG, Vorsitzender des Vorstandes
21. Raiffeisen Hauptgenossenschaft Nord, Mitglied des Beirates
22. Vereinigte Tierversicherung Gesellschaft a.G. (R+V-Versicherungsgruppe), Aufsichtsrat
23. Zentralausschuss der deutschen Landwirtschaft, Mitglied
24. Zweites Deutsches Fernsehen (ZDF), Fernsehrat

*nicht vollständig

Haupterwerbsbetriebe und jährlich geben rund 12 500 landwirtschaftliche Betriebe auf. Betroffen sind vor allem die kleineren Betriebe mit unter 50 Hektar landwirtschaftlich genutzter Fläche, während die Großbetriebe wachsen. Hieß das Motto der Agrarpolitik in den sechziger und siebziger Jahren noch »Mehr produzieren!«, rieten DBV und Politiker den Landwirten in den Achtzigern und Neunzigern: »Flächen intensivieren, rationalisieren, stilllegen, spezialisieren, Kosten sparen!« Das hatte auch negative Folgen. Biotope und Landschaftsbestandteile wurden beeinträchtigt oder zerstört. Nur wenige haben sich bei der alten Agrarpolitik gefragt, was passiert mit den Böden, dem Grundwasser, den Oberflächengewässern, was ist mit den Tieren, die nicht artgerecht gehalten und rein prophylaktisch mit Medikamenten versorgt werden? Seit Jahrzehnten werden munter viel größere Mengen an Dünge- und Pflanzenschutzmitteln als notwendig verwendet. Auch der organische Dünger riesiger Viehbestände strapaziert die Umwelt: Die enorme Boden- und Gewässerbelastung bezahlt der Staat beziehungsweise der Steuerzahler und finanziert damit eine Landwirtschaft, auf deren scheinbar billigem Produkte er indirekt draufzahlt.

Der Deutsche Bauernverband ist wohlbemerkt nicht der einzige Verband deutscher Bauern. Außer dem DBV gibt es noch 31 weitere Verbände für konventionelle Landwirtschaft, 13 Verbände für den Öko-Anbau, 27 Berufsverbände und 10 Gesellschaften. Ein Verband ist zum Beispiel die Arbeitsgemeinschaft bäuerliche Landwirtschaft (AbL), die die kleineren bäuerlichen Betriebe, ökologische sowie konventionelle, vertritt. Ihr gehören über 5000 Höfe an.

Ich will die alten Strukturen institutionell und inhaltlich aufbrechen, um Chancengleichheit herzustellen: Gerecht verteilen ist die Devise! Nicht nur im Ministerium muss sich durch Motivationsarbeit und eine neue Personalpolitik etwas ändern. Eine Änderung, die von den Mitarbeitern auch positiv aufgenommen wird. Auch die Institutionen draußen müssen ihre Kriterien überarbeiten. Die CMA hat damit bereits begonnen: Führungspersonal ausgewechselt und sich mit neuen Aspekten befasst. Wenn auch »Deutsche Pute, die Gute« angesichts deren vorherrschender Haltung noch aus Vor-BSE-Zeiten stammte. Die CMA muss beim Marketing künftig Fragen des Verbraucher-, Tier- und Umweltschutzes beachten und ihre Aufsichtsgremien für die gesellschaftlichen Gruppen öffnen. Das Gesetz über die Landwirtschaftliche Rentenbank soll andere Vertragsregeln schaffen. Und ich hoffe, dort sitzen demnächst auch die Landfrauen, die sind nämlich längst dabei, Verbraucherschutz, Aufklärung und Landwirtschaft zusammenzudenken.

Institutionen oder Verbände sollten nicht mehr zeitlich unbegrenzt finanziert werden, wie es eh und je der Fall war. Ich bin dafür, gezielt inhaltliche Projekte auf eine bestimmt Zeit zu fördern, sodass alle Interessenverbände gleich behandelt werden und auf neue Entwicklungen schneller reagiert werden kann. Das Bundesministerium für Verbraucherschutz, Ernährung und Landwirtschaft unterstützt zum Beispiel regelmäßig den Berufswettbewerb des DBV mit rund 125 000 Euro. Es wäre langfristig auch für die Öko-Landbau-Verbände oder die bäuerliche Landwirtschaft sinnvoll, einen solchen Wettbewerb einzurichten, um ihren Nachwuchs zu fördern.

Wenn ich von der Agrarwende spreche, beziehe ich den oben geschilderten Komplex selbstverständlich mit ein. Wir haben es hier mit einem mächtigen Geflecht von Interessensverbindungen zu tun, in dem bislang jeder zusah, dass er seine Finanzierungen und Zuwendungen erhielt. Zu diesem Zweck hat die Agrarelite viel investiert, um sowohl im Inland als auch in Brüssel intensiv und effektiv Lobbyarbeit zu leisten. Ein generelles Umdenken herbeizuführen lässt sich nicht von heute auf morgen ausrichten. Ich sage es deshalb immer wieder: Die Agrarwende ist kein singuläres Ereignis mit schnellem Richtfest. Sie ist ein Prozess, in den wir bereits viel Bewegung gebracht haben. Systematisches und beharrliches Vorgehen ist gefragt.

Eine Zeit lang haben mir die Medien und Bauernfunktionäre vorgeworfen, ich täte nichts und bekäme aus dem Staatssäckel sowieso kein Geld für diese Wende. Das hängt der dummen Ideologie nach, die Agrarwende sei nur mit mehr Geld zu machen. Finanzminister Hans Eichel habe ich in den Verhandlungsgesprächen gesagt: Ich brauche nur in den ersten zwei Jahren mehr Geld im Sinne einer Anschubfinanzierung, danach bleibt es bei der mittelfristigen Finanzplanung. Wir brauchen nicht mehr Geld, sondern sollten das vorhandene dort einsetzen, wo die Steuerzahler Leistungen der Landwirtschaft belohnt sehen wollen. Das funktioniert mit einer Umschichtung der Gelder, wie ich sie neben anderem auch über die Modulation erreichen will, welche ich bereits erläutert habe: Kürzung der Prämien, die bislang direkt an die Landwirte gezahlt wurden, um die damit frei gewordenen Gelder in Agrarumweltmaßnahmen zu investieren. Auch wenn es sich zunächst nur um 2 Prozent der Prämien handelt, so war mir nicht vorrangig die Summe wichtig. Entscheidend ist das Signal: Wir meinen es mit der Agrarwende ernst und stellen uns auf die neuen internationalen Entwicklungen ein! Tatsächlich habe ich Hans Eichel trotz allgemeiner, drastischer Haushaltskürzungen für mein Ressort 7 Prozent mehr als im Jahr zuvor abringen können.

Diese Zusammenhänge muss man kennen, wenn man sich in die Höhle des Löwen begibt: Der »Deutsche Bauerntag« stand vor der Tür. War der DBV nach der Regierungserklärung im Februar noch kooperationsbereit gewesen, so trat er im Sommer 2001 bereits wieder recht angriffslustig auf. Der Grund: Auf dem Rindfleischmarkt hatte sich die Lage entspannt, und der Konsum von Rindfleisch war schon fast wieder auf demselben Niveau wie vor der BSE-Krise – kein Wunder, die von uns in die Wege geleiteten Sofortmaßnahmen zeigten ihre Wirkung! Manche meinten wohl, alles sei nun wieder beim Alten. Die Landwirte wurden jedenfalls aufgeheizt: Nach BSE waren viele Verbraucher nicht gut auf die Bauern zu sprechen, da sie sie für die alleinigen Übeltäter hielten. Das ist natürlich nicht korrekt: Neben einer falschen Politik des Bundes sind auch die Bundesländer mitverantwortlich für die Misere. Ich habe in meinem Ministerium unzählige, oft wortgleiche Schreiben von Bauernverbänden, Abgeordneten und Ministern erhalten, die eine effektive BSE-Bekämpfung mit aberwitzigen Argumenten zu verhindern suchten. Das Schlimmste: Dieses Lobbygeflecht war damit in der Zeit von 1996 und 2000 erfolgreich gewesen. Es war deshalb versäumt worden, umfassende Futtermittelkontrollen durchzuführen, sodass die BSE-Erreger über die Futtermittelkette in unsere Ställe geraten konnte.

So manches Bundesland hat mittlerweile zahlreiche Futtermittel- und Lebensmittelkontrolleure eingestellt, was darauf schließen lässt: Es gab vorher viel zu wenige! Weitere Reizthemen für die Landwirte waren MKS wie auch die Modulation und die Agrarwende überhaupt. Das Barometer stand auf Sturm, und Sonnleitner war unter dem erheblichen Druck, Muskeln zeigen und mich vor versammelter Mannschaft »richtig rannehmen« zu müssen.

Allerdings gab es etwas, was die Kampfbereitschaft der Bauernfunktionäre dämpfte: Der letzte Bauerntag 1999 in Cottbus war ein Desaster gewesen. Während der Bundeskanzler Gerhard Schröder damals sprach, haben sich einige Funktionäre oben ohne hingestellt, frei nach dem Motto »Wir geben unser letztes Hemd!« Damit haben sie sich keinen Gefallen getan und den Kanzler zu Recht in Rage gebracht. Denn es geht den Bauern wahrhaftig nicht schlecht. Im Gegenteil: Seit dem Regierungswechsel haben sich die Einkommen der Betriebe von Jahr zu Jahr positiver entwickelt. Im Wirtschaftsjahr 1999/2000 wuchs das Einkommen der Landwirte im Durchschnitt um 13,5 Prozent, in 2000/2001 gar um 17,7 Prozent. Im Schnitt ist bei den landwirtschaftlichen Haupterwerbsbetrieben die Schallgrenze von 35 000 Euro Betriebsgewinn während meiner Amtszeit erstmals durchbrochen worden. Vor diesem Hintergrund ist das Jammern der Spitzenfunktionäre mehr als unverständlich. Herr Sonnleitner sah erst in der Agenda 2000, dann im notwendigen Sparpaket der Bundesregierung und schließlich in der Agrarwende den Ruin der Bauern. Jedes Mal haben ihn die Zahlen widerlegt.

Die meisten anderen EU-Länder mussten dagegen Einbußen hinnehmen. Negativ betroffen waren bei uns im Jahr 2001 ausschließlich die Rindermastbetriebe, die die BSE-Krise hart traf. Mit 50 000 Rindermastbetrieben machen sie aber »nur« 12 Prozent der landwirtschaftlichen Betriebe insgesamt aus.

Die Milchvieh- und Veredlungsbetriebe hingegen haben zur gleichen Zeit Gewinne gemacht, weil die Nachfrage nach Schweinefleisch, Geflügel, Milch und Käse in die Höhe schoss. Laut einer Umfrage von *ifo-Investitionstest Agrar* vom Juni 2001 bezeichneten 70 Prozent der befrag-

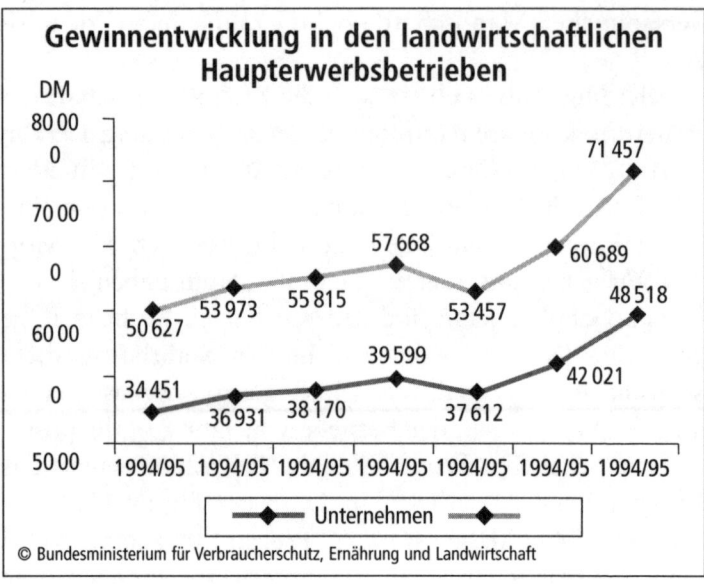

Gewinnentwicklung in den landwirtschaftlichen Haupterwerbsbetrieben

DM

80 000

71 457

70 000

57 668

60 689

50 627   53 973   55 815

53 457

48 518

60 000

39 599

0

34 451

42 021

36 931   38 170   37 612

50 000   1994/95   1994/95   1994/95   1994/95   1994/95   1994/95   1994/95

◆━━ Unternehmen ━━◆

ten Landwirte die aktuelle wirtschaftliche Entwicklung ihres Betriebs als gut oder befriedigend (Dezember 2000: 67 Prozent), und immerhin 63 Prozent erwarteten für die nächsten zwei bis drei Jahre eine günstigere oder gleich bleibende Entwicklung. DBV-Generalsekretär Helmut Born ließ im August 2001 höchstpersönlich verlauten, die Lage der bäuerlichen Betriebe sei »insgesamt positiv«. Jährlich fließen rund 14 Milliarden Euro an öffentlichen Hilfen in die Landwirtschaft und den ländlichen Raum – das sind für jeden Betrieb rechnerisch fast 30 000 Euro! Eine Umschichtung dieser Gelder heißt deshalb nicht, dass es den Bauern schlechter gehen muss: Das Gegenteil will ich erreichen, indem wir neue Einkommensmöglichkeiten schaffen! Es kann aber nicht Aufgabe des Staates sein, den Landwirten die unternehmerische Verantwortung abzunehmen. Sie selber müssen sich Gedanken über ihre betriebliche Entscheidung für Qualität und Vermarktung machen.

Herr Sonnleitner musste schon um seiner Stellung willen am 6. Juli richtig Stimmung im Saal machen. Es würde heiß hergehen, laut und hart werden. Und mir würden auf dem Bauerntag natürlich auch parteipolitisch gefärbte Reaktionen entgegenschlagen.

Auf die Rede habe ich mich entsprechend sorgfältig vorbereitet. Mental war ich auch richtig eingestimmt dank diverser Treffen im Vorfeld, auf denen wir genau analysiert hatten, was wir innerhalb des ersten halben Amtsjahrs geschafft hatten und was uns noch bevorstand. Viele Leute haben sich gefragt, wie ich als »Stadtgöre« mit den Landwirten zurechtkomme. Nach über zwei Jahrzehnten bei den Grünen und vielen harten Auseinandersetzungen in der Politik haut mich so schnell nichts aus den Schuhen. Es fällt mir leicht, mit Menschen direkt zu kommunizieren. Meine Vorfahren kommen aus bäuerlichen Familien, und hinzu kommt: Ich differenziere zwischen den Landwirten und ihren Funktionären.

Gut gewappnet fuhr ich dann am Vortag nach Münster. Meine Mitarbeiterinnen und Mitarbeiter beglückte ich im Wagen damit, dass ich immer wortkarger wurde und vor mich hin muffelte. Ich richtete meine ganze Konzentration auf den bevorstehenden Auftritt. Als wäre ich ein Pferd mit Scheuklappen, blendete ich alles aus, was mich hätte ablenken können. In solchen Situationen muss man aufpassen, sich nicht zu verspannen, und zwischendrin auch nette, ganz andere Dinge tun.

In Münster war ich zunächst Gast auf dem Landfrauentag. Das gefiel mir, weil die Landfrauen viel rationaler als ihre männlichen Kollegen sind. Sie verstehen es, sich neue Einkommensquellen auf dem Land zu erschließen. Sie setzen sich mit den Interessen der Verbraucherinnen und Verbraucher, die kochend am Herd stehen und sich Gedan-

ken über die Lebensmittelqualität machen, auseinander: ob
ein Lebensmittel in der Region produziert wurde oder
bereits tausende von Kilometern gereist ist. Die Landfrau-
en sind es, die den Ferienbetrieb oder Hofcafés für Touristen betreiben. Sie organisieren die Hofläden, kultivieren
die Landschaft durch ihre Bauerngärten und machen Angebote für Kindergärten, Schulen und Behindertenheime auf
dem Bauernhof. Die Landfrauen haben bereits das Bewusstsein für den Umwelt-, Tier- und Verbraucherschutz,
welches ich allenthalben entfaltet sehen möchte. Außerdem sind ihre Auseinandersetzungs- und Kommunika-
tionsformen oft anders als die der Männer: Keineswegs
sind sie immer gleicher Ansicht, aber ihr Ton bleibt stets
sachorientiert.

Nach der Begegnung mit den Landfrauen hatte ich noch
eine Stunde Zeit. Die nutzte ich, um mit dem Münsteraner Oberbürgermeister, Berthold Tillmann, noch rasch ins
Stadtmuseum zu fahren. Ich wollte mir unbedingt das Bild
vom reisenden holländischen Gesandten Adriaen Pauw
ansehen. Das Bild von 1646 zeigt ihn mit sechsspänniger
Kutsche auf dem Weg nach Münster.

Zum Zeitpunkt dieser Reise war es ein Affront, als Vertreter eines noch nicht souveränen Staates sechsspännig
vorzufahren. Die Niederlande wurden nämlich erst nach
Abschluss des Westfälischen Friedens unabhängig: Dieser
Friede kam nach mehreren Verhandlungsetappen und Teil-
friedensabkommen 1648 in Osnabrück und Münster endlich zustande. Das Friedenswerk zwischen Frankreich und
Schweden einerseits und dem Kaiser und den Reichsstän-
den andererseits beendete den Dreißigjährigen Krieg. Keiner hatte geglaubt, dass nach Pest und Religionskrieg ein
Friede entstehen könnte. Mir gefällt, mit welcher Chuzpe
der Gesandte seine Kutsche sechsspännig auffahren lässt.
Der Münsteraner Maler Dornhege hat einen Ausschnitt
des Bildes in modernem Stil nachgemalt. Es hängt nun an

der Wand in meinem Büro – gegenüber von meinem Schreibtisch.

Der Bürgermeister wollte mir bei der glühenden Sommerhitze noch ein Eis ausgeben, doch der Dielenbesitzer fühlte sich von unserem Besuch derart geehrt, dass wir nicht bezahlen durften. Anschließend traf ich mich mit der Landjugend, die sich ebenfalls sehr aufgeschlossen, interessiert und diskutierfreudig zeigte. Wie sieht die Landwirtschaft 2015 aus? ist ihre und unsere Frage.

Der abschließende Empfang des DBV am Münsteraner Schloss war fröhlich, dennoch habe ich ihn frühzeitig verlassen, weil ich mit meinen Leuten nochmals meine bevorstehende Rede diskutieren wollte. Wir haben unter anderem noch eine Reaktion auf den Beitrag von Angela Merkel eingebaut, denn sie hatte an jenem Tag bei einer Veranstaltung doch tatsächlich von nachhaltiger Entwicklung der ländlichen Räume, Verteilungsgerechtigkeit, Umwelt- und Naturschutz geredet: ein deutliches Zeichen, dass man heutzutage gar nichts anderes mehr vertreten kann!

Um Mitternacht bin ich ab ins Bett und meine Mitarbeiterinnen und Mitarbeiter hatten die Aufgabe, die Änderungen noch einzuarbeiten. Sie hatten dann das wunderbare Erlebnis, dass der Computer morgens gegen 1 Uhr abstürzte und der gesamte Text im Orbit verschwand! Daraufhin haben sie in Berlin Ralf Wolkenhauer, den Leiter des Ministerbüros, aus dem Bett gejagt, damit er das Manuskript per E-Mail ihnen sende. Die Armen haben in dieser Nacht dann ein zweites Mal die ganzen Änderungen eingearbeitet. Ich hingegen stand am nächsten Morgen gut gelaunt und ausgeschlafen auf. Am Frühstückstisch, im Freien bei noch kühler Morgentemperatur, habe ich allerdings ein solches Lasst-mich-in-Ruhe-Gesicht gemacht, dass es außer Matthias Berninger keiner wagte, sich zu mir zu setzen. Berningers Gesicht wurde ob der Anspannung über die bevorstehende Rede immer fahler. Das ganze Team durchlebt solche Ereignisse miteinander.

Es war ein heißer Tag: ungefähr 33 Grad im Schatten. In der Veranstaltungshalle Münsterland war die Hitze sogar noch brütender, kaum Sauerstoff, in doppeltem Sinne dicke Luft. Mehr als 5000 Landwirte und Funktionäre erwarteten mich ungeduldig. Schon als ich die Halle betrat, begrüßten sie mich mit einem Pfeif- und Buhkonzert, als sei ich auf einer Folkloreveranstaltung. Leute mit einem Korb im Arm kamen auf mich zu: »Die letzten madenfreien Süßkirschen«, eine Anspielung auf meine Weigerung, den Gebrauch von Pflanzenschutzmitteln wieder auszudehnen. Ich habe natürlich sofort zugegriffen. Sie waren köstlich! Ballons schwebten auf dem Dunst der schwitzenden, aufgeladenen Zuschauer: »Wir haben Kriege und Plünderungen überstanden, wir werden auch die Grünen überstehen«, war auf einem davon zu lesen. »Grüne Spinner-Politik bricht den Bauern das Genick«, so ein anderes Spruchband.

Zunächst sprachen meine Kolleginnen Bärbel Höhn, Landwirtschaftsministerin von Nordrhein-Westfalen, und Michaele Schreyer, EU-Haushaltskommissarin. Der Bauerntag war fest in der Hand der Grünen Frauen. Ich entdeckte unter den Zuhörern meine Nichte Kristina, die aus Recklinghausen gekommen war, und winkte ihr zu. Sie machte große Augen angesichts des Spektakels.

Nach den beiden Vorträgen gab es die Siegerehrung des Berufswettbewerbs der Deutschen Landjugend. Da waren alle noch sehr nett zu mir, was nicht weiter erstaunt, weil diesen Wettbewerb ja das BMVEL bezahlt! Reihum schüttelte ich den zu Recht stolzen Siegerinnen und Siegern die Hand.

Nach fast zwei Stunden Ausharrens auf der ausgeleuchteten Bühne war endlich ich an der Reihe mit meiner Rede.

Ich bewegte mich unter lauten Buhrufen an das Pult und stellte mich hin. Da bin ich. Na, das kann ja was werden, dachte ich. Vor mir ein Meer von aufgebrachten Landwirten. In aller Gelassenheit wartete ich ab, denn es hatte keinen Zweck, gegen den Lärm anzureden. Wichtiger als alles andere ist in so einem Moment, in sich zu ruhen und sich nicht aus dem Konzept bringen zu lassen. Ich füllte mir das Glas mit Mineralwasser und trank einen Schluck. Zu Ende reden, auch wenn das zwei Stunden dauern sollte, ging es mir durch den Kopf.

Ich ließ es mir nicht nehmen, das Spektakel in der Halle zu kommentieren: »Das ist hier ja wie bei Hertha in der Südkurve.« (Andreas Schulze, stellvertretender Pressesprecher im Ministerium, hörte das in Berlin vor dem Fernseher und sackte zusammen – Hertha hat nämlich gar keine Südkurve. Doch das scheint bis heute niemandem wirklich aufgefallen zu sein!) Ich schlug den johlenden Zuschauern vor, die Situation demokratisch zu lösen: »Wir machen es abwechselnd, mal rede ich, dann buhen Sie.«

So konnte ich endlich beginnen. Ich sprach davon, dass die Landwirte mehr Rückhalt in der Gesellschaft bräuchten. Sie sollten sich weniger an so genannten Marktordnungen und Beihilfen und viel mehr am Markt orientieren. Das Vertrauen der Verbraucher sei für die Landwirte letztendlich wichtiger als alle Beihilfen. Die Steuerzahler sollten wieder sagen können: »Ja, für diese Art von Landwirtschaft zahlen wir gerne!« Wir alle müssten mit dem zusätzlichen Geld, das ich für den Haushalt bekommen hätte, verantwortlich umgehen. »Das haben wir nicht nötig!«, grölte es aus der Menge. Da wurde ich fuchsig und sagte einen Satz, mit dem ich die Anwesenden unversehens völlig aus dem Häuschen brachte: Man müsse deshalb mit der Kasse verantwortlich umgehen, weil es sonst eine Debatte darüber geben werde, warum in unseren Schulen keine Computer stünden, die Bauern aber weiter mehr Geld bekämen, schließlich würden die Eltern nach den Chancen ihrer Kinder fragen. Das Getöse war ungeheuerlich. Aus dem Augenwinkel konnte ich sehen, wie Gerd Sonnleitner von seinem Sitz aufgesprungen war und verzweifelt versuchte, wieder Ruhe in den Saal zu bekommen. Er schien Blut und Wasser zu schwitzen, damit die Situation nicht vollends aus den Fugen geriet. Ich glaube, wenn ich jetzt noch einen Satz draufgesetzt hätte, wären möglicherweise einige Zuschauer dazu übergegangen, vor lauter Wut ihre Sitze aus der Verschalung zu reißen. In der Halle war es mittlerweile heiß, dazu das Scheinwerferlicht mitten in meinem Gesicht und das Gebrüll.

Nachdem sich der größte Ärger gelegt hatte, fuhr ich fort. Sprach vom Tierschutz und davon, dass wir wieder Klasse statt Masse produzieren müssten, um wettbewerbsfähig zu bleiben. Es gelte, den Verbrauchern wieder zu vermitteln, das deutsche Produkte in puncto Sicherheit und Qualität topp seien. Was die Massentierhaltung angehe, könnte ein 50-Hektar-Betrieb in Nordrhein-Westfalen niemals mit einer 500-Hektar-Farm in den USA konkurrieren, und auch ein 100-Bullen-Betrieb in Bayern nicht mit den gigantischen Rinderfarmen in den USA oder Argentinien. Sei erst mal die EU-Osterweiterung vollzogen, würden die Nachbarn obendrein noch billiger als wir produzieren können. Aus diesem Grund sei die einzig wahre Wettbewerbschance: Qualität! Und nur die Multifunktionalität der Landwirtschaft eröffne heute noch Zukunftsperspektiven. Ich sagte klar und deutlich: »Der Öko-Markt boomt. Die Frage ist nicht mehr, ob Öko in die Regale kommt. Die Frage ist, ob Sie daran verdienen.« Ob das Öko-Schwein in Dänemark heranwachse oder bei uns. Nebenbei bemerkt: Die Niederlande und Dänemark sind beides Länder, die sich intensiv auf den deutschen Ökomarkt einstellen – vom Bio-Schwein bis zur Bio-Milch. Ich fuhr fort: Eine nachhaltige Bewirtschaftung des Landes müsse überall bei uns die Existenzgrundlage der Bauern werden. Es sei ferner auch notwendig, das Bundesnaturschutzgesetz zu novellieren: »Was gut ist für die Natur, ist auch gut für die Bauern.« Die Agrarwende werde unweigerlich kommen: »Versuchen Sie«, rief ich in die pfeifende Menge, »versuchen Sie nicht, einen fahrenden Zug aufzuhalten, sondern springen Sie auf!« Mitunter erntete ich durchaus auch Applaus, vor allem von den jüngeren Anwesenden.

Ich beschrieb allerhand Möglichkeiten, wie die Landwirte sich ein zusätzliches Einkommen erwirtschaften und dadurch Wertschöpfung in die Betriebe und in den ländlichen Raum zurückholen könnten: Sie könnten zum Beispiel »Lebensmitteleinzelhändler« werden und durch Direktvermarktung, durch Verarbeitung, Hofläden und -cafés an ihren Produkten verdienen: Regional ist erste Wahl! Landwirte sollten Energiewirte werden – mit Biogas oder Windkraft, um nur einige von vielen Energiequellen zu nennen. Die neue Biomasseverordnung erweitere die Möglichkeiten für Strom aus Biomasse, während das Erneuerbare-Energie-Gesetz die Einspeisevergütung deutlich verbessert hätte. Landwirte seien Kulturlandschaftspfleger und würden das schon heute in vielen Regionen sehr bewusst praktizieren. Die, die bereits dabei sind, regionaltypische Gärten anzulegen, Hecken zu pflanzen, Tümpel oder Teiche anzulegen und ihre Dörfer zu erhalten, die Artenvielfalt fördern und seltene Tierarten und Vögel schützen, vollbringen eine gesellschaftliche Leistung, die belohnt werden muss. Ihre Leistung lädt doch gerade zu Urlaub auf dem Land, zu Fahrrad- und Wandertouren ein. Noch viel mehr Landwirtschaftsfamilien könnten zudem Dienstleistungen anbieten: Urlaubs-, Fitness-, Erlebnis-, Genuss-, Kultur-, Kreativ- und Fortbildungsangebote. Im Bereich der Altenpflege wäre auch einiges auszurichten, denn viele alte Menschen leben gerne auf dem Land, wenn die Verkehrsanbindungen und sozialen Kontakte stimmen. Vielleicht sogar Catering bei Festen und Feiern – den Möglichkeiten sind keine Grenzen gesetzt. (In Italiens Toskana zum Beispiel boomte im Sommer 2001 der *Agriturismo*: Ferien in Bauernhäusern, Villen und ausgebauten Scheunen, die bäuerlichen Anbieter waren fast die gesamte Saison ausgebucht.) Wir, Politiker und Bürger, haben eine Verpflichtung, die Erde für unsere Kinder und die nachfolgenden Generationen zu erhalten und zu verhindern, dass quer über den Globus Einheitslandschaften entstehen.

Ich kündigte selbstverständlich an, diese Umstellung finanziell zu fördern. Etwa über die Modulation (lautes Buhen im Saal): Die Prämien würden ab 2003 bloß um 2 Prozent bei einem Freibetrag von 10 000 Euro gekürzt und in diese Agrarumweltmaßnahmen gesteckt (noch lauteres Buhen). Dabei würde aufgrund der Aufstockung durch Bund und Länder sogar mehr Geld an die Landwirte zurückfließen als zuvor: Statt 100 Euro künftig 200 Euro in Westdeutschland und 135 Euro in den neuen Ländern. Im Herbst, sagte ich, würde ich einen Wettbewerb unter dem Motto »Region aktiv – Land gestaltet Zukunft« starten und dafür 25 Millionen Euro zur Verfügung stellen. (Nebenbei gesagt, ein erfolgreiches Programm – zehn bis fünfzehn Regionen werden als Gewinner des Wettbewerbs zwei Jahre lang einen Zuschuss von rund 1,5 Millionen Euro pro Jahr erhalten, um damit ihre innovativen Ideen für die Entwicklung ihrer Region in die Tat umzusetzen. Hinzu kommen noch zahlreiche andere Mittel aus Fördertöpfen, die besser erschlossen werden können.)

Hier in der Stadt des Westfälischen Friedens, sagte ich am Ende meiner Rede, wolle ich den Anwesenden ein Angebot machen. Dieses Angebot adressierte ich bewusst nicht allein an den Deutschen Bauernverband, sondern auch an die anderen Verbände. »Schaffen wir gemeinsam Vertrauen durch Veränderung!«, rief ich, »organisieren wir gemeinsam das Neue!« So, und damit war ich fertig mit meinem Programm, das ich trotz aller Störversuche seitens des Publikums durchgezogen hatte.

DBV-Präsident Sonnleitner war als Nächster dran. Sein Jackett hatte er eh schon längst abgelegt, jetzt krempelte er sogar noch demonstrativ burschikos seine Ärmel hoch: »Packen wir's an«, so das Motto des Tages. Meine Einschätzung der wirtschaftlichen Situation der Bauern sehe er ganz anders, der deutschen Landwirtschaft gehe es nicht gut, sagte er. Er kehrte meine Aussage um und machte daraus: »Was gut für die Bauern ist, ist auch gut für die Natur!« Und obwohl ich von kaum etwas anderem gesprochen hatte, warf er mir vor, den Aspekt der Wettbewerbsfähigkeit völlig ignoriert zu haben. Jedenfalls ist Sonnleitner auf mein Angebot zur Gemeinsamkeit nicht eingegangen, ja, ich habe mich oft gefragt, warum er diese Chance und wertvolle Zeit nicht dafür genutzt hat, mit mir über den Wert unserer Lebensmittel zu diskutieren? Er bot mir keinerlei Anknüpfungspunkte für eine fachliche Diskussion, sondern emotionalisierte die Debatte. Es war freilich abzusehen gewesen, dass der DBV-Präsident vom Publikum mit Standing Ovations belohnt wurde.

Viel genützt hat ihm dieser Auftritt dennoch nicht. Im Ministerium erreichte mich später eine Flut an Post von Bürgern, die sich über das Benehmen des Bauernverbands und des Publikums empörten und mir die Nachricht vermittelten: Weiter so! Auch die Reaktionen in den Medien waren generell erfreulich. Der Eindruck, dass das Gros der Landwirte beziehungsweise ihrer Funktionäre offenbar glaubte, alles sei wieder beim Alten und man könne trotz BSE und MKS wie bisher weitermachen, kam in der Öffentlichkeit nicht gut an. Während meiner anschließenden Besuche bei den bäuerlichen Landesverbänden passierte es mir sogar oft, dass mich Landwirte ungefragt auf den Bauerntag ansprachen und sichtlich betreten betonten, nicht sie seien es gewesen, die auf dieser Veranstaltung gelärmt hätten. Überall da, wo die Menschen die Landwirtschaft sowieso schon verändern oder verändert sehen wollen, wurde meinem Auftritt beim Bauerntag große Anerkennung gezollt. Schließlich fragte sich jeder, wie er oder sie selber da oben gestanden hätte. Für viele war mein Auftritt auf dem Bauerntag ein Beweis, dass ich wirklich hundertprozentig hinter der Sache stehe und mich darin in nichts umhauen lasse! Das wird auch der eine oder andere alteingesessene Bauernfunktionär erkannt haben.

1979 haben sich auf dem Deutschen Bauerntag der damalige Bundeswirtschaftsminister, Otto Graf Lambsdorff, und der zu jener Zeit amtierende Präsident des DBV, Constantin Freiherr von Heereman, ein Redegefecht geliefert. Lambsdorff forderte »mehr Markt«, und Heereman erwiderte: »Agrarfabriken bedrohen die Zukunft unserer Bauern.« So ändern sich die Zeiten.

8

Tee mit Prinz Charles

Eine Schwäche muss ich gestehen: Seit Jahren hege ich eine Leidenschaft für das englische Königshaus. Diese Marotte kannten die Mitbewohnerinnen und Mitbewohner meiner früheren Wohngemeinschaft nur zu genau. Sobald ich in eine Zeitung oder Zeitschrift vertieft war, fragten sie spöttisch: »Na, studierst du wieder die Berichte aus aller Welt?« Durch die Lektüre der geschätzten Rubrik hielt ich mich auf dem Laufenden: konnte die königlichen Mitglieder rauf und runter zitieren und haargenau über Verlobungen oder Hochzeiten berichten. Und wie das bei solchen Hobbys ist, bleiben die kleinen Aufmerksamkeiten, Souvenirs und Gags von Freunden nicht aus. Ich sah mich bald als glückliche Besitzerin einer ganzen Sammlung königlicher *mugs*, Becher mit Aufdrucken von Queen Mom, Prinz Charles oder Prinzessin Anne. Mittlerweile trinke ich zwar aus flachen Teetassen, die Becher aber thronen noch immer oben auf meinem Küchenschrank; und selbst wenn ich für meine Lieblingsrubrik selten einen Blick habe, beschäftigt mich das Thema nach wie vor.

Vor Jahren begegnete ich dem Prinzen von Wales auf einem Empfang in Berlin. Wir plauderten einige Minuten miteinander – er, der weltweit berühmte und einzige »grüne Prinz« und ich die unbekannte Berliner Grüne Abgeordnete. Ich hatte bei diesem Gespräch einen Vorsprung ihm gegenüber, denn ich wusste fast alles über ihn! Etwa, dass er sich intensiv mit den Londoner Docks beschäftigte, in der Stadtentwicklungspolitik aktiv war, Projekte für Obdachlose und Jugendliche ins Leben gerufen hatte und sich brennend für den ökologischen Landbau interessierte. Damals wusste ich noch nicht, dass wir ein weiteres Mal aufeinander treffen würden mit noch viel stärkeren Gemeinsamkeiten.

Im Februar 2001 war ich auf der Nürnberger Bio-Fachmesse – als erste Bundesministerin überhaupt. Diese Messe gibt es seit 1990, was zeigt, dass auch ohne Politik viel auf die Beine gestellt wird. In Nürnberg waren alle Pioniere des Öko-Landbaus vertreten. Sie freuten sich über die Anwesenheit einer Bundesministerin und noch mehr, als sie mit »Liebe Mitstreiterinnen und Mitstreiter!« angesprochen wurden. Unter den Ausstellern war auch Patrick Holden, Direktor der Soil Association, dem britischen Öko-Verband. Wir kamen rasch ins Gespräch. Stolz präsentierte er mir seinen Stand und lud mich nach England ein, um die Soil Association zu besuchen: »Sie müssen sich dann auch unbedingt Highgrove, den Landsitz unseres Ehrenpräsidenten ansehen«, fügte er hinzu. Der Ehrenpräsident seines Verbands ist kein anderer als Prinz Charles höchstpersönlich. Ein Grund mehr, sofort einzuschlagen.

Es war zunächst schwierig, einen Termin zu finden, doch dann ging plötzlich alles sehr schnell. Über Vermittlung von Hardy Vogtmann, heute Chef des Bundesamts für Naturschutz und seit langem enger Berater von Prinz Charles, hörte ich, dass der Prinz interessiert sei, mich kennen zu lernen. Mitte Juli flog ich also nach London, begleitet von Swantje Helbing, seinerzeit meine persönliche Referentin, meiner Pressesprecherin Sigrun Neuwerth und Ministerialdirektor

Jürgen Detken. Detken hatte vierzig Jahre im öffentlichen Dienst gearbeitet und war sozusagen ein loyaler Beamter wie er im Buche steht. Obwohl er bei meinem Amtsantritt schon kurz vor der Rente stand, war er bereit gewesen, sich für die neue Landwirtschaft ins Zeug zu legen.

Unsere gemeinsame Reise begann mit einem Pressefrühstück beim Deutschen Botschafter in London, Hans-Friedrich von Ploetz. Die Presseresonanz war gut – so viele Journalisten hätte die Botschaft noch nie da gehabt, sagte der Botschafter. Anschließend nahm ich verschiedene Termine mit meiner englischen Kollegin Margaret Beckett wahr, die Nick Brown nach der Wahl im Juni 2001 als Agrarministerin abgelöst hatte. Beckett ist eine herausragende Politikerin, die eine wichtige Rolle als Vertreterin der Labour Party spielt. Es ist erfrischend mit ihr, und ich freue mich, dass wir dieselben politischen Ziele verfolgen.

Anschließend fuhren wir zur Soil Association in Bristol. Dieser Öko-Verband wurde 1946 von einer Gruppe von Farmern, Akademikern und Ernährungswissenschaftlern gegründet. Heute ist er Großbritanniens führende Kampagnen- und Öko-Zertifizierungsorganisation. Mit 140 Mitarbeitern agiert diese Organisation landesweit auf gemeinnütziger Basis und bietet unter anderem einen Beratungstelefondienst für Landwirte an. Nach eigener Aussage tragen über 70 Prozent der britischen Öko-Produkte das Soil-Association-Siegel. Ich war von der Effizienz und Professionalität dieser Organisation sehr beeindruckt. Die Leute dort haben es schon früh verstanden, Umwelt-, Verbraucher- und Tierschutz miteinander zu verbinden und Öko-Produkte durch Werbekampagnen in aller Breite geschickt auf dem Markt zu platzieren. Unter Managementaspekten haben sie es geschafft, Bio-Produkte aus der Nische zu holen und die britischen Öko-Landwirte wettbewerbsfähig zu machen.

Es wäre begrüßenswert, wenn auch unsere Öko-Verbände eine zentrale Nichtregierungsorganisation (NGO) als Informationsstelle, als einen Agenten für Lobbyarbeit und einen Think Tank für kreative Ideen hätten. Ich finde es bedauerlich, dass sich die AGÖL, Arbeitsgemeinschaft Ökologischer Landbau, Januar 2001 fast aufgelöst hat: Die Öko-Verbände Demeter und Bioland waren ausgetreten, weil sie andere Vorstellungen als die AGÖL von der Vermarktung ihrer Produkte haben. Bioland ist bereits in die Supermärkte vorgedrungen, Demeter hat einen anderen Schwerpunkt. Nichtsdestotrotz: Gerade jetzt, wo das Thema »Bio« mitten in der Gesellschaft angekommen ist, sollte für die Öko-Verbände die Stunde geschlagen haben – stattdessen zerstreiten sie sich!

Doch zurück nach England. Noch erfüllt vom Besuch bei der Soil Association, ging es endlich zum aufregendsten Teil unserer Reise: nach Highgrove, nahe Tetbury in Gloucestershire, nicht allzu weit von London entfernt. Highgrove ist das Privatanwesen von Prinz Charles, 1980 erworben. Mehr als 140 Hektar ökologisch bewirtschaftetes Farmland umgeben die neoklassizistische Residenz, die Ende des 18. Jahrhunderts erbaut wurde. Daneben liegen Stallungen für Rinder und Pferde, die selbstverständlich nach modernsten artgerechten Haltungsrichtlinien gebaut sind, dazu ein Park und Angestelltengebäude. Am Wegesrand der Auffahrt zum Wohnsitz des Prinzen passierten wir eine entzückende, kunstvoll errichtete Geflügelvolière. Der Anblick, der sich uns am Ende der Straße bot, war, nur wenig getrübt vom feinen englischen Nieselregen, überwältigend: Das elegante alte Schlösschen des Thronfolgers ist von einem hinreißenden Garten umgeben, den er aus dem Nichts geschaffen hat. Aus seinem Buch über Highgrove wusste ich, dass er zu Beginn keinerlei Kenntnisse über das Gärtnern besaß und zunächst ratlos war, wo er anfangen sollte, das völlig verwilderte Grundstück zu bearbeiten. Mithilfe der Marquise von Salisbury und unzähligen Büchern schuf er dann ein kleines Meisterwerk, das sich uns nun in aller Pracht präsentierte: einen Rosengarten, geschützt von Eibenhecken; in Buchsbaumhecken eingefasste Beete, in denen die unterschiedlichsten Pflanzen gedeihen; einen »Thymianweg«, auf dem die verschiedensten Thymiansorten duften. Alte Zedern rankten majestätisch in den Himmel empor, und farblich sorgsam arrangierte Wildblumenteppiche strahlten durch das regnerische Grau. Dieser Garten war eine Augenweide. Hinter seinem Schlösschen legte der Prinz einen Küchengarten an, den wir später noch zu sehen bekommen sollten. Er beziehe eine unglaubliche Befriedigung aus der Gärtnerei, schrieb Charles in seinem Buch: »Seit ich mit dem Garten anfing, habe ich einen Großteil der Bäume und Pflanzen eigenhändig gepflanzt. Ich entwickelte umgehend eine Beziehung zu ihnen allen, und sie erscheinen mir ganz außergewöhnlich wie Kinder, denen ich von Jahr zu Jahr beim Wachsen zusehe.«

Mr. Wilson, der Farmmanager und eine beeindruckende Persönlichkeit, nahm uns zuerst bei den Farmgebäuden in Empfang. Er besorgte mir sogleich Gummistiefel, damit ich trockenen Fußes durch Matsch und Modder waten konnte. Dann ging's per Jeep über die Ländereien, über Feld und Wiesen und durch den Wald. Hier gab es Viehweiden, dort Getreideanbau. Wir stiegen immer wieder aus, um einige Schritte zu Fuß zu gehen. Wilsons Hund hopste um uns herum, während sein Herrchen uns auf die Besonderheiten der Umgebung aufmerksam machte. Er zeigte uns Tümpel, kleine Bachläufe und Hecken, die die landwirtschaftlichen Flächen in kleine Parzellen einteilen, sodass jeder Abschnitt ein eigenes Biotop bildet. »The Prince loves hedges«, sagte er immer wieder, um zu betonen, wie sehr der Prinz Hecken liebe. Gerade die vielen Hecken waren tatsächlich ein auffälliges Merkmal dieser

Farm: Sie sind zwei bis drei Meter breit und so dicht, dass sie die Anpflanzungen auf den Äckern vor Wind schützen. Außerdem bieten sie bestimmten Tierarten in ihrem dichten Gestrüpp einen Lebensraum: Vor allem Nachtigallen oder Eulen fühlen sich darin wohl. Die breiten Hecken verkleinern zwar die landwirtschaftlichen Flächen, dienen dafür aber in hohem Maße dem Erhalt der Natur – so was, finde ich, verdient staatliche Förderung. Wir kämpfen in Deutschland dafür, dass durch Hecken wieder Lebensräume entstehen, die durch die alte Agrarpolitik vernichtet worden sind.

Wilson, in Tweedjacke und auf dem Kopf die typisch englische Schirmmütze, sprühte nur so vor Ideen, was man an dieser intakten Umwelt noch alles gestalten könnte. Man merkte ihm an, wie verwoben er mit der Landschaft ist.

Nach einer ausgedehnten Tour gingen wir zur Residenz des Prinzen. Ich empfand es als unglaublich interessant, eine Persönlichkeit wie Prinz Charles näher kennen zu lernen, einen Mann, der den Öko-Landbau mit so viel Schwung und Leidenschaft und dabei höchst erfolgreich betreibt und dem es offenbar ganz gleichgültig ist, dass ihn deshalb einige Menschen für kauzig halten. Nachdem ich mich im Gästebadezimmer kurz frisch gemacht hatte, kam er auch schon und begrüßte mich. Wir machten es uns im Salon auf zwei Sesseln vor dem Kamin bequem – und haben uns dann anderthalb Stunden intensiv unterhalten. Schon nach wenigen Minuten war die Stimmung äußerst locker, sodass Befangenheit oder ein Protokollgefühl bei mir gar nicht erst aufkommen konnte. Ein fein gekleideter Butler servierte uns in weißen Handschuhen dezent Tee aus einer silbernen Teekanne. Dazu reichte er Sandwiches und des Prinzen köstliche Bio-Kekse »Duchy Original«. Charles' neueste Spezialität, ein halbweicher Käse aus organischer Milch namens »Starvall Royal«, war im Juli leider noch in der Mache, sonst hätte ich zu gerne auch davon gekostet. Mittlerweile ist dieser Käse sogar schon prämiert.

Der Prinz hatte ein fundiertes Wissen über die europäische Agrarpolitik und war bis ins Detail mit der deutschen Situation vertraut. Ich war verblüfft, als er sogar Einzelheiten aus Strategiepapieren der Bundesregierung ansprach. Es lag ihm sehr an meiner Einschätzung, und wir diskutierten angeregt, welche Interessen die europäischen Länder jeweils vertreten und wohin die Reise auf dem internationalen Agrarsektor gehen könnte oder sollte. Wir tauschten aber auch Visionen, Träume und Ideen aus. Einig waren wir uns, wie wichtig eine gute und andere Ausbildung für all jene ist, die mit Landwirtschaft zu tun haben. Daraus entstand die Idee, einen Austausch zwischen dem Ministerium für Verbraucherschutz, Ernährung und Landwirtschaft und dem britischen Ministerium ins Leben zu rufen: Mitarbeiterinnen und Mitarbeitern eine Fortbildung unter anderen auf der Highgrove-Farm zu vermitteln, um ihnen Einblick in ein alternatives landwirtschaftliches Modell zu ermöglichen. Das könnte sehr motivierend wirken und würde zudem gewiss die Kommunikation mit den britischen Kolleginnen und Kollegen fördern. Landwirtschaft ist ein Thema, das man nicht rein theoretisch behandeln kann, sondern auch emotional erfahren muss. Die Soil Association will helfen, dieses Projekt bald in die Tat umsetzen.

Da nicht nur BSE, sondern vor allem die Maul- und Klauenseuche katastrophale Auswirkungen für die ländlichen Regionen Englands hat, startete Charles eine Initiative. Er forderte Unternehmer auf, das Land durch phantasievolle Aktionen wieder zu beleben: Es gelte, die Region durch lokale Wertschöpfung zu stärken, indem die Unternehmen und Gemeinden überwiegend die am Ort hergestellten Produkte beziehen. Dienstleistungen müssten auf dem Land bereitgestellt oder verbessert werden, und es müsste wieder Marktstädtchen geben. Die Unternehmen sollten, so der Prinz, die ansässigen Firmen unterstützen, denn von außen oktroyierte Lösungen würden nach seiner Erfahrung von den Gemeinden abgelehnt. Diese Vorschläge decken sich mit meinem Projekt »Region aktiv – Land gestaltet Zukunft« und dem etwas neu ausgerichteten Wettbewerb »Unser Dorf soll schöner werden – Unser Dorf hat Zukunft«. Wenige Tage nach unserem Besuch hat der Prinz seine Vorschläge unter dem Titel: »Haltet den Niedergang der ländlichen Regionen auf« als Titelgeschichte in der Londoner *The Times* veröffentlicht.

Als unser Gespräch beendet und ich mit Schokoladen-Ingwerstäbchen aus dem Unternehmen des Prinzen ausgestattet war, ging es hinaus. Scherzend standen wir vor dem Eingang und plauderten noch so lange, bis meine persönliche Referentin ein Foto von uns gemacht hatte. »Leider«, sagte Charles, »haben Sie ja keine Zeit mehr, und außerdem nieselt es, sonst hätte ich Ihnen noch zu gerne meinen Küchengarten gezeigt.« »Die Zeit«, antwortete ich, »habe ich allemal!« Wieder wurde für mich ein Schirm besorgt, und schon stapften wir – jeder mit einem Schirm in der Hand – durch ein Holztor in den nächsten, von Mauern umgebenen, Mikrokosmos. Hier rankten sich Rosen an Klettergerüsten empor; Bohnen sprossen, Lavendel und Salbei dufteten. In diesem Küchengarten wucherte das pralle Leben. Ich war begeistert von der Sinnlichkeit und Anmut dieses Kunstwerks. Der Prinz stellte mir fast jede einzelne Pflanze vor, wusste genau, wann und wo er sie erstanden und gepflanzt hatte. Es war nicht zu übersehen, dass der Mann ein Faible fürs Gardening, für alte Techniken und Weisheiten hat.

Als wir so unsere Kreise drehten, dachte ich, dass der Prinz eigentlich einer der berühmtesten Botschafter für die Idee des natürlichen Kreislaufs in der Landwirtschaft und

Umwelt ist. Ich beschloss an Ort und Stelle, dass ich versuchen würde, ihn dafür zu gewinnen, in Deutschland eine Rede über Highgrove zu halten, wie er das 1991 vor der Royal Society for Agriculture bereits getan hatte. Ein solcher Vortrag vor Schülern und Schülerinnen aus Stadt und Land und vor Studenten und Studentinnen verschiedener Universitäten würde meines Erachtens vielen jungen Menschen Auftrieb geben. Es herrschte große Einmütigkeit, als wir uns verabschiedeten.

Als wir nach Berlin zurückgekehrt waren, flachste die *taz* auf ihrer Scherzseite »die Wahrheit«, »es habe sich um ein entspanntes Fachgespräch zwischen zwei Menschen gehandelt, doch sei da mehr gewesen« und nannte mich kess »die neue Königin der Herzen«.

Wahr ist, dass diese Begegnung für mich äußerst wichtig und in anderer Hinsicht auch etwas fürs Herz war: Seit Monaten hatte ich nun schon unter hohem Erwartungsdruck gestanden, der nicht nachzulassen schien. Da war Highgrove eine willkommene Abwechslung.

Unterstützung gab es gleich darauf sogar noch von einer weiteren europäischen Seite, die in der Öffentlichkeit und vor allem in den Medien kaum einer erwartet hatte: von Frankreich. Zwischen mir und meinem französischen Kollegen Jean Glavany hatte es auf dem Agrarrat in Brüssel im Januar einen spannenden Austausch über unsere unterschiedlichen Positionen zum Thema Rindfleischmarkt gegeben. Auch unsere Ansichten hinsichtlich der Zukunft der Landwirtschaft schienen fast unvereinbar. Eine nicht unbedeutende Rolle spielt dabei die Tatsache, dass Frankreich einer der größten Nettoempfänger der EU-Agrarbeihilfen, Deutschland aber der größte Nettozahler ist. Eindeutig war indes, dass die Agrarwende erstens auf europäischer Ebene angesiedelt werden muss und dass sie, zweitens, nur mit den insgesamt zwanzig Stimmen von Deutschland und

Frankreich und nicht gegen einen von uns durchgesetzt werden kann.

Auch Joschka Fischer, der als hessischer Umweltminister keiner Auseinandersetzung mit dem Bauernverband aus dem Weg gegangen ist, muss als Außenminister die Agrarpolitik im Blick haben. Zu bedeutsam ist sie für die europäische Einigung, die Osterweiterung und besonders für das Verhältnis von Deutschland und Frankreich. Mitte März 2001 bin ich mit ihm nach Paris geflogen, um Jean Glavany und Außenminister Hubert Védrine zu treffen. Am Quai d'Orsay wurden wir im Außenministerium zum Essen empfangen. Während wir miteinander speisten und unsere Absichten und Interessen austauschten, konnte ich aus dem Fenster die Spitze des Eiffelturms sehen, die an jenem Abend mit bunten Lichtern geschmückt war. Die innenpolitische Situation in Frankreich ist alles andere als einfach: Die Wahl des neuen Staatspräsidenten und der Nationalversammlung standen an. Nach Angaben des statistischen Amtes der EU trug Frankreich 1999 zum gesamten landwirtschaftlichen Produktionswert der EU mit fast einem Viertel am meisten bei, gefolgt von Deutschland mit rund 15 Prozent und Italien. Obwohl die Landwirtschaft längst nicht mehr das politische Gewicht der Vergangenheit hat, ist sie noch immer als gesellschaftlicher Faktor tief verankert in der Bevölkerung. In der Vorwahlzeit will keine Partei auf die bäuerlichen Stimmen verzichten, weshalb jede Initiative, die die Regierung des sozialistischen Lionel Jospin zu einem Umbau der Agrarpolitik ergreift, vor der Wahl ein schwer kalkulierbares Risiko ist. Unser Gespräch verlief sehr konstruktiv: Wir beschlossen, uns auf die gemeinsamen Nenner Qualität und Sicherheit zu konzentrieren und dazu ein Beschlusspapier zu erarbeiten. Unser Kontakt vertiefte sich mit jedem weiteren Treffen. Im schwedischen Östersund waren Glavany und ich, wie bereits erwähnt, in der Hotelecke abermals beim

Thema. Als Brigitte Sauzay, Beraterin des Bundeskanzlers für deutsch-französische Beziehungen, später anfragte, ob wir an einer ZDF-Gesprächsrunde mit dem ehemaligen französischen Landwirtschaftsminister und Bauernlobbyisten Henri Nallet, mit DBV-Präsident Gerd Sonnleitner und seinem Kollegen Luc Guyau, dem Präsidenten des französischen Bauernverbands (FNSEA), sowie mit Manfred Brunner, dem Vorsitzenden des Verbands Fleischmehlindustrie teilnehmen wollten, sagten wir beide zu. Das Gespräch wurde am 23. April 2001 im ZDF aufgezeichnet, und viele haben sich gewundert, dass Glavany und ich uns so positiv aufeinander bezogen. Zu diesem Zeitpunkt hatten wir uns schon längst geeinigt: Wir waren entschlossen, über Qualität und Sicherheit einen gemeinsamen Weg zu finden. Unterdessen pendelten unsere Leute zwischen Paris und Berlin hin und her – spielten sozusagen Boten zwischen ihm und mir. Das öffnete neue Türen, intensivierte die Beziehungen und erleichterte die Verständigung. Auf dem Agrarrat im Juli 2001 zogen wir uns in einen der Delegationsräume zurück und besprachen den letzten Entwurf. Wir änderten noch einige Stellen, und fertig war unsere zweiseitige Erklärung. Das deutsch-französische Agrarpapier veröffentlichten wir zeitgleich, am 28. Juli in der *Süddeutschen Zeitung* und in *Le Monde*.

Darin einigten wir uns auf Grundzüge, für die wir fortan in der EU werben wollen, denn eine Neuausrichtung der europäischen Agrarpolitik kann nicht warten. Unser Vorschlag war, die Direkthilfen für Bauern in Agrarumweltmaßnahmen umzuschichten und diese – Modulation genannte – Umschichtung für alle EU-Länder verpflichtend festzuschreiben. Die Direkthilfen werden bislang abhängig von Flächen und Tierstückzahlen ausgezahlt – als Anreiz, möglichst viel zu produzieren. Idee der Modulation ist, Masse wieder durch Qualität zu ersetzen, die Verödung der landwirtschaftlichen Flächen zu verhindern und die

Natur zu schützen. (Ich erinnere nur an Prinz Charles' Hecken!) Einstweilen gibt es die Modulation seit dem 1999er Agrarabkommen von Berlin bereits, allerdings nur auf freiwilliger Basis. Die EU-Staaten – Bund und Länder – müssen die Modulation mit finanzieren, was bei Direkthilfen nicht der Fall ist. Wohl insbesondere deshalb hat außer Frankreich, Großbritannien und Portugal bislang noch kein anderes EU-Land umgeschichtet. Die EU vergab letztes Jahr rund 38 Milliarden Euro an Direktbeihilfen, aber nur 4,5 Milliarden Euro an Hilfen für den ländlichen Raum. Für die Modulation müssen die Landwirte einen Antrag stellen, und die Auszahlung der Gelder ist mit ökologischen Auflagen verbunden.

Zu Recht hat EU-Kommissar Franz Fischler immer wieder angemerkt, Deutschland schöpfe die Möglichkeiten der Agenda 2000 nicht aus. Vor allem einige Bundesländer wehren sich mit Händen und Füßen gegen die Modulation, weil sie für zusätzliche Unterstützungen der Bauern selber tiefer in die Tasche greifen müssten, und auch der Bauernverband ist dafür nur mäßig zu begeistern. Es ist schon bezeichnend, dass die Finanzminister weit weniger Einwände haben als die Agrarminister! Mir scheint, mit der Modulation bin ich am Kern angelangt: Hier geht es um einen Musterfall, und einige versuchen wirklich alles, um diese fundamentale Veränderung zu verhindern. Mitunter habe ich den Eindruck, dass sie die Realitäten gar nicht zur Kenntnis nehmen, denn die Modulation wird mittelfristig sowieso kommen, und alle wären gut beraten, sich rechtzeitig darauf einzustellen. Dieses Ausblenden der unaufhaltbaren Entwicklungen macht mir Sorge.

Meine Vorstellung ist, die Direktbeihilfen in Deutschland von 2003 an oberhalb eines Freibetrags von 10 000 Euro um 2 Prozent zu kürzen und in ökologische Maßnahmen umzuschichten. Das käme gerade den kleineren landwirtschaftlichen Betrieben zugute. Wichtig ist mir bei der Modulation aber nicht die Summe von rund 50 Millionen Euro, die dabei freigesetzt würde. Es geht mir vielmehr um ein weiteres Signal für den Richtungswechsel in der Agrarpolitik. Die Agrarwende wird vorrangig durch die »Gemeinschaftsaufgabe Agrarstruktur und Küstenschutz« (finanziert von Bund und Ländern), durch die neuen Kriterien für das Aktionsprogramm Ökologischer Landbau sowie durch das Öko-Siegel und das Magische Sechseck nachhaltig geprägt. Das Magische Sechseck war ein historisches Novum, denn kein anderes europäisches Land hatte zu jener Zeit eine solche Gesprächsrunde, in der die Interessengruppen alle zusammenkamen. Mit allen diesen Eckpfeilern können wir die langsame europäische Agrarratsdebatte überholen, die noch immer stark von Besitzstandsansprüchen und -wahrungen dominiert ist.

Auch wenn Glavany und ich noch unterschiedlicher Meinung über das Timing der Neuausrichtung sind, so ist dies ein erster Ansatz, Mehrheiten für die Reformen der EU-Agrarpolitik zu finden. In unserer Erklärung regten wir auch an, das europäische Prämiensystem zu überarbeiten und »die gegenwärtig geltenden Prämienregeln für die Tierproduktion durch eine einheitliche Grünland- und Futterflächenprämie zu ersetzen«. Wir fordern außerdem, den Anbau von Eiweißfrüchten als Futtermittel in Europa zu fördern.

Nicht dass unsere Erklärung sagenumwoben wäre. Entscheidend ist vielmehr unsere Botschaft, dass wir mit Mut und Zielstrebigkeit gesagt haben: Wir versuchen es. Die Fachöffentlichkeit war verblüfft ob dieses scheinbar unerwarteten Coups. Allein die Tatsache, dass der französische Agrarminister und ich gemeinsam einen anderen Raum beschritten und anschließend sogar vereinbart haben, uns als Nächstes über die Halbzeitbilanz der Agenda 2000 zu unterhalten, halte ich für einen Erfolg. Ohne Zweifel, die weitere Debatte mit Frankreich wird schwierig werden, aber immerhin haben wir mit der Diskussion begonnen. Wir müssen Prozesse in Gang setzen und Fakten schaffen. Jeder weitere Schritt, der uns näher ans Ziel bringt, ist zu begrüßen. Heißt es nicht: Besser den Spatz in der Hand als die Taube auf dem Dach! Der Juli war für mich trotz aller Anstrengungen – vom Bauerntag über London bis Paris – ein befriedigender Monat. Die Brücke war geschaffen, und ich konnte nach einem halben Jahr Amtszeit endlich einige Tage in die Sommerferien reisen.

9

»Königin der Legehennen«

Gebannt starrte ich aufs Meer. Außer Wellen und ungemütlichem, wolkigem Grau war nichts zu sehen. Hinter uns die Bucht von Husavik in Islands Norden, einige schneebedeckte Hügel. Ein kalter Wind zerzauste meine Frisur – was daran zu zersausen ist. Es war Sommer, der 21. August 2001. Zum Glück war ich vor der Abreise darauf hingewiesen worden, warme Kleidung mitzubringen. Ich hatte mich in der Frühe auf das Zwiebelsystem vorbereitet, mehrere Kleiderschichten übereinander, weil das am besten wärmt, und eine Öljacke gegen die Nässe und den Wind. Unser kleiner Fischkutter tuckerte vor sich hin, während wir ungeachtet der Kälte geduldig warteten.

Endlich war es so weit. Durch den pfeifenden Wind und über das Rattern des Bootsmotors hinweg rief unsere Begleiterin Carry plötzlich: »Da, da ist einer!« Sie zeigte mit ihrem Finger ins Grau hinein. Der Kutter, von den Wellen ohnehin schon ordentlich geschaukelt, wankte umso mehr, da jetzt alle Passagiere wie auf Kommando zum Bug rannten. Tatsächlich, ein Zwergwal, auch Minkwal genannt, hob den Kopf aus dem Wasser, prustete eine Fontäne, glitt anmutig durch die Wellen, holte Atem und war schon wieder im Wasser verschwunden. Man könne erkennen, was Wale vorhaben, erklärte uns Carry, die junge Walschützerin. Solange sie flach schwimmen, bleiben sie an der Oberfläche. Sobald sie aber buckeln und die Schwanzflosse erheben, bringen sie sich in Position, um steil nach unten zu tauchen. Kaum hatten wir das gelernt, präsentierte sich bereits das nächste Exemplar. Diesmal rannten alle zum Heck, um das Meereswunder zu beobachten.

Zwergwale werden bis zu 12 Meter lang und wiegen bis zu 11 Tonnen. »Sie sind Einzelgänger und ernähren sich überwiegend von Krebsen«, so Carry. Bis zu vierzig dieser Wale sollen im Frühjahr und Sommer hier in der Bucht leben. Einige von ihnen hatten jetzt offenbar beschlossen, unser Boot aus der Nähe zu inspizieren, wofür wir ihnen äußerst dankbar waren! Das Gerenne auf dem wippenden Bötchen empfand ich allerdings als genussmindernd. Kurz entschlossen kletterte ich die Leiter des Schiffsmastes empor und lehnte mich in den Absicherungsring. Von hier oben hatte ich rundherum einen herrlichen Ausblick. Die Weite des Meeres vermittelte mir einen Hauch von Freiheit, und die Wale faszinierten mich. Diese riesigen, aber majestätischen Geschöpfe folgen den physikalischen Gesetzmäßigkeiten (von wegen Fett schwimmt oben!). Ihre verspielte, hoch soziale Art rührt mich. Ich habe großen Respekt und empfinde Ehrfurcht vor den friedlichen Meeressäugern, die mit ihren akrobatischen Fähigkeiten und ihrer Kraft leicht jedes Fischerboot zum Kentern bringen könnten. Welchen Teil der Natur nehmen wir Menschen in diesem Gesamtsystem ein?, fragte ich mich hoch oben auf dem Bootsausguck. In welch zerstörerischem Maß wir uns die Natur untertan gemacht haben!

Bei diesem penetranten Gedanken war ich sogleich wieder auf den Boden der Tatsachen zurück. Der Anlass für meinen Besuch: Island überlegt, den Walfang wieder aufzunehmen.

1986 hatte die 1947 gegründete Internationale Walfangkommission IWC ein weltweites Verbot des kommerziellen Walfangs, das so genannte Moratorium, erlassen, nachdem viele Walarten fast ausgerottet waren. Verschiedene Umwelteinflüsse, wie vor allem die Verschmutzung der Meere, der Schiffsverkehr oder die Ölförderung bedrohen die Meeressäuger jedoch unvermindert. Norwegen ist formaljuristisch nicht an das Verbot gebunden, da es damals Vorbehalte gegen das Moratorium geäußert hatte. Japan wiederum behauptet, Wale ausschließlich zu wissenschaftlichen Zwecken zu fangen und erbeutet pro Saison mindestens 440 Minkwale im Walschutzgebiet der Antarktis. Laut Greenpeace wird das Walfleisch teuer auf dem japanischen Markt verkauft.

Ende Juli 2001 war die 53. Jahrestagung der IWC in London. Da die Fischerei in den Zuständigkeitsbereich des Verbraucherschutzministeriums fällt, bin ich auch für den Walfang verantwortlich, während sich mein Kollege, Umweltminister Jürgen Trittin, des Artenschutzes annimmt. Dem IWC lag ein Kompromisspapier zu einem brisanten Antrag, dem Revised Management Scheme (RMS) (auf Deutsch: »überarbeitetes Walbewirtschaftungssystem«), vor. Danach sollte die kommerzielle Jagd auf Wale, deren Bestände sich vermeintlich erholt haben, nach bestimmten Quoten wieder erlaubt, aber strenge Kontrollen durch internationale Beobachter eingeführt werden. Japans und Norwegens Walfang, sei es aus wissenschaftlichen oder anderen Gründen, haben wir scharf verurteilt. Wir forderten ferner lückenlose Kontrollen der Schiffe und des Handels. Die 42 IWC-Mitglieder konnten sich nicht einigen, sodass der Vorsitzende den Antrag von der Tagesordnung strich – womit diese Verhandlungen allerdings nur aufgeschoben sind.

Japan wurde per Resolution gerügt, weil es offenbar – so auch ein Interview des Chefs der dortigen Fischereibehörde – versuchte, die Stimmen einiger Länder mittels Entwicklungshilfe zu kaufen, um zu verhindern, dass der Südpazifik zum Walschutzgebiet erklärt wird. Wir hatten für die Schaffung des Reservats gestimmt. Nicht zum ersten Mal ist die Konferenz ausgegangen wie das Hornberger Schießen: Die Japaner und Norweger wollen sich nicht in die Karten schauen lassen und lehnen jegliche internationalen Kontrollen ab.

Island hatte das IWC-Moratorium 1986 akzeptiert, war dann aber ungeduldig geworden: 1992 trat das Land mit seinen knapp 280 000 Einwohnern aus der Kommission aus. 10 Prozent des isländischen Bruttoinlandsprodukts wird durch Fischfang und Fischverarbeitung erwirtschaftet, und 9 Prozent aller Erwerbstätigen sind in diesen Branchen tätig. Auf der Londoner Sitzung hatte Island nun den Antrag gestellt, wieder in die IWC aufgenommen zu werden – doch mit Vorbehalt: Die Fischereination will sich die Möglichkeit offen halten, die Jagd auf Wale aufs Neue beginnen zu dürfen, sobald die Forscher den Walbestand für erholt erklären. Was innerhalb Islands bereits geschehen ist: mit der Begründung, die Wale fräßen der Fischereination die Fischgründe leer und hätten vor allem Kabeljau, Dorsch und Lodde dezimiert. »Wale zu beschuldigen zu viel Fisch zu fressen, ist so, als beschuldige man Spechte, Wälder abzuholzen«, kommentierte ein Greenpeace-Mitarbeiter diese Argumentation.

Nach längerem diplomatischem Gerangel lehnte die IWC Islands Vorbehalt ab. Sein Wiedereintritt war vor allem an unserem und Englands Widerstand gescheitert. Wir hätten es zwar begrüßt, Island wieder als Vollmitglied in die IWC aufzunehmen, aber nur, wenn es sich aktiv am Schutz der Wale beteiligen will. Island konnte zumindest erreichen, innerhalb der Organisation den Status eines Beobachters ohne Stimmrecht zu erhalten. Es ist folglich nachzuvollziehen, dass die isländische Regierung nach der Londoner Konferenz nicht gerade gut auf uns zu sprechen war.

Grund genug für mich, eine Reise in das nordatlantische Land zu beschließen, damit wir in aller Ruhe miteinander sprechen und eine gemeinsame Ebene in dieser Angelegenheit finden können. Auch Island ist daran interessiert, denn der größte Anteil unseres Importfischs (ganz besonders Kabeljau und Rotbarsch) stammt aus Island.

Ich stieg die Leiter hinab und gesellte mich zur Gesellschaft auf dem Boot. Anwesend war Árni Mathiesen, Tierarzt und isländischer Minister für Fischerei. Mathiesen, der für die Wiederaufnahme des Walfangs eintritt, war an diesem Tag zum ersten Mal auf einer solchen »Whale Watching«, einer Walbeobachtungstour, und konnte erleben, was für einen Wirtschaftsfaktor diese touristische Attraktion für sein Land bedeutet. Im Sommer 2000 besuchten 44 000 Waltouristen das Land aus Feuer und Eis – 20-mal mehr als 1995. Island nahm 13 Millionen US-Dollar ein, eine Summe, die es durch den Walfang nie erzielen könnte. Im Sommer 2001 ist die Besucherzahl sogar noch weiter gestiegen (60 000 erwartet). Whale Watching hat weltweit Konjunktur. Nach Angaben des *International Fund for Animal Welfare* hatten 1991 rund 4 Millionen Menschen Beobachtungstouren unternommen, 1998 waren es indes schon 9 Millionen, Tendenz steigend. Für viele der 500 Gemeinden auf der Welt, die Whale Watching betreiben, sind die Wale zur wichtigsten lokalen Einnahmequelle geworden. Die beste Art, Wale zu »nutzen«, sagte ich Mathiesen deshalb, sei, sie zu beobachten. Ich betonte, dass viele Menschen nicht mehr zur Walbeobachtung anreisen würden, wenn sie wüssten, dass Island die Tiere zugleich jagt. Die Isländer hatten wohl geglaubt, die Touristenbranche an der Küste von der Jagd auf dem Meer trennen zu können. Mit der Wiederaufnahme des kommerziellen Fangs würden sie aber erhebliche Imageprobleme bekommen. Trotz Moratoriums ersticken sowieso noch zu viele

Wale in den Fischernetzen und landen in diversen Restaurants auf der Speisekarte.

Der Wind pfiff und allmählich begannen wir zu frieren. Wir, das heißt auch Petra Deimer und Niki Entrup, die mitgefahren waren. Auf dem Rückweg zum Hafen galt die Devise: Es gibt was Warmes! Carry verteilte heißen Kakao und Zimtkringel, ein Moment, in dem ich dachte: Na, jetzt könnte ich auch gleich hier bleiben! Zurück in Husavik führte Mathiesen uns in ein kleines Museum, das über die Wale und ihr Leben informiert. Da gab es Walkiefer von einem Ausmaß, in das ich – zugegeben, klein geraten – hineingepasst hätte. Es ist beeindruckend, wie die Isländer noch bis zum Zweiten Weltkrieg in selbst genähter Ölkleidung tagelang auf dem Meer fischten – mit winzigen Wasserrationen und kaum etwas zum Essen. Früher verarbeitete man die Wale zu Lebertran, Haut und Fleisch wurden ebenfalls genutzt. Für viele Isländer waren Wale die Überlebensquelle. Ich habe Mathiesen vermittelt, dass ich Respekt vor der Fischereitradition der Isländer und ihrer Fähigkeit, sich durch den Fang selbst ernähren zu können, hätte. Gewiss ist es für die Einwohner nicht einfach, wenn ein reiches Land wie Deutschland daherkommt und ihnen über den Fang Vorschriften machen will. Mathiesen und ich haben viel diskutiert. Anlass dazu hatte auch unser Besuch im Meeresforschungsinstitut am Vortag geboten. Dort untersuchen die Wissenschaftler die Bestände der Fischpopulationen und welche Probleme es im Zusammenhang mit der Fischerei gibt.

Was die Frage des Walfangs betrifft, so konnten wir -- mein isländischer Kollege und ich – uns allerdings noch nicht einig werden. Ich blieb bei meiner Position, dass der Walfang nicht wieder aufgenommen werden dürfe. Doch wir beschlossen, eine Expertengruppe zu berufen, die sich nicht nur mit der Überfischung und den Walbeständen in

INTERNATIONALER FISCHFANG

In manchen internationalen Fischfanggebieten werden jährlich über 50 Prozent der am Jahresanfang vorhandenen Fische gefangen. Die meisten Fische werden in jungem Alter gefangen, jedenfalls nachdem sie höchstens einmal abgelaicht haben und sich nicht mehrfach vermehren konnten. Der Kabeljau geht mit einem Durchschnittsalter von drei Jahren in die Netze – er kann aber zwanzig Jahre alt werden. Je mehr und effizienter mit modernsten Mitteln gefischt wird, umso weniger können sich die Bestände erholen.

Anfang der achtziger Jahre gab es vom Dorsch in der Ost- und vom Kabeljau in der Nordsee Fanquoten von 700 000 Tonnen. Heute sind es kaum noch 60 000! Und viele Fischarten stehen vor der Ausrottung. Schuld ist vor allem die Überfischung, die zudem noch unerwünschten Beifang erzeugt, der meist tot ins Meer zurückgekippt wird. Das fällt insbesondere bei der »Gammelfischerei« buchstäblich ins Gewicht. Die Gammelfischerei dient der Produktion von Fischmehl, Fischöl, Tierfutter für die Massentierhaltung und Kosmetika. Gammelfischer arbeiten mit kleinmaschigen Netzen, die das Meer regelrecht durchsieben. Dabei verfangen sich auch Speisefische stark gefährdeter Fischarten wie etwa die Scholle in den Netzen. Die Fische werden nicht gekühlt, sondern vergammeln vor der Verarbeitung – daher der Name Gammelfischerei. Immer mehr Fischer aus der EU fischen mittlerweile sogar die Küstengewässer westafrikanischer Entwicklungsländer leer – hoch subventionierte Fischereiabkommen machen's möglich. Die Ernährungs- und Landwirtschaftsorganisation der Vereinten Nationen (FAO) geht davon aus, dass 70 Prozent der für den

Verzehr wichtigen Fischarten weltweit überfischt und von der Ausrottung bedroht sind. Neben der Überfischung tun Umweltbelastungen und der intensive Schiffsverkehr ihr Übriges dazu, die Fischbestände kontinuierlich zu verringern.

Die Europäische Union hat diese bedenkliche Situation im Grünbuch zur Fischereipolitik analysiert und Maßnahmen vorgeschlagen, die ich voll und ganz unterstütze. Dazu gehört das Vorsorgeprinzip – die Entwicklung mehrjähriger, artenübergreifender und ökosystemorientierter Bewirtschaftungsstrategien, großmaschigere Netze, Verbot oder zumindest Einschränkung der Gammelfischerei oder der Schutz von Laich und Brutgründen. Obwohl Deutschland beileibe keine Fischereination ist, arbeiten 4300 Personen in der Seefischerei und 45 000 in der Fischindustrie, dem Fischgroßhandel, dem Fischeinzelhandel und der Fischgastronomie. Deutschlands Verarbeitungsindustrie mit ihren 10 000 Angestellten ist eine der leistungsfähigsten Europas. Das sind Arbeitsplätze, die wir langfristig nur durch nachhaltige Fischerei und den Schutz der Meere erhalten können.

Ähnlich wie die Landwirte sollten aber auch die Fischer verstärkt über zusätzliche Einkommensquellen nachdenken: zur Unterbringung von Gästen ausgebaute Kutter, schöne Häfen, gute Fischrestaurants, Hochseeangeln, Kutterfahrten aufs Meer – alles Angebote, die die Kulturlandschaft Küste bereichern.

Die Deutschen haben an Fischerzeugnissen einen jährlichen Bedarf von 1,2 Millionen Tonnen, und wir sind zu rund 80 Prozent von Importen abhängig. EU-weit beträgt der Importbedarf 60 Prozent. Alle EU-Länder sollten folglich ein Interesse daran haben, weltweit die Fischbestände zu regenerieren und zu erhalten sowie nach Alternativen zu suchen. Das trifft aber auch auf eine Fischereination wie Island zu.

den isländischen Fanggebieten beschäftigt, sondern auch die wirtschaftlichen Möglichkeiten des Whale Watching auslotet. Schließlich muss die IWC-Tagung, die 2002 in Japan stattfindet, vorbereitet werden. Wir waren uns bei meinem Besuch durchaus näher gekommen, und ich war zuversichtlich, dass wir erste Schritte zum Schutz der Wale und in Richtung nachhaltiger Fischerei getan hatten.

Kurz bevor wir Husavik verlassen wollten, um nach Reykjavík zurückzukehren, zog über den Bergen ein Unwetter auf. Das Flugzeug, das uns abholen sollte, kam nicht durch die Wetterwand. Wir sind folglich mit demselben Bus weitergefahren, der uns nur zum Flughafen hatte bringen sollen. Nach weiteren Kilometern hielt der Fahrer mitten in der Landschaft an, um auf seine Frau zu warten. Da kam sie schon, mit einer hastig gepackten Reisetasche für die Nacht. In der Abenddämmerung fuhren wir durch die verwegene Natur Islands mit ihren heißen Quellen, Schwefelbädern und anderen Sehenswürdigkeiten, auf die mich meine Begleiter hinwiesen. Mathiesen erzählte Geschichten über isländische Dichter und Traditionen, und ab und zu stimmten wir zu einem Lied an: »Ik hepp mol en Hamburger Fährmaster sehn ...« Irgendwann habe ich mich völlig erschöpft quer über die Sitze gelegt und geschlafen. Es war 2.30 Uhr morgens, als wir in Reykjavík ankamen. Am nächsten Tag haben wir in aller Herrgottsfrühe vor dem Abflug noch eine moderne Fischfabrik besichtigt, weshalb ich zum Frühstück im Hotel sicherheitshalber gleich Hering aß. Mathiesen und ich verabschiedeten uns sehr herzlich: Beide Seiten hatten bei dieser Begegnung eine Menge gelernt.

Der Schutz des Wals ist ein Thema, das uns nicht nur international betrifft, sondern auch bei uns zu Hause von großer Bedeutung ist. In der zentralen und südlichen Nordsee sterben nach Schätzungen von Umweltorganisationen wie der *Whale and Dolphin Conservation Society* (WDCS) oder des *World Wide Fund for Nature* (WWF) jährlich 7500 Schweinswale – Verwandte der Delfine, die höchstens zwei Meter lang und 90 Kilogramm schwer werden. Im gesamten Nordseegebiet soll es noch 350 000 und in der Ostsee circa 35 000 von ihnen geben. (Letzte Schätzungen von 1994 gaben für die südliche und zentrale Nordsee einen Walbestand von 170 000 an.) Doch Umweltvergiftung, Schiffsschrauben, Schiffslärm und vor allem die Fischerei bedrohen den flinken, kleinen Wal: Pro Jahr ersticken mindestens 4 Prozent in den Fischernetzen. Bei einer Lebenserwartung von zwanzig Jahren überlebt folglich nur einer von fünf Schweinswalen.

Vor den Inseln Amrum und Sylt ist 1999 ein Walschutzgebiet entstanden, das dem Wattenmeer-Nationalpark angegliedert wurde und somit der größte Nationalpark Mitteleuropas ist. Indes, das Fischereiverbot gilt bislang nur nach deutschem Recht, denn das Reservat ist von der EU noch nicht anerkannt. Daher verfangen sich die Schweinswale in den Stellnetzen der Fischereinationen: Die Dänen sind auf diese Weise unfreiwillig zur größten Walfangnation der Welt geworden; aber auch die Stellnetze anderer Nationen sind eine Gefahr! Anstatt das Schutzgebiet zu meiden, wollen die Dänen mit Netzen arbeiten, die mit einem Warnsystem von Pieptönen ausgestattet sind. Die tatsächliche Wirkung der vermeintlich abschreckenden Laute ist jedoch noch nicht ausreichend erforscht. Jedenfalls besteht dringender Handlungsbedarf, um zu verhindern, dass der Schweinswal ausgerottet wird. Gewiss, man kann nicht das ganze Meer zum Schutzgebiet erklären, doch die Wanderwege und Kinderstuben der Wale sollten wir unbedingt respektieren. Zum Schutz des Wales arbeiten wir eng mit Sandra Altherr von *Pro Wildlife* und mit Niki Entrup vom WDCS zusammen; unterstützt werde ich auch von Peter Bradhering, der die Walschutzpolitik im Ministerium koordiniert.

Ende August 2001 reiste ich in Begleitung meines Kieler Kollegen, Umweltminister Klaus Müller, nach List auf Sylt. Auf der »Gret Palucca« sind wir zu den Seehundbänken gefahren. Schweinswale haben wir zwar leider nicht gesehen, dafür tauchte am Ende doch noch ein Seehund nahe unserem Kutter auf. An Bord waren auch einige Jugendliche, die gerade ihr ökologisches Jahr absolvierten. Sie haben mir mit großem Enthusiasmus allerhand über das Naturschutzgebiet und ihre spannende Arbeit erklärt. Der Meeresboden vor Sylt ist noch recht intakt. Mit einem kleinen Netz schöpfte ein Fischer den Boden ab und hievte eine bunte Sammlung von Krabben, Krebsen und Seesternen herauf. Die kleinen Fische, die sich verfangen hatten, wurden mir mit der Bitte: »Retten Sie diesen Fisch!« in die Hand gegeben. Das Spannendste: Uns wurde erklärt, wie ein Seestern Muscheln knackt! An Land überreichten Mitarbeiter des WWF Klaus Müller und mir eine große Schere, mit der wir die Nachbildung eines verhedderten Schweinswals aus dem Netz befreien sollten. Ein Walmodell durfte ich mitnehmen, und es schmückt seither mein Arbeitszimmer im Ministerium.

Klaus Müller und ich versprachen, den Versuch, die Insel im Jahre 2002 ins Zeichen der Wale zu stellen und den Grundstein für ein Walinformationszentrum zu legen, zu unterstützen. Schleswig-Holstein will dazu finanziell beitragen. Ich kündigte eine systematische Erfassung der Beifänge in Nord- und Ostsee an und einen internationalen

Workshop, der untersuchen soll, wie Beifänge in Zukunft vermieden werden können. Wichtig vor allem: die Bemühung, das Walschutzgebiet von der EU anerkannt zu bekommen. Butter bei die Fische!

Nicht nur die Meere werden leer gefischt, sondern auch die Äcker überdüngt und ausgebeutet, der Regenwald abgeholzt und das Klima zerstört: Der Mensch ist dafür verantwortlich, dass alle zwanzig Minuten eine Pflanzen-, Tier- oder Mikroorganismenart ausstirbt. Rund 20 Milliarden Tiere werden weltweit jährlich für unseren Verzehr getötet – die Fische nicht mitgerechnet. Wir können die Ressourcen dieser Welt aber nicht einfach verbrauchen. Nicht zuletzt haben uns BSE-Krise und Maul- und Klauenseuche deutlich gezeigt, dass wir umdenken müssen. Die intensive Massentierhaltung hat uns in die Sackgasse geführt. Wir müssen die Natur schützen und unsere Tiere wieder artgerecht halten – ein weites Feld, das ich Stück für Stück zu beackern beabsichtige. Wie bei der Agrarwende sind umfassende Ergebnisse aber nicht über Nacht zu erwarten – zu viele wirtschaftliche und politische Interessen sind damit verbunden.

Der Tierschutz ist in Deutschland noch immer nicht im Grundgesetz verankert. Die Grünen und die SPD haben 1999 einen Gesetzentwurf zur Aufnahme in das Grundgesetz vorgelegt. Danach hat der Staat nicht nur die natürlichen Lebensgrundlagen, sondern auch die Tiere zu schützen. Der Antrag scheiterte jedoch bislang im Bundestag am Widerstand der CDU/CSU-Fraktion. Wir bleiben aber dran und planen bereits die nächste Initiative.

Im Februar 2001 war ich auf einer Rundreise unter anderem in Rheinland-Pfalz zu Besuch auf dem konventionell bewirtschafteten Hof der Familie Hartelt in Göllheim. Die Landwirte schenkten mir ein Ferkel, das ich, ohne zu zö-

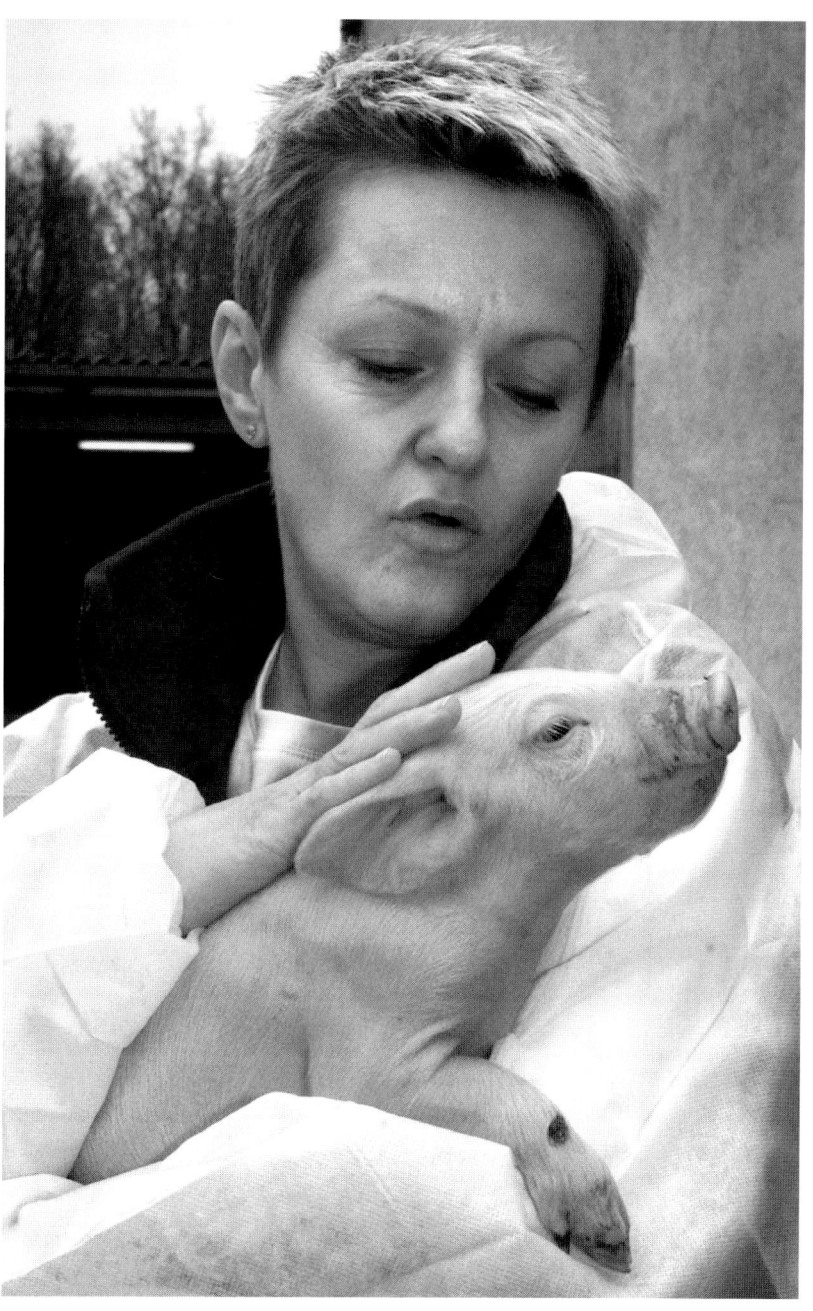

Adoptivferkel Berta in den wärmenden Armen von Renate Künast

Strategieplanung: Renate Künast und Bundesaußenminister Joschka Fischer auf einer Kabinettssitzung im Kanzleramt

Bundeskanzler Gerhard Schröder, Autorin Hedda von Wedel und Renate Künast präsentieren den Bericht zur Organisation des gesundheitlichen Verbraucherschutzes

Frauen-Power im Bundeskabinett (v.l.): die Ministerinnen Heidemarie Wieczorek-Zeul, Ulla Schmidt, Edelgard Buhlmahn, Herta Däubler-Gmelin, Christine Bergmann und Renate Künast

BSE-Krisensitzung im Bundestag: Renate Künast und ihr Parlamentarischer Staatssekretär Matthias Berninger am 8. Februar 2001 im Berliner Reichstag

Unermüdlich im Kampf gegen BSE, die Maul- und Klauenseuche und die Agrarlobby: Krisenmanagerin und Agrarwende-Initiatorin Renate Künast bleibt in den ersten Monaten ihrer Amtszeit keine freie Minute

Zwiegespräch kurz vor der Regierungserklärung zur Agrarpolitik:
Landwirtin übergibt Renate Künast eine »Kanne voller Sorgen«

Agrarwende jetzt!: Mitglieder der Nahrungsmittelgewerkschaft NGG
demonstrieren vor dem Landwirtschaftsministerium in der
Berliner Wilhelmstraße

Herzliche Begegnung zweier Gleichgesinnter: Prinz Charles von Wales nimmt Renate Künast für einen Gartenrundgang auf seinem Privatanwesen Highgrove in Gloucestershire unter die Fittiche

Lagebesprechung mit dem Team in Renate Künasts Büro, im Hintergrund Maler Dornheges Bild vom holländischen Gesandten, im Jahr 1646 sechsspännig auf dem Weg nach Münster

Eine Ministerin will hoch hinaus: „Whale Watching" wider den Walfang im Norden Islands

Verbraucherschutz geht alle an: Auf der Internationalen Grünen Woche, Berlin 2002, schnuppert Bundespräsident Johannes Rau an einer Kräuterschale mit Kamillenblüten

Ein wichtiges Zeichen nach dem BSE-Schock: Renate Künast bei der Vorstellung des Bio-Siegels

Stürmische Begrüßung: Renate Künast Aug' in Aug' mit einer Rinderherde

gern, sofort Berta taufte – so hieß meine heiß geliebte Groß-
mutter. Berta war erst eine Woche alt und zuwendungsbe-
dürftig. Ich nahm sie auf den Arm und musste sie richtig
eng an mir halten, denn sie bibberte geradezu vor Kälte.
Berta bekam ein kleines Zeichen auf den Rücken, damit
sie stets mir zuzuordnen sei. Sie lebt seither bei Hartelts in
Pension, und sie informieren mich regelmäßig per E-Mail
über Bertas Entwicklung. Schon kurz nach meinem Besuch
beklagte sich die Tochter, dass sie keine Autogrammkarte
von mir habe. Ich habe ihr und ihrem Bruder eine geschickt
und eine für Berta dazu. Alle hätten sich gefreut, hieß es
in der nächsten E-Mail, auch Berta. Das beigefügte Foto
zeigte Berta, der die signierte Postkarte vorgehalten wird.
Berta blickt auf mein Porträt und wirkt etwas gelangweilt.

Zu Berta hat sich auch eine »Schwester« gesellt, ein
Lamm, das mir auf dem Evangelischen Kirchentag in
Frankfurt von den Bioland-Leuten überreicht wurde, nachdem ich an ihrem Stand Bio-Essen verteilt hatte. Der Neu-
zuwachs war bereits getauft worden: Renate. Renate ist
ein so genanntes Rentenschaf und soll mich »als Rente«
regelmäßig mit Wollprodukten und Käse versorgen.

Im November 2001 bekam ich wieder eine E-Mail aus
Rheinland-Pfalz. Bertas Stallgenossen seien alle zum
Schlachthof gefahren worden, schrieb Doris Hartelt, sie
aber habe sie dabehalten und in die Sauenherde integriert.
Ende Oktober würde Berta im »Eros-Center« einem jungen Eber zugeführt. Man sei gespannt, wie das Ferkel eines
Hybridschweins aussehen werde. Die Geburt von Bertas
Ferkel werde im Februar 2002 erwartet – ein Jahr nachdem ich Berta als stolze Besitzerin erstmals in den Armen
hielt, so die Familie. Allerdings könnte ich sie heute nicht
mehr so herzen: sie sei zur kräftigen Jungsau herange-
wachsen und wiege bereits gute 150 Kilogramm! Als ich
diese Nachricht als SMS von der Pressestelle auf mein Handy bekam, saß ich gerade höchst angespannt in der Dis-

kussion der Grünen-Bundestagsfraktion darüber, wer wie zum Afghanistaneinsatz der Bundeswehr abstimmen würde und ob die Koalition daran zerbrechen könnte. Es war der Vortag der Abstimmung über die Vertrauensfrage und den Bundeswehreinsatz, der 16. November 2001. Der Absender, Andreas Schulze aus der Pressestelle, wollte mich aufmuntern: »Es gibt auch gute Neuigkeiten«, schrieb er, »du wirst bald Oma!« Am 20. Februar 2002 war es soweit: Berta hat jetzt vierzehn Ferkel.

Berta hat es bei den Hartelts gut. Doch ihre Lebensumstände entsprechen nicht der Mehrheit der rund 25 Millionen Schweine in Deutschland. Mastschweine leben ohne Auslauf, Tageslicht und Beschäftigungsmöglichkeiten vor sich hin. Schweine haben fast menschenähnliche Qualitäten: Sie sind hoch sensibel, geruchsempfindlich, intelligent, abgrundtief neugierig und ausgesprochen verspielt. Dass solche Tiere auf falsche Haltungsbedingungen mit Stress und erheblichen Verhaltensstörungen reagieren, ist kein Wunder. Mangels alternativer Beschäftigung beißen sie sich gegenseitig die Ringelschwänze ab, vorausgesetzt, diese wurden sowieso nicht gleich nach der Geburt kupiert, um den Kannibalismus zu unterbinden. Nicht mehr länger zu vertreten ist auch, dass Sauen, die geferkelt haben, ohne Bewegungsmöglichkeiten in ein Metallgerüst geklemmt werden, damit sie ihre Ferkel nicht erdrücken. Auch der Schweinetourismus muss ein Ende haben. Viele Schweine werden im Laufe ihres kurzen Lebens mehrfach über lange Strecken von Stall zu Stall transportiert und mit Antibiotika behandelt, damit sie die Konfrontation mit ständig neuen Bakterien ohne Erkrankung überstehen. Auch ist erwiesen, dass bei Schweinen strapaziöse Transporte zum Schlachthof die Fleischqualität beeinträchtigen.

Einzelne Länder haben im Jahr 2001 im Wege eines Erlas-

Außenhandel Deutschlands mit den EU-Mitgliedsstaaten und Drittländern
hier: Lebende Schweine, Kj. 2000 vorl.

Partnerland	Deutschland Einfuhr in Stück Ferkel	Ausfuhr in Stück
EU zus.	1 887 508	690.344
Frankreich	19	109 749
Niederlande	1 181 018	82 192
Deutschland	–	–
Italien	–	25 249
Großbritannien	1 854	51
Dänemark	701 854	539
Griechenland-	–	–
Spanien	–	181 572
Belgien	2 362	216 679
Luxemburg	401	48 361
Schweden	–	–
Österreich	–	25 952
Drittländer zus.	–	850
Schlachtschweine		
EU zus.	1 262 160	394 319
Frankreich	315	170
Niederlande	952 241	56 390
Deutschland	–	–
Italien	3 123	19 330
Großbritannien	558	–
Irland	–	–
Dänemark	228 807	24
Griechenland	–	–
Portugal	–	–
Spanien	2 372	193
Belgien	71 117	510
Luxemburg	3 264	8 336
Österreich	363	309 366
Drittländer zus.	2 158	–

ses Vorgaben zur Schweinehaltung gemacht. Meine Kollegin Bärbel Höhn, Grüne Landwirtschaftsministerin und aktive Tierschützerin in Nordrhein-Westfalen, hat besonders tiergerechte Vorgaben erlassen, gegen die einige sofort Sturm gelaufen sind. Auf Bundesebene werden wir Regelungen zur Schweinehaltung erarbeiten, die für alle Schweine in Deutschland eine deutliche Verbesserung der Tierhaltung bringen werden. Dabei werden wir die EU-Vorgaben zur Sauenhaltung – an denen wir in Brüssel sehr aktiv mitgewirkt haben – umsetzen, aber auch die Mastschweinhaltung regeln. Uns kommt es auch darauf an, Gemeinsamkeiten mit den Holländern und Dänen zu suchen, denn diese Länder bestimmen neben den Belgiern den deutschen Schweinefleischmarkt. Deutschland hat mit 3,8 Millionen Tonnen Schweinefleisch im Jahr die größte Schweineproduktion in der EU, zudem beziehen wir aus Dänemark und den Niederlanden über die Hälfte der gut 800 000 Tonnen Schweinefleischimporte nach Deutschland.

Dabei sind die Dänen uns heute schon hinsichtlich der Liegeflächen voraus, die Holländer geben den Tieren mehr Platz. In einer Allianz aller drei Länder könnten Standards vereinbart werden, die vorbildhaft für Europa wären. Das geht schneller als eine EU-weite Regelung, bei der dann auch wegen des Einstimmigkeitsprinzips schlechtere Haltungsbedingungen für die Tiere zu erwarten wären. Auf jeden Fall möchte ich gewährleisten, dass Tierschutz nicht nur für die in Deutschland aufgewachsenen Tiere gilt, sondern für möglichst viele, die wir später als Schnitzel auf den Tisch bekommen. Angesichts des EU-Binnenmarkts ist das eine echte Herausforderung, der ich mich gerne stelle.

Ich will auch den Tierschutz bei Mastgeflügel verbessern. Das wird nicht einfach sein, denn beispielsweise die deutsche Putenfleischerzeugung befindet sich fest in der Hand einiger weniger Unternehmen. Der Naturschutzbund NABU

Importe von gesalzenem Geflügelfleisch in t

Die Importe von gesalzenem Geflügelfleisch in die EU haben in den letzten Jahren deutlich zugenommen. Der größte Anteil geht nach D.

	D	NL	UK	EU 15
1995				31
1996	3 645			3 680
1997	5 331	142		5 599
1998	11 786	165	236	12 314
1999	27 848	3 625	1 544	33 687
2000	60 680	34 506	8 875	108 880
2001[1]	108 517	50 535	24 012	191 280

Bei diesen Mengen handelt es sich hauptsächlich um gefrorenes entbeintes Brustfleisch von Hähnchen und Puten aus Brasilien und Thailand zur Herstellung von Convenience-Produkten.

[1] Zahlen für 2001 bis einschließlich des Monats Oktober

Quelle: EU-Kommission

hat in einer im November 2001 vorlegten Studie dargelegt, dass fünf Konzerne mit einem Marktanteil von 80 Prozent die Erzeugung in Deutschland beherrschen.

Darüber hinaus müssen wir auch beim Geflügel in Europa aktiv werden. Denn immer mehr Konzerne werden diese Tiere nachfragen, und wenn sie nicht in Deutschland angeboten werden, so werden sie eben aus den Niederlanden, Dänemark und künftig verstärkt aus den Beitrittsländern Mittel- und Osteuropas geliefert! Im Zuge der BSE-Krise haben zudem die Importe von Geflügelfleisch aus Fernost und Südamerika, wo die Haltungsbedingungen und der Medikamenteneinsatz noch weniger geregelt sind, sprunghaft zugenommen. Während 1998 nach Deutschland 11 800 Tonnen eingeführt worden sind, waren es im letzten Jahr über 108 000 Tonnen. Hier zeigt sich deutlich, es reicht nicht, allein die Standards in Deutschland zu verbessern. Wir müssen dies auch beim Import aus Drittländern fordern und umsetzen. Anfang

2002 haben die Skandale um antibiotikabelastete Shrimps aus China gezeigt, wie wichtig es ist, schon bei der Produktion unsere hohen Verbraucherschutzstandards durchzusetzen. Da die Chinesen nicht in der Lage waren, zugesagte Verbesserungen umzusetzen, hat die EU-Kommission nunmehr den Import tierischer Produkte aus China gänzlich untersagt. Wir müssen aber auch die Verbraucher über klare Qualitätskennzeichnung motivieren, das sichere und zu besseren Bedingungen für Tiere und Umwelt hergestellte Fleisch auch zu kaufen.

Ein wichtiger Beitrag für die Agrarwende ist die Umstellung der Fördergrundsätze im Rahmen der Gemeinschaftsaufgabe (Bund-Länder-Finanztopf), die eine nachhaltige Verbesserung des Tierschutzes bewirken können. Käfighaltung und Vollspaltenböden werden generell nicht mehr gefördert. Die Vollspaltenböden wurden im Rahmen der Produktivitätssteigerung in der Tierhaltung – wachse oder weiche! – aus Hygienegründen entwickelt: Um bei möglichst wenig Arbeitsaufwand auf wenig Fläche viele Tiere halten zu können, stellte man die Tiere im Stall auf Böden mit Spalten. Was hinten aus dem Tier rauskommt, verschwindet sogleich in den Ritzen, die restlichen Verunreinigungen werden von den Tieren durch die Spalten getreten. Aber die Tiere können sich auf den Vollspalten verletzen und nicht bequem liegen, zumal die Platzverhältnisse äußerst begrenzt sind! Sie bekommen Druckstellen, können sich nicht wärmen – wie auf Stroh oder den Matten aus Tartan und anderen Kunststoffen, die von Stallherstellern bereits serienmäßig angeboten werden –, und es fehlt ihnen jede Beschäftigungsmöglichkeit. Auch hier sind Verhaltensstörungen vorprogrammiert.

Darüber hinaus ist es dringend notwendig, den Einsatz von antibiotischen Leistungsförderern in der Tiermast zu verbieten, denn Rückstände sind nicht immer zu vermeiden und gefährden die Gesundheit der Verbraucher. Es ist mittlerweile sicher, dass wir als Konsumenten durch den Medikamenteneinsatz bei Tieren Resistenzen gegen Antibiotika bilden können. Vor allem für Patienten mit geschwächter Immunabwehr – alte Menschen und Kleinkinder – kann das gefährlich werden. Die Änderung der Haltungsbedingungen der Tiere geht einher mit weniger Antibiotikaeinsatz: Der Beitrag für den Tierschutz ist damit gleichzeitig ein Beitrag für den gesundheitlichen Verbraucherschutz!

Im Medikamentenbereich hat sich über die Jahre eine regelrechte Mafia entwickelt: Der illegale internationale Handel mit Arzneimitteln boomt. Man erinnere sich an den Anfang 2001 aufgedeckten Skandal um den bayerischen Tierarzt, der im großen Stil einen regen Handel mit Medikamenten betrieben hat. Er soll ohne konkreten Behandlungsbedarf palettenweise Arzneimittel an Schweinemäster geliefert und schweren Missbrauch in der medikamentösen Behandlung betrieben haben. Er war nicht der Einzige: Auch andere Tierärzte standen 2001 wegen Schweinedopings vor Gericht.

Ich habe daraufhin ein Maßnahmenbündel vorgelegt mit dem Ziel, den Einsatz von Tierarzneimitteln zu reduzieren, ohne dass die medizinische Versorgung der Tiere dabei gefährdet wird. Ergänzend zu den Aufzeichnungspflichten der Tierärzte müssen die Landwirte und Tierärzte über den Einsatz von Arzneimitteln seit dem 24. September 2001 ein so genanntes Stallbuch führen, in dem genau aufgeführt ist, wann und warum welchem Tier welches Arzneimittel verabreicht wurde. Das schafft Transparenz. Teil des Maßnahmenpakets soll sein, dass künftig das Dispensierrecht der Tierärzte eingeschränkt wird – bislang können sie Arzneimittel nicht nur verschreiben und verkaufen, sondern auch herstellen. Inzwischen verdienen viele Tierärzte am Arzneimittelverkauf mehr als an der eigentlichen Behandlung der Tiere. Habgierige haben daraus ein lukratives Geschäft entwickelt: Je mehr Produkte sie den gro-ßen Pharmakonzernen abkaufen, umso höher die Rabatte – und folglich die Gewinnspanne beim Weiterverkauf an die Landwirte. Hier liegt ein weiteres Problem: Zum Teil werden Arzneimittel von den Großhändlern und Herstellern bei entsprechender Abnahmemenge nahezu verschenkt. Dieses Rabattsystem muss eingeschränkt werden, da es direkt gegen eine sparsame Verwendung von Arzneimitteln bei Tieren gerichtet ist!

Die Tierärzteschaft hat sich der Diskussion über die Abschaffung so genannter Hofmischungen – das sind Medikamente, die auf dem Hof ins Futter gemischt werden – mittlerweile geöffnet. Mit dem Bauernverband und der Industrie verhandeln wir und streben eine Reduzierung der Antibiotika im Prophylaxebereich an. Ein erhebliches Hindernis ist allerdings, dass es noch EU-weite Zulassungen für Antibiotika als Leistungsförderer gibt – auf deren Streichung werden wir hartnäckig beharren.

Ein bedrückendes Problem bleiben die internationalen Tiertransporte. Obwohl Medien und Tierschützer immer wieder grauenhafte Skandale aufdecken, hat sich an der unhaltbaren Situation noch nicht genug geändert. Das lässt sich unter anderem in einem Bericht der Europäischen Kommission vom 6. Dezember 2000 nachlesen. Mein Vorgänger im Amt, vom Zustand der Transporttiere alarmiert, hatte 1999 Tiertransportkontrollen in Drittländern veranlasst, die eine Fülle von Zuwiderhandlungen bewiesen: Tiere werden länger als zulässig ohne Pausen transportiert; dabei reisen sie manchmal tage- oder sogar wochenlang quer durch Europa bis Russland, in den Nahen Osten oder Nordafrika.

In einem Fall musste ich mich wegen 35 Rindern aus Deutschland, die im Schiff vor Beirut nach langer Fahrt darauf warteten, entladen zu werden, einschalten. Da die Tiere älter als zwei Jahre waren, wollten sie die Libanesen aus Angst vor BSE nicht haben. Die armen Kreaturen hätten unter Umständen noch wochenlang auf dem Schiff verbracht. Wegen der unsicheren Seuchenlage im Libanon durften die Tiere nicht nach Deutschland zurückgebracht werden. Nach Intervention der Deutschen Botschaft sowie durch hartnäckiges Vorgehen von Tierschutzorganisationen und Tierzuchtverband konnte erreicht werden, dass die Tiere entladen und sofort getötet wurden. Diese Aktion hat gezeigt, dass Tiertransporte immer risikobehaftet sind. Aber es wurde auch deutlich, dass eine Zusammenarbeit aller Beteiligten Probleme lösen kann!

Während der Transporte werden insbesondere die Schlachttiere häufig unzulänglich versorgt. Das Ent- und Beladen während der Pausen, sofern sie eingehalten werden, versetzt die Tiere in Angst und Schrecken. Sie erleiden überdies Stress, weil die Transportfahrzeuge überladen und mangelhaft ausgestattet sind, die Belüftung fehlt oder unverträgliche Tiere nicht voneinander getrennt werden. Wenn die Tiere am Ziel angekommen sind, sind einige so erschöpft, dass sie stürzen und sich verletzen. Um sie wieder auf die Beine zu bekommen, malträtieren manche Transporteure sie mit elektrischen Treibstöcken. Auch andere Misshandlungen kommen vor. Die Liste der tierschutzrechtlichen Verstöße ist weitaus länger, und mangels Kontrolle können auch nicht alle aufgedeckt werden. Daher gilt es, zunächst die Kontrollen zu verbessern und zu intensivieren.

Unhaltbar ist die Tatsache, dass der Steuerzahler das alles mit finanziert: Für jedes ausgeführte Rind zahlt die EU Exporterstattungen. Durch diese Exporterstattungen sollen die niedrigen Preise auf dem Weltmarkt ausgeglichen werden. Ich setze mich dafür ein, diese Subventionen für Schlachtrinder ganz abzuschaffen, denn nur so können wir auf Dauer die Transporte verringern. Einen solchen Antrag habe ich auf den EU-Agrarministertreffen im Herbst 2001 eingebracht, unterstützt durch einen entsprechenden Beschluss und viele Aktivitäten des Europaparlaments. Der Agrarausschuss hatte unter dem Vorsitz von Friedrich Wilhelm Graefe zu Baringdorf die im Haushalt eingestellten Mittel gestrichen, was am Ende nicht so blieb, aber der Debatte Nachdruck verlieh. Trotzdem ist bislang keine Mehrheit für eine Abschaffung der Subventionen in Sicht: Zu viele Länder hängen wirtschaftlich an den Lebendtiertransporten, insbesondere Großexporteure wie Frankreich, Irland und Belgien. Zwischenergebnis: Die Mitgliedsstaaten müssen erstmals im Mai 2002 über ihre Transportpraxis berichten und wie oft Gelder zurückgefordert wurden! Das macht Druck! Im Jahr 2000 führte die EU insgesamt 218 000 lebende Schlachtrinder in Drittstaaten aus; innerhalb der EU werden jährlich rund 3 Millionen Schlachtrinder transportiert. Gleichzeitig muss die Ausstattung der Transporter und Eisenbahnwaggons dahingehend verbessert werden, dass die Tiere bei ausreichender Luftzufuhr und Bewegungsfreiheit während der Ruhepausen auf dem Fahrzeug gefüttert und getränkt werden können – so lässt sich der Stressfaktor des Ent- und Beladens und auch die Gefahr einer Seuchenübertragung beseitigen.

Ein weiteres Tierschutzthema, das mir auf der Seele liegt: die Tierversuche. Ich glaube, dass es immer noch einige Bereiche gibt, wo wir auf Tierversuche nicht verzichten können. Hierzu gehören spezifische Fragestellungen aus dem Bereich der Medizin wie die Krebsforschung und andere. Auch meine ich, dass es wichtig ist, Zusammenhänge wie beispielsweise die Entstehung von BSE zu verstehen, um Maßnahmen zum Schutz von Tier und Verbraucher zu ergreifen. Andere Tierversuche – wie etwa die Prüfung von Kosmetika – halte ich dagegen für ethisch nicht vertretbar! Wir setzen uns dafür ein, die Zahl der Versuchstiere weiter zu verringern, und wollen dazu die rechtlichen Voraussetzungen schaffen. Außerdem fördern wir die Erforschung von Alternativmethoden. Am 14. November 2001 hat Staatssekretär Alexander Müller zwei Forschergruppen, die mit ihrer Arbeit dazu beigetragen haben, die Zahl der Tierversuche zu senken, den Tierschutzforschungspreis übergeben. Generell ergeben die Statistiken der letzten Jahre, dass im Bereich der gesetzlich vorgeschriebenen Tierversuche ein kontinuierlicher Rückgang der Versuchstierzahlen zu verzeichnen ist. Mit der Gentechnik und der damit verbundenen Entwicklung vieler transgener Tiere nehmen hingegen die Zahlen im Bereich der Grundlagenforschung und Diagnostik wieder zu. Nach Angaben des Industrieverbands Körperpflege werden für Rohstoffe und Fertigprodukte in Kosmetika in den EU-Staaten jährlich um die 30 000 Versuchstiere eingesetzt. Ich habe den Verband im Sommer 2001 etwas verärgert, weil ich betonte, Tiere hätten einen anderen Stellenwert als Lippenstifte. Auch wenn Tierversuche für die Entwicklung von Kosmetika seit 1986 in Deutschland gesetzlich verboten sind, wird dieses Verbot erst durch ein EU-weites Vermarktungsverbot für Kosmetika wirksam.

Zum Welttierschutztag am 4. Oktober 2001 habe ich die Verbraucherinnen und Verbraucher aufgefordert, durch ihre Kaufentscheidungen zum Tierschutz beizutragen. Es gibt viele Möglichkeiten: Kosmetika, die ohne Tierversuche produziert werden, sind allenthalben zu erstehen. Auch beim Kauf von Fleisch, Milch oder Eiern können Verbraucherinnen und Verbraucher auf die Haltungsform der Tiere achten. Der Sturm auf Puten- und anderes Geflügelfleisch seit der BSE-Krise hat leider auch seine dunklen Seiten, wenn nicht auf die Haltungsbedingungen geachtet wird: Viele Puten sind überzüchtet und werden ebenfalls artwidrig in Massentierställen gehalten – gemästet, bis sie so schwer geworden sind, dass sie nicht mehr auf den eigenen Beinen stehen können.

Und dann noch die Eier: Gemäß einer vom Ministerium in Auftrag gegebenen Umfrage begrüßen 91 Prozent der Bevölkerung die Abschaffung der Käfighaltung von Legehennen zugunsten der Freiland- und Bodenhaltung. Ebenso viele Menschen wären bereit, mehr für ein Ei zu bezahlen. Viele Verbraucher wissen jedoch nicht, woher die Eier, die sie im Supermarkt kaufen, wirklich stammen. Denn Verpackungen mit idyllischen Abbildungen von blumigen Wiesen und glücklichen Hühnern auf Stroh suggerieren, die Eier kämen aus der Boden- oder Freilandhaltung. Das ist jedoch Etikettenschwindel – meist stammen sie aus Käfighaltung. Ab Januar 2004 wird das anders! Auf einem Käfigei steht dann wegen des EU-Rechts auch Käfig drauf! Die Wirtschaft wäre gut beraten, Erzeugnisse aus tiergerechter Haltung anzubieten, um sich auf dem Markt einen Startvorteil zu verschaffen. Von den erzeugten Eiern werden übrigens rund 20 Prozent in Nudeln, Gebäck oder Süßspeisen verarbeitet. Hier brauchen wir künftig eine Kennzeichnungsregel, sodass die Verbraucher wissen, was sie kaufen. In der Zwischenzeit könnte ein Unternehmen das doch schon mal freiwillig vormachen!

Im August 2001 war ich in Mecklenburg-Vorpommern auf einer Hühnerfarm mit 80 000 Hühnern in Freilandhaltung. Hier können sie ihrem Bewegungsdrang nach Lust und Laune frönen – Hennen und Hähne können bis zu zwei Kilometer pro Tag zurücklegen. Als ich mich hinhockte und meine Hand nach einem Huhn ausstreckte, hat es sofort auf meinen Fingerring gepickt – ein angeborener Reflex, auf alles Glänzende zu gehen. Unter »typische Verhaltensweisen des Haushuhns« in einem antiquarischen Buch vom Anfang des zwanzigsten Jahrhunderts, das mir mal in die Hände fiel, stand genau beschrieben, wie Küken von ihren Müttern geprägt werden und lernen, sich zu benehmen: Wenn das Küken der Henne ins blitzende Auge pickt, bekommt es umgehend zu spüren, das man so etwas

nicht tut. Heute scheinen die natürlichen Verhaltensweisen der Hühner meist keine Rolle mehr zu spielen. Das
Makabere ist: In der auf Masse orientierten Agrarpro-
duktion sind die Hennenrassen bewusst käfiggerecht
gezüchtet worden! Nicht nur, dass diese Tiere kein Sozial-
verhalten lernen, sie sind auch nicht robust genug. Natürlich haben Hennen eine Hackordnung – die stärksten sind
bekanntlich auf der Hühnerleiter ganz oben! Bei entsprechenden Rassen – und mangelnder Kükenprägung kann es
in der Tat zu erheblichen Problemen mit Federpicken und
Kannibalismus kommen: Die Hühner fallen übereinander
her und behacken sich. Das Problem ist die Züchtung,
nicht das Tier!

LEGEHENNEN

In Deutschland gibt es rund 50 Millionen Legehennen (Stand 1999), wovon nur 15 Prozent in alternativen Haltungsformen – wie Boden-, Freiland-, Voli-
èren- oder Auslaufhaltung – leben, allerdings mit
steigender Tendenz. Die übrigen 42,5 Millionen vege-
tieren jeweils zu fünft oder zu sechst in der qualvol-
len Käfigenge. Den leichteren Legehuhnrassen stehen
je Tier nur 450 cm^2 und den schwereren Rassen 550
cm^2 zur Verfügung: Das entspricht in etwa der Grö-
ße eines DIN-A4-Blatts! Die Käfige sind in der Regel
in vier Reihen übereinander gestapelt. Das Ruhebe-
dürfnis der Hennen bleibt ständig gestört. Außerdem
langweilen sich die Tiere mangels Beschäftigungsmöglichkeiten. Verhaltensstörungen sind vorprogrammiert. Sie können weder artgerecht scharren
oder picken, noch im Staub baden (Federkleidpflege),
sie können nicht mit den Flügeln schlagen oder flat-
tern, sie können sich noch nicht einmal richtig

bewegen. Ihre Eier landen nicht im Nest, sondern auf Drahtgittern. Kahl gescheuerte Hälse, brüchige Knochen, gebrochene Krallen, Geschwüre und Hautentzündungen sind die Folge dieser Haltungsform. Das alles ist doch kein Hühnerleben! Man erinnere sich auch an die Skandale um den »Hühnerbaron« Anton Pohlmann aus dem Raum Cloppenburg. Er war unter anderem dabei erwischt worden, wie er ohne Rücksicht auf die Gesundheit der Tiere, des Personals und der Verbraucher, Nikotin über seine Tausende von Hühner sprühte, um Milben zu bekämpfen. Die Zeiten, wo man noch getrost singen konnte, »Ich wollt, ich wär ein Huhn, dann hätt ich nichts zu tun« sind lange vorbei. Die Käfighennen sind zu Legemaschinen degradiert.

Die Politik hat sich lange damit begnügt, die Käfighaltung zu legalisieren: alle Fragen zur tiergerechten Zucht und Aufzucht hat sie ignoriert! Doch endlich, zwölf Jahre nach der Verabschiedung der Käfighaltungsverordnung, hat das Bundesverfassungsgericht 1999 auf Antrag von Nordrhein-Westfalen diese Verordnung und damit die Haltung in engen, schuhkartonähnlichen Käfigen für gesetzwidrig erklärt! Dies kann als Meilenstein auf dem Weg zur Abschaffung der Käfighaltung gesehen werden! Gleichzeitig hat mein Amtsvorgänger als Präsident des Agrarministerrats in Brüssel ein Käfighaltungsverbot für die herkömmlichen Käfige in der EU erreicht: Auch dies ist als Erfolg zu werten, weil ein kleiner Schritt in die richtige Richtung eingeschlagen wurde.

Wenn man nun glaubt, dass diese beiden Entscheidungen dazu geführt hätten, die Politik zu motivieren, ein rasches Ende der Käfighaltung in Deutschland einzuleiten, so täuscht man sich. Zunächst sah es so aus, als würde sich die Agrarlobby wieder durchsetzen und einen »Umstieg« von den einfachen Käfigen zu den so genannten ausgestalteten Käfigen erreichen. Diese Käfige – auch »möblierte Käfige« genannt – sind in der EU-Richtlinie beschrieben: Sie haben Sitzstangen, Legenest und einen »Scharrbereich«. Die Käfige sind also wesentlich aufwändiger gebaut als die üblichen Käfige, aber sie sind keinen halben Meter hoch und sehen je Huhn auch nur 750 cm² Platz vor, also nur wenig mehr als ein DIN-A4-Blatt! So etwas nennt man, Potemkinsche Dörfer bauen!

Als ich im April 2001 dann einen neuen Entwurf zur Hennenhaltung vorgelegt habe mit dem Ziel, diese Käfigbatteriehaltung abzuschaffen, löste dies einen Sturm der Entrüstung bei dem Zentralverband der Deutschen Geflügelwirtschaft und dem Deutschen Bauernverband aus: Das um fünf Jahre vorgezogene Ende der Käfighaltung – das EU-weit erst ab 2012 gilt – und das vollständige Verbot der ausgestalteten Käfige ab 2012 würden das Ende der wirtschaftlichen Eierproduktion bedeuten, da die Betriebe den Wettbewerbsdruck nicht überstehen würden: Die großen Betriebe würden auswandern, die kleinen gingen Pleite!

Mir war aber klar: Die Abwanderung der Betriebe in den Osten ist ein Fakt, der schon seit Jahren zu beobachten ist. Erst werden die Möglichkeiten hier in Deutschland so weit ausgeschöpft, wie es nur geht. Kommen dann Auflagen, wie Umwelt- oder Tierschutzanforderungen, wird die Produktion dahin verlagert, wo die Bodenpreise und Lohnkosten niedrig sind und wenig Auflagen existieren. Dieser Prozess, der durch die EU-Osterweiterung beschleunigt wird, ist nicht durch Nichtstun aufzuhalten!

Die Schweiz hat hierzu den Weg gezeigt. Trotz Verbots der Käfigbatterien hat sich die Produktion erholt und ist sogar gestiegen, weil die Schweizer das »einheimische« Ei bevorzugen, obwohl es teurer ist. Auch das Argument, dass Hygieneprobleme, Erkrankungen aller Arten oder Kannibalismus vermehrt auftreten würden, zieht nicht: Klar ist nämlich, dass für solche Probleme einzig und allein schlechtes Management verantwortlich ist. Dies hat die Europäische Kommission bereits 1998 in ihrem Bericht zur Hennenhaltung festgehalten. Hühnerhaltung ist eine anspruchsvolle Tätigkeit, es sei denn, man sperrt die Tiere in kleine Käfige, füttert und tränkt sie und sortiert die Toten und Verletzten aus! Wir brauchen widerstandsfähige Hühner, die als Küken bereits so geprägt werden, dass sie sich normal verhalten, und wir brauchen dazu den kompetenten Tierbetreuer. Tierschutz kann neue Arbeitsplätze schaffen!

Da klar war, dass ich mich von dem Lamento über das Ende der Hennenhaltung in Deutschland nicht beeindrucken lassen würde, hat die Käfiglobby die Bundesländer ins Visier genommen und dabei durchaus Erfolge erzielt. Insbesondere Niedersachsen, mit 14 Millionen Legehennen größter Eierproduzent in Deutschland, und die neuen Bundesländer, wo in den letzten zehn Jahren stark in die Käfighaltung investiert wurde, taten sich schwer mit meinem Entwurf. Die deutschen Tierschutzorganisationen, allen voran der Deutsche Tierschutzbund mit seiner Kampagne »Freie Hühner braucht das Land« – über dem Slogan war ein Huhn in Sträflingskleidung hinter Gittern abgebildet –, starteten eine groß angelegte Unterstützungskampagne. Doch auch die Käfiglobby war aktiv und hielt mächtig dagegen. Daher war lange ungewiss, ob wir mit unseren Vorstellungen im Bundesrat eine Mehrheit erlangen würden. Ich zeigte mich kompromissbereit, was die Übergangsfrist anging. Zu meiner großen Freude stimmte jedoch nach weiteren Einzelgesprächen mit Ländervertretern – in die sich am Ende auch das Kanzleramt einbrachte – der Bundesrat am 19. Oktober 2001 mit Mehrheit »der« Verordnung zu! Ein großer Erfolg für den Tierschutz!

Ab 2007 werden keine Hennen mehr in kleinen Käfigen gehalten – fünf Jahre früher als in der EU –; die in der EG-Richtlinie vorgesehenen »alternativen« Käfige dürfen nur in den wenigen als Modellprojekte aufgebauten Anlagen bis Ende 2011 weiter betrieben werden. Nach Ablauf dieser Frist wird bei uns nur noch eine tiergerechte Hennenhaltung, wie sie bereits in der Freiland-, Boden- und Volièrenhaltung realisiert ist, erlaubt sein.

Selbst der Vizepräsident des Deutschen Bauernverbands, Wilhelm Niemeyer, musste eingestehen, dass die neue Verordnung eine echte Chance für die kleineren bäuerlichen Betriebe bedeutet. Angesichts des großen Widerstands mag die Legehennenverordnung zwar wie ein Wunder aussehen, doch sie ist von Menschenhand zustande gekommen durch mühsamste Kleinarbeit, viel Engagement, persönliche Gespräche und Überzeugungsarbeit, auch vieler Mitarbeiterinnen und Mitarbeiter des Bundesministeriums für Verbraucherschutz, Ernährung und Landwirtschaft.

Draußen vor dem Gebäude des Bundesrates warteten viele Tierschützerinnen und Tierschützer. Wolfgang Apel, der Präsident des Tierschutzbundes, schenkte mir den Hühnerkalender für 2002 – alle Anwesenden hatten sich per Autogramm verewigt.

Es mag zwar komisch klingen, aber einen Bezug zum Huhn habe ich schon seit meiner Kindheit, weil mein Großvater immer Hühner hielt. Mit den anmutigen Walen beileibe nicht vergleichbar, amüsieren mich diese lustigen Zeitgenossen mit dem schiefen Blick. Gerd Sonnleitner, der Präsident des Deutschen Bauernverbands, hat in einem Interview mal gesagt, wenn ich nicht aufpassen würde, ginge ich als »Käfighuhn-Ministerin« in die Geschichte ein. Er hat das kritisch und wohl im Sinne von »gut gegeben!« gemeint – von wegen ich mischte nicht im großen Weltgeschehen mit, sondern kümmerte mich um kleines Federvieh. Darüber habe ich herzlich gelacht und empfand seinen Kommentar als Kompliment: Was den Tierschutz anbelangt, wäre ich sogar gerne die Königin der Legehennen!

10

Politik machen mit dem Einkaufskorb

Grundbedingung einer gedeihlichen Konsumtion ist freie Wahl (Verbote reizen!) bei tüchtiger intellektueller und moralischer Bildung ...«, heißt es in *Meyer's Großem Konversationslexikon* von 1905 zum Thema Konsum. Knapp sechzig Jahre später formulierte John F. Kennedy am 15. März 1962 in einer Rede vor dem amerikanischen Kongress trefflich die vier Grundrechte des Verbrauchers: das Recht auf Sicherheit, das Recht auf Information, das Recht auf Wahlfreiheit und das Recht, Gehör zu finden. Konsumenten, so Kennedy, »sind die einzige bedeutende gesellschaftliche Gruppe, die oft überhaupt nicht gehört wird«. Die Erklärung des amerikanischen Präsidenten trug in den USA seinerzeit zur Entstehung einer einflussreichen Bürgerbewegung bei. 1965 veröffentlichte Ralph Nader, heute die amerikanische Ikone der globalen Umwelt-, Verbraucherschutz- und Bürgerrechtsbewegung, sein Buch *Unsafe at any speed* (Unsicher bei jeder Geschwindigkeit). Darin beschuldigte er den Autofabrikanten General Motors, Profit vor Sicherheit zu stellen. Das war der erste öffentliche Angriff eines Verbrauchers gegen einen der größten amerikanischen Industriezweige.

In den USA entwickelte sich ein Verbraucherbewusstsein, das auf der anderen Seite des Atlantiks nicht wahrgenommen wurde. Daran änderten selbst zahlreiche spektakuläre Lebensmittelskandale erst einmal nichts, obwohl jährlich um die 200 000 Erkrankungen in Verbindung mit Bakterien, Schadstoffen und anderen Verunreinigungen in Lebensmitteln registriert werden. Ich erinnere zum Beispiel an Salmonellen in roheihaltigen Süßspeisen oder in rohem Hackfleisch, an Dioxin in belgischem Hühnerfutter, an Frostschutzmittel im Wein und Pflanzenschutzmittel in der Babynahrung oder an Würmer im Fisch. Erst die BSE-Krise im November 2000 rückte die Verbraucherpolitik schlagartig ins Zentrum der gesellschaftlichen Aufmerksamkeit. Mit meinem Amtsantritt war ein neuer Titel des Ministeriums verbunden: Bundesministerium für Verbraucherschutz, Ernährung und Landwirtschaft. In genau dieser Reihenfolge. Ein wenig abstrakter könnte man auch sagen, dass sich mit dem neuen Ressortzuschnitt ein Paradigmenwechsel in der Politik vollzogen hat: Die Interessen und der Schutz der Endverbraucherin und des Endverbrauchers stehen an erster Stelle.

In Brüssel gibt es einen Kommissar für Verbraucherschutz, David Byrne. Byrne hat im Oktober 2001 ein so genanntes »Grünbuch« vorgelegt, das eine Diskussion auf europäischer Ebene über einen künftigen Rechtsrahmen für das Marktverhalten der Anbieter gegenüber privaten Verbrauchern angestoßen hat.

Bereits der Bundeshaushalt 2002 setzt ein klares Signal für die Stärkung der Verbraucherorganisationen und Verbraucherinformationen. Allein für die institutionelle Förderung des Bundesverbandes der Verbraucherzentralen sind 8,75 Millionen Euro eingeplant. Die Stiftung Warentest, die im Rahmen der Umstrukturierung dem BMVEL zugeordnet wurde, erhält seit 2002 erhöhte Zuwendungen von 5,88 Millionen Euro. Seit Januar 2002 haben wir auch zwei neue Bundeseinrichtungen, die für mehr Transparenz und Effizienz beim Verbraucherschutz sorgen: Das Bundesinstitut für Risikobewertung (BfR) übernimmt die Aufgabe der Risikobewertung und -kommunikation, das Bundesamt für

Verbraucherschutz und Lebensmittelsicherheit (BVL) verbessert die Zusammenarbeit von Bund und Ländern sowie die Kooperation mit den EU-Einrichtungen bei Kontrolle und Überwachung. Durch diese Trennung der Aufgaben wird der Konflikt zwischen Risikobewertung und -management vermieden, und das BfR kann ohne politischen und wirtschaftlichen Einfluss analysieren. Jetzt gilt das Motto »Den Verbraucher schützen, nicht den Verbrauch!«

Dem vorbeugenden gesundheitlichen Verbraucherschutz gilt unsere höchste Aufmerksamkeit. Und da gibt es gerade im Lebensmittelbereich noch sehr, sehr viel zu tun.

Die Zusatzstoffe etwa in vielen unserer Nahrungsmittel sind nur teilweise auf den Verpackungen deklariert, und da, wo etwas gekennzeichnet ist, hat der Verbraucher oft kein Lexikon für Fachchinesisch dabei. Angegeben wird in der Regel der Ort der Verpackung und nicht der Ort der Produktion. So manche Hühnersuppe enthält alles – aber kaum Huhn; dem Journalisten Hans-Ulrich Grimm zufolge sorgen 600 verschiedene Geschmacksstoffe für den echten Hühnergeschmack. Wer weiß schon, dass die Tütensoße Béarnaise einer bekannten Marke nicht aus Butter und Eiern, sondern aus Pflanzenfett und Farbstoff besteht? Parmaschinken, ein Produkt von italienischen Schweinen? Irrtum: Belgische oder deutsche Importschweine müssen dafür herhalten. Wiener Würste kommen ja auch nicht alle aus Wien, und italienisches Olivenöl hat mit bella Italia nicht immer etwas zu tun: Zur Hälfte ist das Öl aus spanischen oder nordafrikanischen Oliven gepresst. In Molkereien wird mitunter derselbe Quark in Behältnisse mit vier verschiedenen Etiketten der jeweiligen Marken abgefüllt. Die Produzenten verkaufen den Quark anschließend zu unterschiedlichen Preisen – die Landwirte bekommen dennoch nicht mehr Geld für ihre Milch. 75 Prozent unserer Lebensmittel gelangen nicht als Rohprodukt in den Handel, sondern sind industriell be- oder verarbeitet; in den USA sind es sogar 95 Prozent. Für Menschen mit Allergien oder Lebensmittelunverträglichkeiten kann dies schlimme gesundheitliche Folgen haben.

Fakt ist: Wir sind auf dem Weg zu einem globalen Einheitsgeschmack. Die Codex Alimentarius Kommission, eine Fachinstitution der Welternährungsorganisation der Vereinten Nationen (FAO) und der Weltgesundheitsorganisation (WHO), bestimmt seit 1962 über Herstellung und Beschaffenheit, Qualität und vermeintliche Sicherheit unserer Lebensmittel – Zusatzstoffe, Giftrückstände, radioaktive Bestrahlung von Gewürzen oder Hygienepraxis gehören zu ihrem Arbeitsgebiet. 165 Mitgliedsstaaten (Stand Juli 2001) erarbeiten in einzelnen Fachausschüssen den international verbindlichen Kodex für Nahrungsmittelstandards. Kritiker bemängeln, dass die Gremienmitglieder unter Ausschluss der Öffentlichkeit tagen, nicht demokratisch legitimiert sind und für den Verbraucher anonym bleiben. Bislang bleibt der Codex-Alimentarius-Standard hinter den europäischen Anforderungen zurück. Seit den GATT/WTO-Verhandlungen von 1994 haben die Codex-Standards den Rang globaler Handelsnormen. Demnach darf kein Land die Einfuhr ausländischer Produkte verbieten, die den Codex-Standards genügen, selbst wenn diese gegen die strengeren nationalen Bestimmungen des Lebensmittelrechts verstoßen.

Die Codex-Kommission muss sich öffnen und ändern, sie muss wie wir global denken, aber lokales Essen ermöglichen. Europa ist und isst kulturelle Vielfalt. Die Regionen Europas existieren nicht nur in den Köpfen, sondern auch in den Kochtöpfen. Und das soll so bleiben.

Aber es gibt da noch ein Problem: 1950 gab ein Vier-Personen-Haushalt noch 45 Prozent des Haushaltsbudgets für Lebensmittel aus, heute sind es nur noch 15 Prozent.

Die Deutschen haben die billigsten Lebensmittel in Europa – billiger sogar als in Afrika oder Südamerika. Das Einkommen wird eher für Computer, Reisen, Kleidung und Autos ausgegeben als für die Ernährung. Freilich sind Verbraucher keine homogene Masse, die nach einem Strickmuster funktioniert. Schon 1905 unterschied *Meyer's Konversationslexikon* drei Gruppen von Verbrauchern: Konsumenten, die ausschließlich ihre Basiskosten wie Nahrung, Unterkunft und Kleidung decken können; Konsumenten, die eine »größere Mannigfaltigkeit« auf »höher entwickelten Wirtschaftsstufen« genießen, und schließlich Konsumenten, die über ihre Bedürfnisse hinaus im Luxus schwelgen. Es trete dabei noch »der Einfluss von Sitte und Herkommen, die Macht der Gewohnheit und Mode hinzu, die auch bei größeren (sic!) Einnahmen zu Konsumtionen zwingen, die ohne gesellschaftlichen Druck unterblieben wären«, so der Verfasser des Lexikons – altmodisch ausgedrückt und doch heute noch so wahr wie damals.

Was bedeutet moderne Verbraucherpolitik heute? Sie dient der Entscheidungsfreiheit der Kundinnen und Kunden. Zugleich ist sie unverzichtbar für das Funktionieren der Marktwirtschaft. Verbraucherpolitik muss ein Gegengewicht für die europäisierten und globalisierten Märkte sein. Sie muss Markttransparenz schaffen und den Interessen der Anbieter das Interesse der Verbraucher entgegensetzen. Die Bürgerinnen und Bürger müssen darauf vertrauen können, dass die angebotenen Produkte gesundheitlich unbedenklich und sicher sind und dass die rechtlichen Strukturen von Verträgen ihre wirtschaftlichen Interessen sichern. Gesundheit, Sicherheit und der Täuschungsschutz sind die Grundlage jeder Verbraucherpolitik. Was sind die Werkzeuge dazu? Erstens die Gefahrenabwehr durch Gesetze und Verordnungen, zweitens die Kontrolle und drittens die Information.

Mit der Information hapert es noch, obwohl gerade Informationsrechte und Informationsmöglichkeiten die Verbraucher zu selbstbestimmten Bürgerinnen und Bürgern machen. Das von uns vorgelegte neue Verbraucherinformationsgesetz soll deshalb endlich für die notwendige Aufklärung sorgen. Die zuständigen Behörden sollen die Verbraucher mit all jenen Informationen versorgen, die ihre gesundheitlichen und wirtschaftlichen Interessen betreffen und für sie entscheidungsrelevant sind. Sie sollen vor allem bei Produktfehlern oder Verbrauchertäuschung sofort aktiv informieren und aufklären. Das gilt auch, wenn noch kein wissenschaftlicher Nachweis über ein akutes Gesundheitsrisiko vorliegt. Ferner sollen künftig die Namen der gefährdenden Produkte und deren Hersteller genannt werden. Das ist auch im Sinne derjenigen Unternehmen, die sich vorschriftsmäßig verhalten haben, wegen eines schwarzen Schafs aber ungerechtfertigt unter Generalverdacht geraten würden. Unternehmer sollen sich auch verpflichten, den Verbrauchern auf Nachfrage per Telefon oder schriftlich per Internet Auskunft zu geben; dabei sollen den Kunden Fragen zu Herstellungsmethoden, Inhaltsstoffen, den Haltungsformen von Tieren, der Einhaltung internationaler Arbeitsschutzstandards und Kinderarbeit beantwortet werden. Insbesondere Allergiker sind darauf angewiesen, die speziellen Substanzen eines Produkts zu kennen, um ein Gesundheitsrisiko für sich auszuschließen.

Kurz: Die Sicherheit von Lebensmitteln und anderen Produkten muss bis ins Detail überwacht, Geschäftsbedingungen müssen durchschaubar gemacht werden. Was drin ist, muss auch draufstehen. Und was draufsteht, muss verständlich sein. Einheitliche Gütesiegel, wie zum Beispiel das Bio-Siegel, über das ich noch berichten werde, bieten hier Transparenz und Sicherheit, denn die Verbraucher können so auf die Qualität des ausgewiesenen Produkts vertrauen. Die Kunst ist, den Verbraucher durch Gesetze und Verordnungen staatlich Schutz zu geben und ihn gleichzeitig zur Eigeninitiative und zur aktiven Mitsprache zu animieren. Von politischer Seite geht es darum, den Konsumenten die freie Wahl zu ermöglichen. Wichtig ist, dass die Entscheidung bewusst und in voller Kenntnis der Inhaltsstoffe gefällt wird. Niemand darf ohne sein Wissen gezwungen werden, zur Umweltzerstörung beizutragen oder gar für Kinderarbeit, unfaire Handelsbedingungen und Tierquälerei indirekt mitverantwortlich zu sein. Die Täuschung der Verbraucher durch irreführende Verpackungen von Lebensmitteln sollte künftig sanktioniert werden.

Individuelle Freiheit heißt, nach seinen eigenen Wünschen leben zu können. Das wird um so wichtiger, je mehr Menschen im Zuge der Globalisierung um ihre kulturelle Identität bangen. Der Moralphilosoph, Aufklärer und Ökonom Adam Smith brachte es 1776 auf den Punkt: »Der Verbrauch ist das einzige Ziel und der einzige Zweck einer jeden Produktion; und das Interesse des Produzenten sollte nur so weit beachtet werden, wie es notwendig sein mag, das Verbraucherinteresse zu fördern.«

Ich will den Blickwinkel ändern. Notwendig ist ein vorsorgender Verbraucherschutz. Es kommt darauf an, die Gefährlichkeit von Produkten nicht erst dann nachzuweisen, wenn sie bereits auf dem Markt sind, sondern schon vorher zu reagieren – Missstände, Risikoherde und Machtmissbrauch zu entdecken. Zur Produktion der Nahrung und zur Lebensmittelsicherheit gehören gesunde Inhaltsstoffe, geschmackliche Vielfalt, eine gesicherte Herkunft, umweltverträgliche Regionalität und artgerechte Tierhaltung. Vorsorge bedeutet aber nicht nur, dass Minister handeln, sondern auch, dass die Verbraucher bereit sein müssen, Qualität zu kaufen und dafür entsprechend mehr zu zahlen.

Vorbeugender Verbraucherschutz berührt alle Lebensbereiche der Menschen – alle Fragen der Haushaltsführung
sowie alle Rechtsfragen von Verbraucherinnen und Verbrauchern im Alltag. Genannt seien hier nur moderne
Technologien wie E-Commerce, Internet und Telekommu-
nikation, ferner Gesundheit, Versicherungen, Reiserecht,
Kaufverträge – beispielsweise »Augen auf beim Handy-
kauf!« Hohe Anforderungen an den vorbeugenden Verbraucherschutz stellen wir bei Stoffen in Nahrungsmitteln,
in Baumaterialien und Textilien, besonders aber auch in
Kinderspielzeug.

Ebenfalls ein großes Thema ist die Altersvorsorge.
40 Millionen Arbeitnehmerinnen und Arbeitnehmer stehen vor der Frage, ob sie sich an der steuerlich geförder-
ten privaten Zusatzvorsorge (»Riester-Rente«) beteiligen
und welchen Anbieter sie auswählen. Gesetzliche Mindeststandards bei den Verträgen dienen, sozusagen als
Gütesiegel für kundenfreundliche Vertragsbedingungen,
dem Schutz der Verbraucher. Wir arbeiten daran, dass die
Bürgerinnen und Bürger nicht den erstbesten Vertrag
abschließen, sondern sich nach individueller und münd-
licher Beratung für den entscheiden, der zu ihrer Lebens-
und Arbeitssituation passt.

Verbraucherpolitische Fragen stellen sich nahezu jeden
Tag, so auch im Zusammenhang mit der Rabattaktion, die
die Textilhandelsfirma C & A in der ersten Januarwoche
2002 durchführte. Für den reibungslosen Ablauf bei der
Einführung des Euro hatte die Firma allen Kundinnen und
Kunden, die mit EC- oder Kreditkarte bezahlten, einen
Preisrabatt von 20 Prozent gewährt. Erst 2001 war das
Rabattgesetz annulliert worden, um dem Verbraucher und
dem Einzelhandel mehr Spielraum im Handel einzuräu-
men. Doch die »Sonderveranstaltung« von C & A verstieß
gegen das Gesetz gegen den unlauteren Wettbewerb
(UWG), weil sie, so die Begründung, die Kunden zu über-

eilten Kaufentscheidungen genötigt habe. Das Beklei-
dungshaus musste seine Aktion daraufhin umgehend einstellen. Was die Abschaffung des Rabattgesetzes also gerade erst an Freiraum geschaffen hatte, nahm das UWG
umgehend wieder zurück. Fazit: Das Wettbewerbsrecht
muss reformiert werden. Die Bundesjustizministerin hat
bereits 2001 begonnen, das UWG überprüfen zu lassen,
und eine Reformkommission einberufen, die eine entsprechende Gesetzesinitiative vorlegen soll. Die soll den Wider-
spruch zwischen freiem Handel und dem Wettbewerb auf-
heben, ohne im gleichen Zuge ruinösen Preiskämpfen Tür
und Tor zu öffnen. Das ist ungefähr so einfach wie einen
Tiger zu reiten.

Mit der Europäischen Union arbeiten wir intensiv daran, zu Verbraucherthemen Länder übergreifende Richtlinien zu erstellen, die für alle gültig sind. Wir kommen
gut voran, so etwa beim Verbot antibiotischer Leistungsförderer oder bei der Kennzeichnung für gentechnisch veränderte Lebens- und Futtermittel. Gemeinsam erstellen wir
ein System zur Bewertung der Aromastoffe, die in Lebensmitteln verwendet werden, was wohl dazu führen wird,
dass einige Stoffe nicht mehr verwendet werden dürfen.
Wir zielen auch auf ein Verbot verschiedener Substanzen
in Kosmetika wie beispielsweise Duft- und Haarfarbstof-
fe, die Allergien auslösen können.

Für die Interessen der Verbraucher zu sprechen ist mein
Ziel. Die an der Lebensmittelkette beteiligten Akteure des
Magischen Sechsecks – Lebensmittelindustrie, Futtermit-
telindustrie, Handel, Landwirtschaft, Verbraucher und
Politik – müssen kontinuierlich auf gemeinsame Interessen
hinarbeiten. Ich kann Diskussionsprozesse anstoßen und
Reformschritte, einen nach dem anderen, initiieren. Die
Skepsis von manchen Verbraucherschützern wie Ralph
Nader in den USA teile ich nicht, die da heißt, der Ver-
braucherschutz sei nicht unter demselben Dach mit dem

Landwirtschaftsministerium zu organisieren. Tatsache ist, dass wir die akute BSE-Krise nur deshalb bewältigen konnten, weil wir die beiden Ressorts Landwirtschaft und Verbraucherpolitik zusammengelegt und zusammengedacht haben! Schon in den ersten Monaten meiner Amtszeit haben wir scheinbare Kontrahenten mit ihren jeweiligen Belangen im Magischen Sechseck um einen Tisch versammelt und Fortschritte erzielen können. Als Ministerin denke ich: Was gut ist für die Verbraucher, ist auch gut für die Bauern und die Natur.

Das Ministerium für Verbraucherschutz, Ernährung und Landwirtschaft stellt spezifische politische Instrumentarien zur Verfügung, die, richtig eingesetzt, sehr effektiv sein können. Deutschland ist einer der großen europäischen Agrarerzeuger.

Im November 2001 haben die fünf Wirtschaftsweisen in ihrem Gutachten die deutsche Agrarpolitik erstmals als positiv bewertet. Die andere Seite der Medaille ist, dass das Tempo und die Länge der Reformschritte wegen der nationalen, europäischen und globalen Abstimmungsverhältnisse eingeschränkt sind. Das enge Netz der Lobbyverflechtungen in der Landwirtschaft, parteiliche Bindungen und die Verhaftung in alten Zuwendungsstrategien sind zweifellos auch ein hemmender Faktor. Nicht von ungefähr spotteten Kritiker der herkömmlichen Agrarpolitik in der Vergangenheit über das »Bundesministerium zur Ernährung der Landwirtschaft«. Wahr ist, dass tief greifende Veränderungen nur zustande kommen können, wenn die Verbraucher den Kurs aktiv unterstützen. Sie müssen bereit sein, mit dem Einkaufskorb Politik zu machen und sich ihre Marktmacht zurückzuerobern. Der Verbraucher bestimmt den Trend, nicht umgekehrt.

11

Garantiert Bio

M it Ihrer Agrarwende«, hatte Gerd Sonnleitner seinerzeit auf dem Deutschen Bauerntag behauptet, »ist es wie mit dem Rheinkrokodil – es liefert permanent Schlagzeilen, aber keiner hat es bis jetzt gesehen«. Der Präsident des Deutschen Bauernverbands hat da viel zu exotisch gedacht: Die Agrarwende ist kein Krokodil, sie ist eine Henne und braucht eine gewisse Zeit zum Brüten. Am 5. September 2001 schlüpfte wieder ein Küken: das Bio-Siegel war geboren!

Ungeduldig warteten die Medienvertreter und Zuschauer im Bau des Bundespresseamts nahe dem Bahnhof Friedrichstraße darauf, dass ich das schon in der Regierungserklärung angekündigte neue Lebensmittelprüfzeichen enthüllen würde. Den Gefallen tat ich ihnen gerne: Prägnant leuchtete das Siegel auf. Es ist auf einen Blick zu erkennen und unterscheidet sich deutlich von anderen Siegeln: ein grüner, sechseckiger Rahmen (Symbol für das Magische Sechseck!) mit der schwarzgrünen Inschrift: „Bio nach EG-Öko-Verordnung«. Dieser Tag war zweifellos ein Pflock in der Agrarwende und für den Verbraucherschutz ein entscheidender Fortschritt. Wir spielten ein Video vor, das über den ökologischen Landbau in Deutschland, das Siegel und dessen Unterstützer – die Mitglieder des Magischen Sechsecks – informierte.

Bio-Landbau existiert in Mitteleuropa seit 1924. Damals

entstand Demeter, der erste Öko-Verband, der in Deutschland heute rund 1400 Höfe mit rund 50 000 Hektar Fläche vertritt und zusätzlich in 35 Ländern tätig ist. Der größte Verband in Deutschland ist Bioland (gegründet 1971), in dem mehr als 3700 landwirtschaftliche Betriebe mit rund 130 000 Hektar Land und 600 Verarbeiter wie Bäckereien oder Molkereien Mitglied sind. Mittlerweile gibt es in Deutschland neun Anbauverbände mit jeweils einer eigenen Marke und teils unterschiedlichen Schwerpunkten. Auch der Privatunternehmer Karl Ludwig Schweisfurth gehört zu den Pionieren des Bio-Landbaus. Der gelernte Schlachter führte bis 1984 in dritter Generation die Herta-Fleischfabriken. Dann machte er eine komplette Kehrtwende und verkaufte seinen Fleischkonzern – den größten Europas – an Nestlé. Er wollte seine Vision verwirklichen und im Einklang mit der Natur leben und arbeiten. Deshalb gründete er mit seinem eigenen Geld die Schweisfurth-Stiftung und 1986 die Herrmannsdorfer Landwerkstätten im oberbayerischen Glonn. Auf dem hundert Jahre alten, denkmalgeschützten Hofgut entstand ein Familienbetrieb, der strikt nach ökologischen Richtlinien wirtschaftet. Von seinen Nachbarn, und nicht nur von denen, wurde der visionäre Unternehmer anfangs als uriger Kauz belächelt. Eine Reaktion, mit der sich im Übrigen die meisten Bio-Bauern in den achtziger Jahren konfrontiert sahen. Auf 120 Hektar Land betrieb der damalige Mittfünfziger Ackerbau, Viehzucht und Gartenbau – und die Landwerkstätten entwickelten sich rasch zu einem lukrativen Unternehmen mit eigener Bäckerei, Brauerei, Käserei und Metzgerei.

Jedes Mitglied der Familie hat im Betrieb seine Aufgaben: So leitet eine Schwiegertochter das zum Gut gehörende und nur wenige Kilometer entfernt gelegene Tagungszentrum – ein wunderbares, altes Anwesen mit einem üppigen Bauerngarten. Im Herbst 2001 bin ich mit den leitenden Mitarbeiterinnen und Mitarbeitern des

Ministeriums in diesem Zentrum in Klausur gegangen. Wir haben die vorbildhaften Landwerkstätten besichtigt und im hofeigenen Restaurant wirklich exquisit gegessen. Der dazugehörige Bio-Supermarkt bietet alles, was das Herz begehrt, und die Fleisch- und Käsetheke sind so einladend, dass man sofort Appetit bekommt. Wir haben mit Karl Ludwig Schweisfurth viel über die Werkstätten geredet. Senf, erzählte er uns beim Essen lächelnd, sei nur dazu da, den Geschmack schlechter Würste zu übertünchen. Tatsächlich waren seine bayerischen Weißwürste ausgesprochen köstlich und kamen ganz ohne Geschmacksverstärker, also ohne süßen Senf, aus. In seiner Umgebung haben mittlerweile vierzig Höfe auf ökologischen Landbau umgestellt und beliefern die Landwerkstätten mit ihren Produkten. Der innovative, ältere Herr hat freilich ein Interesse daran, dass sich dieser Gemeinschaft noch mehr Bauern zugesellen. Bei der relativen Nähe zu München haben die Landwerkstätten einen hervorragenden Absatzmarkt. Seit 1999 betreibt Schweisfurth schon ein zweites Gut nahe Hannover. Die Idee verbreitet sich.

Ende 2000 wirtschafteten in Deutschland 12 740 Betriebe, also 3 Prozent aller landwirtschaftlichen Betriebe, nach ökologischen Prinzipien. Im Vergleich zum Vorjahr hatte der Öko-Landbau damit innerhalb eines Jahres um 22,2 Prozent zugenommen. Im Herbst 2001 konnten wir feststellen, dass das Interesse am Bio-Anbau stark zugenommen hatte und der Beratungsbedarf in einzelnen Regionen um das Zehnfache gestiegen war. Im europäischen Vergleich steht Deutschland gleichwohl erst an vierter Stelle – er wird angeführt von den Italienern mit fast 50 000, den Österreichern mit über 19 000 und den Spaniern mit fast 13 500 Betrieben. 550 000 Hektar beziehungsweise 3,2 Prozent der Flächen werden in Deutschland ökologisch bewirtschaftet – innerhalb der EU nehmen wir damit die

Öko-Flächen in der EU

EU-Länder	Hektar 1999	Hektar 2000	Hektar +/– in Prozent
Italien	948 687	1 040 377	+8,5
Deutschland	452 279	546 023	+20,7
Großbritannien	240 000	527 323	+119,7
Spanien	352 164	380 838	+8,1
Frankreich	316 000	370 000	+17,1
Österreich	272 635	271 950	−0,25
Schweden	155 674	171 682	+17,7
Dänemark	146 685	165 258	+12,7
Finnland	137 000	147 423	+7,6
Portugal	47 974	50 002	+4,2
Irland	32 478	32 355	−0,4
Niederlande	22 997	27 820	+20,9
Griechenland	15 849	24 800	+56,5
Belgien	18 572	20 263	+9,1
Luxemburg	1 002	1 030	+−0
Insgesamt	3 169 996	3 777 144	+19,5

Quelle: SOL D.www.SOEL.de, 15.08.2001

zweite Position nach Italien (mit über einer Million Hektar Öko-Fläche) ein. Bis 2010 will ich den ökologischen Landbau auf 20 Prozent steigern. Ein ehrgeiziges Ziel – ich gebe es zu.

Leitgedanke im ökologischen Landbau ist das Wirtschaften im Einklang mit der Natur. Die Bio-Bauern erzeugen die Futtermittel für ihre Tiere überwiegend selbst. Sie halten ihre Tiere artgerecht. Pflanzenschutz wird vorbeugend betrieben und anstelle von chemisch-synthetischen Düngemitteln nur organischer Dünger verwendet. Die Rohstoffreserven werden geschont, und auf Gentechnik wird auch bei der Fütterung verzichtet. Erzeugung und Herstellung der Lebensmittel sind transparent.

Diese Wirtschaftsweise ist arbeitsintensiver, die Erträge auf dem Acker sind bis zu 30 Prozent niedriger, und die

Tierzucht begrenzter. In Schweisfurths *Buch vom guten Fleisch* lässt es sich genau nachlesen: Artgerecht gehaltene Kühe geben im Durchschnitt 5500 bis 6000 Liter Milch pro Kuh und Jahr. Kühe in vielen konventionellen Hochleistungsbetrieben liefern dagegen rund 8000 Liter, Spitzenkühe sogar bis zu 12 000 Liter jährlich. Diese Hochleistungskühe werden meist nur fünf Jahre alt und bringen durchschnittlich 2,6 Kälber zur Welt. Öko-Kühe hingegen bekommen im Schnitt sechs bis acht Kälber und werden acht bis zehn Jahre alt, manchmal sogar älter. Sauen in der Intensivhaltung werfen pro Jahr bis zu 24 Ferkel – Öko-Säue dagegen etwa 16 bis 18.

Aber der Einsatz für Bio lohnt sich: Bio-Produkte sind hochwertig und sicher. Konsequenterweise haben sie ihren Preis. Beispiel Fleisch: im Preis ist eingeschlossen, dass das Tier artgerecht gelebt hat. Viele Bio-Höfe von der Qualität der Herrmannsdorfer Landwerkstätten legen darüber hinaus Wert darauf, die Tiere möglichst so zu töten, dass sie keine Angst ausstehen müssen; der Schlachter zerlegt und verarbeitet ihr Fleisch anschließend nach allen Regeln der Schlachterkunst. Bio-Konsumenten schützen die Umwelt und Tiere, fördern die Artenvielfalt und sorgen für Reinheit des Bodens, des Wassers und der Luft. Am Ende ist Bio bei ehrlichen Preisen gar nicht so viel teurer! Die Nachfrage nach Bio-Produkten steigt sichtlich an: Seit 1995 haben Bio-Betriebe in der EU einen jährlichen Zuwachs von 25 Prozent, und der Umsatz von Bio-Produkten hat sich von rund 5 auf 10 Milliarden Euro verdoppelt – also ein interessanter Wirtschaftsfaktor!

Das einheitliche Bio-Siegel ist ein wichtiges Signal der Agrarwende. Wo sich die Verbraucher zuvor in einem Dschungel von Gütesiegeln verirrten, kehren nun Klarheit und Transparenz ein. Diese Sicherheit hatte der Verbraucher mit einigen der auf dem Markt existierenden Siegel bislang nicht. Denn diese Labels gaben vor, das jeweilige Produkt sei »aus kontrolliertem Anbau«, »naturnah« oder »alternativ« – Formulierungen, die zu rein gar nichts in Sachen Öko-Landbau verpflichten. Doch nun kann man sich an dem Bio-Siegel orientieren, da ist garantiert Bio drin. Jede Mutter und jeder Vater könnten ihrem Kind Geld in die Hand drücken und es mit der Bitte in den Supermarkt schicken, nur die Produkte mit dem Siegel zu kaufen. Das Siegel garantiert unter anderem, dass die Landwirte weder Pestizide oder chemisch-synthetische Dünger noch Gentechnik einsetzen; dass Tierfutter keine Antibiotika und Leistungsförderer enthält; dass die Tiere artgerecht gehalten werden und die Tierhaltung flächengebunden ist. Dieses Zeichen ist ein effektives Marketinginstrument.

Das gilt nicht nur für Europa. Auf der Bio-Fachmesse in Japan, der ersten Öko-Messe dort im Dezember 2001, hat sich gezeigt: Das Bio-Siegel erhöht die Exportchancen auf diesen für die deutschen Bio-Bauern so wichtigen Märkten! Wir haben nicht nur den Export im Blick, sondern wollen über das Bio-Siegel auch den so genannten Entwicklungsländern bessere Chancen einräumen, mit nach verlässlichen Kriterien hergestellten Bio-Produkten Geld zu verdienen.

Meine Absicht ist es, Bio-Produkte aus der Nische zu holen (je mehr Bio-Produkte es gibt, desto günstiger werden sie, weil die Verarbeitungskosten erheblich sinken) und breit in den Regalen der Lebensmittelhändler anzubieten. Möglichst viele Menschen und neue Käufergruppen sollen erreicht werden. Bio-Produkte müssen deshalb ein fester Bestandteil des Angebots im Supermarkt werden. Richtig ist gewiss, dass der ökologische Nutzen eines Produkts, das durch die Welt geflogen wurde, mit jeder zusätzlichen Flugmeile geringer wird. Wahr ist aber auch, dass es an seinem Ursprungsort als Teil eines weit gehend geschlossenen Kreislaufs produziert, sprich: dennoch umweltschonend gezogen, wurde. Da die EG-Verordnungen im In- und Ausland bekannt sind, haben Lebensmitteleinzelhandel und Landwirte für den Export weitaus bessere Absatzchancen. Je mehr Breite, je mehr Prozente Öko weltweit, umso mehr ist in kurzer Zeit für die Umwelt getan. Aus diesem Grund haben letztendlich so gut wie alle das Projekt unterstützt, und ich habe mich gefreut, als Thomas Dosch vom Bioland-Vorstand das neue Qualitätzeichen einmal als »Künast-Siegel« bezeichnete.

Das Bio-Siegel löst aber keineswegs den Wettbewerb der Marken ab. Vielmehr kann es von allen genutzt werden, ohne dass die Anbieter auf ihre eigenen Markennamen verzichten müssen. Auf die Frage, ob das der Idee der einheitlichen Kennzeichnung zuwiderlaufe, antwortete AGÖL-Chef und Siegel-Befürworter Felix Prinz zu Löwenstein: »Wenn in meinem Pullover neben dem Wollsiegel auch noch steht, dass es Kaschmir ist, verstehe ich das doch auch.« Bioland-Sprecher Ralf Alsfeld drückte es anders aus: »Das Öko-Siegel ist der TÜV, wir verleihen mit unserem Warenzeichen noch einen Mercedes-Stern.« Es zählt hier wieder die Wahlfreiheit: Die Verbraucher sollen auch unter den Öko-Produkten Auswahl im Niveau haben – und entweder im Supermarkt, im Bio- oder im Hofladen aus reichhaltigem Bio-Angebot wählen können. Zweck des Bio-Siegels nach EG-Verordnung ist gewiss nicht, die Pioniere des Öko-Landbaus zu benachteiligen. Gerade die Öko-Landwirte der ersten Stunde gehören zur Basis der Agrarwende. Denn für alle Landwirte, die ihre Höfe umstellen wollen, sind sie Vorbild und ihre Höfe Modellbetriebe.

Im Juni 2001 hat der Planungsausschuss für Agrarstruktur und Küstenschutz (PLANAK) die Fördergrundsätze des Rahmenplans 2002 bis 2005 der Gemeinschaftsaufgabe »Verbesserung der Agrarstruktur und des Küstenschutzes« (GAK) beschlossen. Die GAK ist das zentrale Instrument der deutschen Agrarstrukturpolitik, in der die verfügbaren För-

Rahmenplan der GAK für den Zeitraum 2002 bis 2005 auf Euro – Förderung ökologischer Anbauverfahren –		
	2001 EURO	2002 EURO
	pro Hektar	
Die Höhe der Beihilfe beträgt jährlich bei Einführung der Maßnahme je ha Gemüsebau je ha Ackerfläche und Grünland und je ha Dauerkulturen	358 153 716	480 210 959
bei Beibehaltung der Maßnahme je ha Gemüsebau, je ha Ackerfläche und Grünland und je ha Dauerkulturen	179 102 511	300 160 770
bei Teilnahme am Kontrollverfahren erhöht sich die Beihilfe je ha um jedoch höchstens je Unternehmen um	31 511	35 530

dermittel zugewiesen werden. Beschluss war unter anderem, die Prämien für die Umstellung und Beibehaltung des ökologischen Anbaus zu erhöhen. Betriebe, die bereits ökologisch wirtschaften und an zusätzlichen Agrarumweltmaßnahmen teilnehmen wollen, haben die Möglichkeit, auf die verbesserte Förderung für die Vermarktung ökologisch und regional erzeugter Produkte umzustellen, umso ihre Absatzmöglichkeiten zu verbessern. Das heißt, dass die, die jetzt schon Bio-Höfe betreiben, sich weiterentwickeln können und gerade in diesen Zeiten besonders gute Absatzchancen haben. Landwirte, die jetzt umstellen, müssen ihren Betrieb zunächst zwei Jahre ökologisch bewirtschaftet haben, bevor sie ihre Produkte als Bio-Ware verkaufen dürfen. Das sind die Produkte, die wir in zwei Jahren im Regal finden werden.

Wichtig ist es, neue Vermarktungsformen zu finden und marktbeherrschende Unternehmen und Supermärkte davon zu überzeugen, vermehrt Öko-Produkte aufzunehmen. Ein gutes Beispiel dafür, wie der Vormarsch von Öko-Produkten organisiert werden kann, ist die Vereinbarung zwischen McDonald's und der Erzeugergemeinschaft Weidehof bei Wiek/Darß in Mecklenburg-Vorpommern. Mitte August 2001 war ich dabei, als die beiden Parteien auf dem Darß einen Liefervertrag über Bio-Fleisch abschlossen. Die Fast-Food-Kette will der Erzeugergemeinschaft künftig wöchentlich 4,5 bis 5,5 Tonnen Bio-Fleisch abkaufen. Sie nehmen aber darüber hinaus auch jedes weitere Kilogramm ab, das in diesem Naturschutzgebiet produziert wird. Ein Deal, der sich sehen lassen kann! Wir wollen Mecklenburg-Vorpommern ferner unterstützen, einen alten Schlachthof in einen Bio-Schlachthof für Schweine auszubauen. Denn ein zentraler Schlachthof für alle Bio-Bauern der weiteren Umgebung würde verkürzte Transportwege bedeuten.

Wie in allen Dingen, lege ich auch beim Bio-Siegel Wert darauf, dass es kein isolierter Vorgang, sondern Bestandteil eines ganzen Systems ist. Die EG-Öko-Verordnungen von 1991 sind überarbeitungsbedürftig. Wir haben dazu in Zusammenarbeit mit Bio-Bauern, Umwelt- und Verbraucherverbänden, Handel, Handwerk und anderen das »Memorandum der Regierung der Bundesrepublik Deutschland zur Weiterentwicklung der Vorschriften für den ökologischen Landbau« erarbeitet. Es geht im Wesentlichen darum, das Kontrollsystem zu erweitern, zur Umstellung des gesamten Betriebs auf den ökologischen Landbau zu verpflichten, die eigene Futtergrundlage stärker zu nutzen und die Zulässigkeit bestimmter Wirtschaftsdünger tierischer Herkunft aus konventionellen Betrieben einzuschränken. Auch der Weinanbau und die Aquakultur (Fischzucht) sind Punkte, die in die Verordnung gehören. »Meine Initiative«, schrieb ich an Kommissar Fischler, »zielt darauf ab, das Vertrauen der Verbraucherinnen und Verbraucher in die Erzeugung ökologischer Lebensmittel zu stärken.« Eine erste Diskussion fand im Rat im Dezember 2001 statt. Die Resonanz war positiv, und die Weiterentwicklung der Vorschriften für den ökologischen Landbau ist nun sogar Bestandteil des Arbeitsplans für den Rat bis Juni 2002.

Unterdessen haben wir auf nationaler Ebene dafür gesorgt, dass Angebot und Nachfrage bearbeitet werden. Das eine ist das Siegel, das andere der Ausbau des Angebots. Deshalb gibt es das Bundesprogramm »Ökologischer Landbau«, in dem es darum geht, die Vermarktungs- und Verarbeitungswege, die regionale Zusammenarbeit mit Verbrauchern, Naturschützern und anderen gesellschaftlichen Gruppen und nicht zuletzt auch die ökologischen Produktionsverfahren weiterzuentwickeln und die Ausbildung auf allen Ebenen zu verbessern. Bis 2003 stehen je rund 34 Millionen Euro für das Bundesprogramm zur Verfügung.

Das Bio-Siegel und die Agrarwende bekommen durch vielfältige Maßnahmen den notwendigen Unterbau. Die Dänen haben bereits ein staatliches Siegel, das sehr gut läuft und die dänischen Bio-Produkte im Export nach vorne gebracht hat. Da müssen wir mithalten können: Dass Verbraucher eine steigende Nachfrage nach Bio-Produkten schaffen, ist schön. Noch schöner wäre es, wenn dies auch unserer Landwirtschaft zugute käme.

Vor dem Bundespresseamt ging es an jenem milden Septembertag, an dem das Bio-Siegel in die Öffentlichkeit rückte, recht heiter zu. Ein menschengroßer Hahn mit einem überdimensionalen Kopf gockelte um mich herum – wie sich später herausstellte, steckte unter dem Kostüm eine Frau, die mir fortan immer wieder begegnete, so auch auf dem Tierschutztag. Auch eine Gemüsekönigin schwebte durch das Geschehen, sie hatte ein Körbchen mit Obst und Gemüse auf dem Kopf. Ich durfte tausende von Luftballons mit dem Bio-Siegel-Logo aus einem Netz in den Himmel befreien. Unser Infotourbus stand bereit, der zwischen Ende Oktober und Ende November 2001 alle 16 Landeshauptstädte besucht hat, um die Verbraucher über das Bio-Siegel zu informieren. Die »Siegel-Tour 2001« kam mithilfe aller Öko-Anbauverbände sowie der Verbraucherzentralen der Bundesländer zustande. Zweck der vierwöchigen Tour: den Bekanntheitsgrad des Logos zu erhöhen. Rund 35 000 Menschen nutzten dieses Angebot und kosteten von den ersten Produkten, die das neue Siegel bereits trugen. Beim Berlinbesuch hatte sich das Infomobil als großer Knüller herausgestellt. Es stand in der Nähe des Besuchereingangs vor dem Reichstag – höchste Sicherheitsstufe! Zwei Figuren, ein Huhn und eine Bio-Möhre, begleiteten den Wagen, und Touristen ließen sich gemeinsam mit ihnen vor dem neuen Logo und dem Reichstag ablichten. Bis Januar 2002 hatten sich bereits 160 Unternehmen mit 1300 Produkten mit dem einheitlichen Zeichen für Verpackungen oder als Leitsystem für Bio-Produkte im Supermarkt vertraut gemacht beziehungsweise es eingeführt.

Nachdem das offizielle Programm vorbei war, sammelten sich die Beteiligten am Rand zu einem Schwätzchen. Alle Geladenen waren erschienen: der Vizepräsident des Deutschen Bauernverbands, Wilhelm Niemeyer (im Hauptberuf ein scharfer Kritiker der Agrarwende!), der brandenburgische Landesvertreter des DBV Heinz-Dieter Nieschke, selbst Bio-Bauer, ferner Susanne Langguth vom Bund für Lebensmittelrecht und Lebensmittelkunde (BLL), Jörn Johann Dwehus, Geschäftsführer der CMA, Felix Prinz zu Löwenstein von AGÖL, Thomas Dosch von Bioland und Peter Schaumberger von Demeter. In freundlichster Einigkeit standen die Akteure des Magischen Sechsecks beieinander, und die Stimmung war gut. Gemeinsam waren wir ein großes Stück weitergekommen, und wir debattierten sogar schon das nächste Projekt, das konventionelle Siegel. Die Agrarwende hatte Fahrt aufgenommen.

12

Die gläserne Lebensmittelkette

Wieder war ich als Testesserin der Nation unterwegs.
Nur, dass diesmal nicht alle wie gebannt auf mich
starrten, um zu sehen, ob die Ernährungsministerin in die
Wurst beißen würde oder nicht. Die akute BSE-Krise war
bewältigt und der Fleischkonsum wieder fast auf das normale Niveau gestiegen. Es war der 13. Oktober 2001, und
ich war mittlerweile ein Dreivierteljahr im Amt. Hier in
Köln, auf der Allgemeinen Nahrungs- und Genussmittelausstellung (ANUGA), der weltweit größten und wichtigsten Ernährungsmesse, gab es ein riesiges Angebot an überwiegend verarbeiteten Lebensmitteln: 6205 Aussteller aus
95 Ländern präsentierten ihre Produkte, und 165 000 Ein-
käufer aus 147 Ländern waren gekommen, um sich über
die Herstellung sicherer Lebensmittel zu informieren und zu
bestellen. Ich bedauerte, für den Eröffnungsrundgang nicht
wie im Januar auf der Grünen Woche meine Wanderstiefel
angezogen zu haben. Noch passenderes Schuhwerk für den
Anlass wären gewiss meine Inlineskater gewesen, mit denen
ich die langen Strecken durch die Messehallen sportlich hätte hinter mich bringen können. Doch als Ministerin auf
Rädern wäre ich vermutlich aus der Rolle gefallen.
Ich marschierte also von Stand zu Stand, kostete bei den
Dänen probiotischen Steppenkäse, da einen Avocadodip
made in Südafrika, dort Bio-Soja-Kaviar aus Kalifornien
und bei den Indern eine Pilaw-Spezialität. Mittlerweile

habe ich mich daran gewöhnt, dass offizielle Reisen und vor allem Messen bedeuten, einem gewissen Snack- und Häppchendruck ausgesetzt zu sein. Da muss man gerade als Ernährungsministerin geistig und körperlich in Bewegung bleiben, um nicht dem Eindruck Vorschub zu leisten, man setze seinen Titel buchstäblich in Speck um.

Zu den Trendthemen der Fachmesse 2001 gehörte neben Wellness und Gesundheit auch Bio-Kost. Rund 10 Prozent der ANUGA-Aussteller aus dem In- und Ausland waren auf Öko spezialisiert. Einige hatten bereits das neue Bio-Siegel auf ihre Produkte gedruckt, darunter auch die ersten Lebkuchenherzen für Weihnachten (im Oktober!). Unser Infostand über das Siegel war während der gesamten Messe von Interessierten umringt. Die deutsche Ernährungsindustrie ist einer der prosperierendsten deutschen Wirtschaftszweige: Essen muss schließlich jeder. In 6061 Betrieben sind 544 000 Mitarbeiter beschäftigt, und der Umsatz beläuft sich jährlich auf rund 236 Milliarden Mark, Tendenz steigend. Der Bedeutung der ANUGA angemessen, war auch Bundeskanzler Gerhard Schröder anwesend. Es herrschte die höchste Sicherheitsstufe, denn die Terroranschläge in den USA lagen gerade erst einen Monat zurück.

In seiner Rede zur Eröffnung der Messe konzentrierte sich der Kanzler zuerst auf die weltpolitische Situation: »Der Kampf gegen den Hunger steht ganz oben auf unserer Liste zur Terrorbekämpfung«, sagte er. Hunger und Unrecht seien einer zivilisierten Welt nicht nur unwürdig, sie bildeten auch ein gefährliches Umfeld, in dem Terrorismus gedeihen könnte. Damit sprach er eines meiner wichtigsten Anliegen aus, das wir in den Wochen davor intensiv diskutiert hatten. Als Ernährungsministerin beschäftigen mich nämlich nicht nur die Sicherheit und Qualität der Lebensmittel in Deutschland, sondern auch die Ernährung der wachsenden Weltbevölkerung.

Im Rückblick auf die deutsche BSE-Krise betonte Schröder die gemeinsame Verantwortung von Politik, Landwirtschaft, Ernährungsindustrie und Lebensmittelhandel für die Herstellung und den Vertrieb gesunder und sicherer Nahrungsmittel. Der wieder steigende Verbrauch von Rindfleisch zeige, so Schröder, dass unsere konsequente BSE-Bekämpfung Früchte getragen habe. Er forderte die Lebensmittelhersteller zum vorsorgenden Verbraucherschutz auf. Der Verbraucher müsse ein Recht auf freie Wahl und die Möglichkeit haben, sich durch klare Lebensmittelkennzeichnung für oder gegen gentechnisch veränderte Lebensmittel zu entscheiden. Damit griff er einen weiteren Punkt auf, der uns seit geraumer Zeit beschäftigte: die so genannte Grüne Gentechnik. Dabei geht es um die gentechnische Veränderung von Pflanzen, mit der Absicht, den Anbau, die Verarbeitung oder den Vertrieb von Nutzpflanzen zu erleichtern oder Pflanzen mit neuen Eigenschaften herzustellen. Seit Anfang der siebziger Jahre sind die Wissenschaftler in der Lage, gezielt ein bestimmtes, erwünschtes Gen aus dem Erbgut einer Pflanze zu isolieren und in eine andere Pflanze einzusetzen.

Ich habe als Ministerin feststellen müssen, wie weit die Entwicklung und der Anbau international schon vorangeschritten sind. Die Freiheit der Verbraucher, sich für oder gegen die Technologie zu entscheiden, kann nur noch durch beherztes politisches Handeln sichergestellt werden. Bereits 1994 haben die Amerikaner gentechnisch veränderte Tomaten auf den Markt gebracht, die auch dann nicht matschig werden, wenn sie wochenlang im Kühlschrank liegen. Diese wenig appetitlichen Produkte sind allerdings zumeist wieder aus den Regalen verschwunden. Seit 1996 werden im großen Stil gentechnisch veränderte Sojabohnen angebaut, die zum Beispiel gegen das Unkrautvernichtungsmittel »Roundup« des amerikanischen Unternehmens Monsanto resistent sind. Die amerikanischen Landwirte, die den Sojaanbau zumeist auf riesigen Flächen mit Großmaschinen und wenig Arbeitskräften betreiben, kaufen bevorzugt »Roundup« – während sie zugleich vom selben Unternehmen das Sojasaatgut beziehen.

In den USA enthalten bereits zwei von drei Lebensmitteln in den Supermärkten auch gentechnisch veränderte Organismen, kurz GVO genannt. Der Futtermittelanbau in Argentinien besteht zu nahezu 80 Prozent aus GVO. Selbst die Chinesen haben 1994 angefangen, riesige Flächen mit GVO zu bepflanzen. Mais, Kartoffeln, Zuckerrüben, Raps und Reis werden weltweit mit gentechnischer Manipulation gezüchtet. Auf der ganzen Welt wachsen auf rund 56 Millionen Hektar Land gentechnisch veränderte Pflanzen. Die Patentrechte liegen meist in der Hand einiger weniger Konzerne.

In Deutschland ist der großflächige Anbau von GVO bislang verboten, zugelassen wurden bisher nur 113 Freisetzungsversuche (Stand 13. April 01). Während in den USA und Kanada ungefähr fünfzig genetisch veränderte Pflanzensorten die Marktzulassung erlangt haben, sind es in Europa nur dreizehn. Seit Oktober 1998 ist EU-weit kein GVO-Produkt mehr zugelassen worden. Der Grund ist, dass Dänemark, Frankreich, Griechenland, Italien, Luxemburg und Österreich weitere Zulassungen erst dann genehmigen lassen wollten, wenn eine einheitliche, unionsweite Kennzeichnungsregelung beschlossen worden ist.

Dieser Haltung schließe ich mich an. Unabhängig davon hat die Gentechnik aber auch in unsere Lebensmittelkette längst Einlass gefunden. Zwar werden Lebensmittel, deren Hauptbestandteile gentechnisch verändert sind, in Deutschland gegenwärtig nicht angeboten. Dennoch gelangen die GVO als Bestandteil von Zusatzstoffen oder über Futtermittel in unsere Nahrungsmittel. Es gibt Schätzungen, nach denen bereits 60 bis 70 Prozent unserer Lebensmittel in irgendeiner Weise (sei es über die Rohstoffe, sei es über den

Anbau von GVO-Pflanzen in den wichtigsten Exportländern in Prozent der gesamten Anbaufläche							
	2002*)	2001	2000	1999	1998	1997	1996
USA							
Sojabohnen	74	68	54	50	36	13	2
Mais	30	25	33	38	27	9	1
Kanada							
Rapssaat	55	50	55	45	33	33	5
Sojabohnen	60	50	35	29	20	5	–
Argentinien							
Sojabohnen	99	88	81	73	21	2	–
Mais	30	22	5	1	1	–	–
Brasilien[1])							
Sojabohnen	35	25	10	–	–	–	–

*) Schätzung – [1]) Offizieller Anbau nicht erlaubt, aber inoffizieller Anbau insbesondere im Süden des Landes

© Dr. Beatrix Tappeser, Öko-Institut, Freiburg

Produktionprozess) von Gentechnik betroffen sind. Beispiel Soja: In mehr als 20 000 Produkten ist Soja verarbeitet, zum Beispiel in Ölen, Vitaminpräparaten, Schokolade oder Mayonnaise. Wir importieren tonnenweise Soja als Tierfuttermittel aus aller Welt. Ferner sind ein Großteil der Enzyme, die zur Herstellung von Käse verwendet werden oder in manchen Biersorten, in Süßigkeiten oder auch im Brot enthalten sind, ebenfalls mithilfe von GVO hergestellt – dagegen hat übrigens ein Teil der Bierbrauer entschieden protestiert. Hinzu kommt, dass gentechnisch veränderte Pflanzen »normale« Pflanzen durch Pollen- und Insektenflug bestäuben können. 2001 gab es in Schleswig-Holstein, Brandenburg und Niedersachsen Fälle, in denen sich Genmais unkontrolliert in einem konventionell bewirtschafteten Maisfeld ausgebreitet hatte. Wenn gentechnisch veränderte Pflanzen angebaut werden, kann niemand mehr für gentechnikfreie Produkte aus der näheren Umgebung garantieren.

Eine entsprechende Kennzeichnungsregelung, die EU-weit gilt und dem Verbraucher die freie Wahl lässt, sich dafür oder dagegen zu entscheiden, fehlt noch. Das verstößt meines Erachtens gegen die Verbraucherrechte, zu denen die Information und Wahlfreiheit gehören.

Bedenklich finde ich die Tatsache, dass trotz unzähliger Versuche und Testverfahren die Chancen und Risiken der Gentechnik noch nicht ausreichend erforscht sind. Die Vermutung, dass die Übertragung der Erbsubstanz von Pflanzen und Tieren in andersartige Organismen Allergien auslösen könne, gibt berechtigten Anlass zur Sorge. Die neuen Gene werden durch Auskreuzung auf Wildpflanzen übertragen und machen diese beispielsweise gegen Unkrautvernichtungsmittel resistent. Was, wenn sie darüber hinaus vor Fressfeinden geschützt oder auf andere Weise in die Lage versetzt werden, konkurrierende Wildkräuter zu verdrängen und ganze Biotope zu zerstören? Wie verträgt sich der Einsatz von Gentechnik mit der natürlichen Biodiversität? Eine der »Erfolgsmeldungen« der letzten Zeit handelte von der Herstellung einer Lachsart, die eine Länge von bis zu 10 Metern erreichen soll. Oder: Auch die konventionellen Pflanzen der angrenzenden Äcker werden durch die Aussaat von gentechnisch verändertem Saatgut teilweise ebenfalls zu Trägern der veränderten Eigenschaften – ein Eingriff in das Eigentumsrecht des Nachbarn, der neuartige juristische Probleme aufwerfen wird. Was, wenn ein Bio-Bauer keinen Bio-Weizen mehr produzieren kann, weil der Pollen von den Nachbaräckern daraus Gentech-Food macht?

Das sind nur einige der in der Fachöffentlichkeit diskutierten Szenarien, in denen die Folgen dieses neuen technologischen Schubs in der Landwirtschaft für Umwelt und Gesundheit kritisch hinterfragt werden. Die CDU behauptet dennoch, alles sei sicher. Dabei hat das Monitoring für sämtliche Freisetzungen – von der EU mittlerweile als zwingend beschlossen – noch nicht einmal begonnen.

Ein weiterer Aspekt sind die Fragen, die mit der Nutzung der Artenvielfalt und ihrer möglichen Gefährdung durch den neuen technologischen Sprung in der Landwirtschaft aufgeworfen werden. Internationale Chemie- und Pharmakonzerne versuchen massiv, sich die Patentrechte auf Gene oder Genbestandteile von Pflanzen und Tieren zu sichern – an deren Entdeckern, Züchtern und Erfindern, den Bauern in der so genannten Dritten Welt, vorbei. Derartige Patente, die sich nicht auf technische Verfahren für die Veränderung von Pflanzen und Tieren beschränken, sondern auch die Lebewesen selbst und deren Gene in Privateigentum überführen sollen, schaffen eine dramatische Umverteilung des Eigentums zwischen den reichen Nationen des Nordens (die sich Forschungslabors und Patentanwälte leisten können) und den Bauern des Südens, die das nicht können. Dürfen wir zulassen, dass die Industrie sich durch Patentierungen zum Privateigentümer lebender Organismen aufschwingt, also den alleinigen Zugang zu überlebenswichtigen Ressourcen erwerben kann? Soll es auf Lebewesen Lizenzgebühren geben? Ist es ethisch vertretbar, Menschen als Erfinder von Lebewesen zu deklarieren – wo sie tatsächlich nur Verfahren erfunden haben, diese zu verändern?

Der kritische Punkt ist, dass all jenen, für die sich das Geschäft mit der Biotechnik lohnt, keine Grenzen gesetzt sind. Sie selbst jedenfalls setzen sich solche Grenzen nicht: Kürzlich haben amerikanische Forscher, allen ethischen Bedenken zum Trotz, die Behauptung aufgestellt, es sei ihnen gelungen, einen Menschen zu klonen. Dass sich dies als eine der zahllosen Aufschneidereien herausgestellt hat, die den guten Ruf der Biotechnologien mehr schädigen als alles andere, macht die Sache kaum besser.

Die Globalisierungskritiker laufen gegen diese Entwicklung an allen Fronten Sturm. Die Grüne Gentechnik stellt sich für viele als Gipfel einer historischen Entwicklung dar, die die Landwirtschaft zu einer kapitalintensiven Industrie und die Landwirte zu deren gebeutelten Angestellten degradiert hat. Nicht nur José Bové, der Bauernführer in Frankreich, zerstörte gemeinsam mit hunderten von Umweltschützern Versuchsfelder mit Genpflanzen und die Genmaisernte einer französischen Firma – auch in Deutschland war in den letzten Jahren die Besetzung von Versuchsfeldern durch Anti-Gentechnik-Aktivisten an der Tagesordnung. Die Radikalität der Ablehnung der Gentechnik hängt, so vermute ich, mit ihrer besonderen Qualität zusammen. Sie ist irreversibel: Einmal in der Welt, sind gentechnisch veränderte Organismen nicht mehr »rückholbar«, sie pflanzen sich fort und verändern die Welt auf Dauer. Und sie ist praktisch räumlich nicht eingrenzbar: Wo gentechnisch veränderte Pflanzen ausgesät werden, besteht zumindest die große Wahrscheinlichkeit, dass auch Wildkräuter und Ackerpflanzen erst der näheren, dann der weiteren Umgebung genetisch verändert werden. Dass derart grundlegende Veränderungen bisher ohne bewusste Entscheidung der Bevölkerung einfach stattfinden, ist eine Herausforderung, die für ein demokratisches Gemeinwesen schwer erträglich erscheint.

Hinzu kommt, dass der Nutzen der Grünen Gentechnik für die Verbraucher bislang nicht deutlich geworden ist. Bis auf weiteres ist sie eine Rationalisierungsstrategie, die vorwiegend in Großbetrieben eingesetzt wird, um Arbeitskräfte und Kosten zu sparen. Dass die Gentechnik, wie die Befürworter argumentieren, die Produktivität steigern und den Einsatz von Pestiziden vermindern kann, wird von ihren Kritikern jedenfalls nicht akzeptiert. Naturschutz-

und Umweltverbände wie der NABU oder Greenpeace plädieren strikt für ein totales Verbot der Grünen Gentechnik, weil sie sagen, wir könnten wissenschaftlich noch gar nicht überschauen, worauf wir uns da einlassen – es bestehe ein riesiger Forschungsbedarf. Pro und Contra der Gentechnik werden seit vielen Jahren in engagierten Zirkeln und Zeitschriften diskutiert. Doch obwohl sich einzelne Fachleute immer wieder öffentlich äußern, findet kein Dialog statt.

Ich will deshalb eine breite gesellschaftliche Diskussion organisieren. Wir brauchen eine Bestandsaufnahme fern von wirtschaftlichen Interessen, wir brauchen den öffentlichen Streit der Meinungen und wir brauchen Vorschläge, wie mögliche Sicherheitsrisiken vermindert und Folgen für die biologische Vielfalt eingegrenzt werden können. Aus Verbrauchersicht brauchen wir vor allem klare Kennzeichnungsvorschriften. Nur auf dieser Basis wird jeder Verbraucher in der Lage sein, einen eigenen Standpunkt zu beziehen und sich frei zu entscheiden. Umfragen zufolge lehnen zwei Drittel der deutschen Bürger genmanipulierte Lebensmittel ab. Sie müssen die Freiheit haben, diese ihre Meinung in ihren alltäglichen Entscheidungen praktisch umzusetzen. Unterdessen machen die Biotechnik-Unternehmen erheblichen Druck, das Moratorium der EU zu beenden und den Anbau von GVO auch in Europa zu genehmigen.

Am 15. Oktober 2001 habe ich EU-Kommissar David Byrne geschrieben und dafür plädiert, die Wiederaufnahme des Zulassungsprozesses für GVO einstweilen aufzuschieben. Zunächst müssen wir die Vorschläge darüber, wie die Kennzeichnung und Rückverfolgung von Genfood und gentechnisch verändertem Tierfutter im Einzelnen aussehen soll, erörtern und eine einheitliche Haltung in Europa für die Kennzeichnung von GVO finden. Darüber hinaus haben wir uns noch nicht auf die Toleranzwerte für nicht gentechnisch veränderte Produkte geeinigt. Ein Toleranzwert legt fest, bis zu welchem Prozentanteil Unternehmen bei der Kennzeichnung auf die Angabe genveränderter Bestandteile in den Produkten verzichten dürfen, die durch zufällige Beimengung zustande gekommen sind. Die Wirtschaft hätte gern einen höheren Wert gehabt, doch Umweltminister Jürgen Trittin und ich plädieren dafür, den Toleranzwert auf unter ein Prozent zu begrenzen. Die USA sind von unseren Kennzeichnungsabsichten ohnehin alles andere als begeistert, denn sie sehen ihre gigantischen Exporte genmanipulierten Sojas in die EU für die Futtermittel gefährdet.

Ziel meiner Politik ist es, die Verbraucher in Europa in die Lage zu versetzen, eine freie Entscheidung über den Kauf oder Nichtkauf gentechnisch veränderter Lebensmittel zu treffen. Nach der Osterweiterung werden in der EU fast 500 Millionen Menschen leben. Diese ungeheure Nachfragemacht kann durch Kennzeichnungsregelungen dazu beitragen, dass sie die Entscheidungsfreiheit der Verbraucher auch auf Dauer schützt. Gegenwärtig kostet eine Tonne Soja auf dem Weltmarkt rund 175 US-Dollar, garantiert gentechnikfreies Soja kann man schon für 10 US-Dollar mehr bekommen. Diejenigen, die gentechnikfreies Soja anbieten und kaufen wollen, können mit unserer Unterstützung rechnen.

Das im Frühjahr 2001 verabschiedete EU-Regelwerk für die Zulassung von Produkten, die GVO enthalten oder daraus bestehen, muss von den einzelnen Mitgliedsstaaten noch in nationales Recht umgesetzt werden. In diesem Regelwerk sind nicht nur eine strengere Risikoprüfung und eine Beobachtung der Produkte im Hinblick auf mögliche langfristige schädliche Auswirkungen vorgesehen, sondern auch die Rückverfolgbarkeit von aus GVO hergestellten Lebens- und Futtermitteln, ihre Kennzeichnung sowie eine Befristung auf zehn Jahre. Solange die Umsetzung dieser

EU-Regelungen in nationales Recht nicht erfolgt ist, würde eine Zulassung der GVO das ohnehin schon angekratzte Vertrauen der Verbraucher in die Nahrungsmittelsicherheit weiter erschüttern. Klar ist, es ist national wie EU-weit allerhöchste Eisenbahn.

Die ANUGA 2001 stand ganz im Zeichen der Rückgewinnung des Verbrauchervertrauens. Am zweiten Messetag, am 14. Oktober 2001, stellte sich in meinem Beisein die gerade gegründete Gesellschaft QS-Qualität und Sicherheit GmbH vor. Die sechs Gesellschafter des neuen Unternehmens sind die Futtermittelwirtschaft, der Einzelhandel, die Centrale Marketing Gesellschaft CMA, der Deutsche Bauernverband, das Schlachtgewerbe und die Verarbeitungsindustrie. Ziel der Gesellschaft ist es, »über alle Stufen der Produktionskette eine transparente Qualitätssicherung aufzubauen, zu dokumentieren, zu kontrollieren und durch die CMA dem Verbraucher über ein gemeinsames Zeichen zu vermitteln«. Fleisch- und Wurstwaren sollen den Anfang machen, später unter Umständen noch weitere Produktbereiche einbezogen werden. Letzter Auslöser für die Gründung der neuen Gesellschaft war meine Regierungserklärung im Februar gewesen, in der ich davon gesprochen hatte, neben dem Bio-Siegel auch ein konventionelles Siegel für Lebensmittel zu entwickeln. Vielen derartigen Versuchen aus den Jahren zuvor fehlte wohl stets der politische Druck.

Die Vorstellung des Präsidenten des Deutschen Bauernverbandes, der öffentlich mit der Behauptung vorpreschte, das Siegel werde lediglich die Einhaltung der gesetzlichen Regelungen garantieren, schien mir als wenig hilfreich. Das hätte im Umkehrschluss geheißen, dass alle Produkte, die das Qualitätssiegel nicht bekommen, wegen Nichteinhaltung der Gesetze vom Markt genommen wer-

179

den müssten. Das konnte nicht ernst gemeint sein! Wenn aber jedes marktfähige Produkt das Siegel bekommt, wird es überflüssig. Außerdem ist es untersagt, mit Selbstverständlichkeiten zu werben. Ich betrachte das konventionelle Siegel auch nicht wie der DBV als Gegenstück zum Bio-Siegel, sondern als notwendige Ergänzung zur Sicherung unserer Nahrungsmittel.

Als sich die Gesellschaft auf der ANUGA mit der feierlichen Unterzeichnung von Dokumenten vorstellte, hatten wir uns lediglich auf die Basis des Siegels geeinigt: Es soll ein dreistufiges Kontrollsystem geben, das aus Eigenkontrolle durch Dokumentation, neutraler Kontrolle durch Kontrollstellen und Kontrolle der Kontrolle durch den Staat besteht. Eine gläserne Kette sollte es nach meiner Ansicht geben, ja man kann fast sagen: Die Arbeit der Bauern wird künftig zertifiziert und dokumentiert. Für viele wird das eine große Umstellung bedeuten, und es wundert mich nicht, dass Sonnleitner im DBV nachhaltig unter Druck geraten ist.

Noch Wochen nach der Vorstellung der neuen Gesellschaft diskutierten wir den abschließenden Kriterienkatalog für das Siegel auch in vielen Einzelgesprächen. Ich forderte unter anderem verbesserte Standards im Tierschutz, bei Tiertransporten und bei der Tierhaltung sowie eine ausreichende Kennzeichnung der Produkte und die Dokumentation der Futtermittel. Nach und nach konnten wir in den einzelnen Punkten Übereinstimmung erzielen. Schwierig blieb allerdings bis zuletzt eine klare Formulierung, ohne genveränderte Futtermittel auskommen zu wollen, wenn die EU die Kennzeichnung geregelt hat. Die Tatsache, dass wir uns einigen konnten, die antibiotischen Leistungsförderer aus dem Mastfutter zu nehmen, könnte für Europa richtungweisend sein.

Die Verfütterung von Tiermehl hat QS als Kriterium, aber sie ist ja auch einstweilen verboten. Ich setze mich hier unvermindert für eine EU-einheitliche Regelung ein und bin froh über jeden Monat, in dem einzelne Schlachtabfälle nicht wieder an Tiere verfüttert werden dürfen. In jedem Fall muss europaweit sichergestellt sein, dass Wiederkäuer nie wieder mit Tiermehl gefüttert werden. Das ist nicht nur eine Frage des Verbotes, sondern auch der Kontrollen vor Ort. Da wir einen großen Bedarf an Futtermitteln haben, müssen wir versuchen, die Produzenten auf unsere Bedürfnisse einzustellen, und durchsetzen, dass ein ausreichendes Angebot an GVO-freiem Futter vorhanden ist.

In ganz Europa gibt es kein konventionelles Siegel wie das unsrige, und viele Nachbarstaaten verfolgten die Entwicklungen mit großem Interesse, weil auch sie für den deutschen Markt produzieren. Das QS hat die Chance zu dem vorherrschenden Prüfsiegel in der EU zu werden: Meines Erachtens werden große internationale Einzelhandelsbetriebe und die Lebensmittelindustrie in einigen Jahren im Bereich Fleisch nur noch mit dem Bio-Siegel oder dem konventionellen Siegel anbieten. Das ist mehr, als ich am 8. Februar 2001 zu hoffen wagte. Ich bin sehr dafür, dass sich die Sicherheits- und Qualitätsgesellschaft offen gestaltet und später auch andere Komplexe wie Geflügel, Milchprodukte, Obst- und Gemüseanbau einbezieht. Es gilt, strikte Qualitätskriterien festzulegen, die dem Tier- und Umweltschutz gerecht werden. Ziel ist die Transparenz vom Feld bis zur Ladentheke, die gläserne Produktion. Nur so können die Verbraucher vorsorglich geschützt und ihr Vertrauen in unsere Landwirte und in unsere Lebensmittel wieder gefestigt werden. Aber das Siegel wird bei der Vorstellung auf dem Markt nur eine Chance haben, wenn es mehr ist als all die Gesetze und Verordnungen, die gelten und ständig überarbeitet werden. Ein Siegel muss mehr bieten als das Gesetz, es muss den Verbrauchern die wichtigsten Wünsche von den Augen ablesen.

13

Freiheit fängt beim Essen an

In den wohlhabenden Gesellschaften leben wir in einer Welt der »Einhandesser«. Einhandesser sind Menschen, die eine Hand zum Essen benutzen und mit der anderen währenddessen die Fernbedienung des Fernsehers, die Computermaus oder das Lenkrad bedienen; unkonzentrierte Esser, deren Aufmerksamkeit nie auf eine Tätigkeit allein gerichtet ist. In diesen schnelllebigen Zeiten ist das Essen zur Nebentätigkeit geworden. Tiefkühlkost, Fertiggerichte, Konserven und abgepackte Fertigsüßspeisen haben Hochkonjunktur. Es soll rasch gehen und möglichst bequem sein, auf keinen Fall unnötige Arbeit machen, Mobilität ist alles! Man nennt diese Art der Ernährung »Fast Food« oder »Convenience Food«. Gewohnheitsmäßige Einhandesser sind dem Akustikdesign der Chipstüte, dem Sound des knackenden Plastikdeckels und dem Geschmacksdesign der Aromaindustrie erlegen. Würstchen, Pommes frites, Döner und Fischbrötchen gehören ebenso zum Alltagsessen wie Fertiggerichte in der Gastronomie oder aus dem Supermarkt. Nicht zu vergessen der Heimservice, der Pizza, belegte Baguettes oder Frühlingsrollen direkt ins Wohnzimmer liefert. Auch pulverisiertes Essen aus der Tüte oder das Sandwich beim Bahnhofsbäcker sind Fast Food. Manchmal sind sogar Einhandesser gestresst, wenn sie den Eindruck haben, dass die Mikrowelle zu langsam arbeitet.

Der Durchschnittsdeutsche isst mittlerweile viermal pro Woche außer Haus – in der Kantine, im Restaurant, im Fast-Food-Restaurant oder an der Imbissbude. Dieser Trend nimmt in dem Maße zu, in dem es immer mehr Singles oder kinderlose Paare, berufstätige Eltern oder Alleinerziehende gibt. Marktforschungserhebungen haben ergeben, dass bereits jeder fünfte Deutsche ein Convenience-Dauerkunde ist.

Als Fast Food ist jede Mahlzeit zu bezeichnen, die sich für ein Essen auf die Schnelle eignet. Früher verband man mit diesem Ausdruck vor allem den Hamburger. Die Brüder Richard und Maurice McDonald haben ihn 1948 in Kalifornien als globale Standardmahlzeit erfunden und eine »Drive-In Hamburger Bar« ins Leben gerufen. 1955 eröffnete das erste Fast-Food-Restaurant McDonald's, woraus später eine ganze Imbisskette wurde, der heute rund 28 000 Filialen in 120 Ländern angehören. Seit 1955 hat McDonald's über 100 Milliarden Hamburger verkauft. In »Fast Food Nation« beschreibt der amerikanische Journalist Eric Schlosser diese Entwicklung als kulinarische Revolution: Erstmals in der Geschichte Amerikas konnte es sich ein Arbeiter leisten, seine ganze Familie zum Essen auszuführen. Die Geschäftsidee zahlte sich aus und fand Nachahmer: Weitere Fast-Food-Ketten breiteten sich aus. Schlosser sagt, der globale Siegeszug von Fast Food habe die amerikanische Landwirtschaft radikal verändert, denn die gesamte Produktion der benötigten Zutaten, wie vor allem Rindfleisch und Geflügel, habe sich auf einige wenige Großbetriebe konzentriert. Die kleinen Vieh- und Geflügelbauern verschwanden von der Bildfläche und mit ihnen regionale Unterschiede.

Für Schlosser ist die Fast-Food-Industrie eine der schlimmsten Formen des Kapitalismus – innerhalb kürzester Zeit habe sie wesentlich dazu beigetragen, die amerikanische Ernährung auf den Kopf zu stellen, die Landschaft, Wirtschaft, den Arbeitsmarkt und die Alltagskultur zu verändern. Die Amerikaner geben jährlich mehr als 110 Milliarden US-Dollar für Hamburger aus – mehr als für ihre Ausbildung, Computer oder neue Autos. Was die Gesellschaft am billigen Fast Food spare, zahle sie teuer mit ihrer Gesundheit. Übergewicht und Lebensmittelvergiftungen seien gang und gäbe. Was Schlosser in der Negativbilanz nicht erwähnt, ist, dass in Südamerika zwecks Sojaanbau der Regenwald abgeholzt, dadurch der Boden beschädigt und das Klima negativ beeinflusst wird. Soja dient als eiweißreiches Futtermittel in der Massentierhaltung, die den Markt mit billigem Rindfleisch versorgt.

Der in Frankreich populäre Bauernführer José Bové hat den Ausdruck *la malbouffe*, französisch für schlechtes Essen oder auch Fraß, geprägt. Er meint damit die Standardisierung der Nahrungsmittel und die weltweite Gleichschaltung der Geschmacksnerven. Ähnlich wie Schlosser sieht auch Bové unsere Kultur, Gesundheit und Landwirtschaft durch die serienmäßige Produktion von Lebensmitteln bedroht. Gerade in Frankreich, dem Land der Gourmets, sympathisieren viele Bürgerinnen und Bürger mit seiner Kritik. Seine Bauerngewerkschaft zählt mittlerweile 40 000 Mitglieder, Grund genug für viele Politiker, den Bauernrebellen mit allen Ehren zu empfangen. Für Bové ist McDonald's der Inbegriff dessen, was er als globalisierten Einheitsfraß empfindet. Im August 1999 initiierte er einen Demonstrationszug gegen den Bau einer neuen McDonald's-Niederlassung in Millau, an dem Schafzüchter und Städter teilnahmen. Sie protestierten gegen amerikanisches Hormonfleisch und für ihren lokalen Käse. Und sie demolierten mit landwirtschaftlichem Gerät die Baustelle. Das Foto von Bové, gefesselt in Handschellen, ging anschließend um die Welt.

Deutschland ist McDonald's profitabelster Überseemarkt. 1971 eröffnete das erste Restaurant in München,

Anfang der Neunziger waren es schon 400, und heute sind es bereits an die 1100. Nach eigener Aussage betreute das Filialenpersonal im Jahr 2000 insgesamt 699 Millionen Gäste, das heißt täglich circa 1,92 Millionen. Dafür legten die Kunden über 5 Milliarden Mark auf den Tresen. Marktforschungen sollen ergeben haben, dass mehr als 50 Prozent der Deutschen McDonald's akzeptieren, und es ein weiteres Potenzial von 40 Millionen zukünftigen Kunden gibt. Zu den besonders kaufkräftigen Zielgruppen zählen Kinder und Jugendliche. Laut dem Jahresbericht 2000 von McDonald's ist die Fast-Food-Kette für 80 Prozent der Kinderkunden das beliebteste Restaurant. 300 000 Kinder feierten ihren Geburtstag à la McDonald's (sie könnten inzwischen auch auf Bauernhöfen feiern, denn kluge Landfrauen haben die Idee übernommen!), und das spezielle Kindergericht »Happy Meal« verkaufte sich 68 Millionen Mal. Die Werbung transportiert erfolgreich ein Image von Spaß und Lässigkeit. Mit flottem Service, wie etwa einer Musikhotline zur Wahl des Musikclips des Tages oder der Woche, oder mit Angeboten auf Jugendmessen erzieht sich das Unternehmen seine Dauerkunden der Zukunft.

Fast-Food-Ketten sind Großabnehmer von Fleisch, Geflügel und Gemüse. Sie haben maßgeblichen Einfluss darauf, wie und mit welchen Auswirkungen gerade in den großen Betrieben produziert wird. Sie sollten deshalb ihrer gesellschaftlichen Verantwortung gerechter werden und mehr für den Umwelt- und Tierschutz – und damit auch den Verbraucher und Steuerzahler – tun. Sie könnten bei ihren Rohprodukten, wie beispielsweise Gemüse, auf genmanipulierte Organismen (GVO) verzichten und darauf achten, dass ihr Fleisch nicht von Betrieben stammt, in denen die Landwirte ihre Tiere mit GVO-Futtermitteln füttern. Erhebliche Wirkung würde es ferner haben, wenn die großen Fast-Food-Unternehmen mit ihrer starken Einkaufsmacht mehr

Fleisch von Rindern, Kühen und auch Schweinen (denn seit der BSE-Krise sind viele Konsumenten auf weißes Fleisch umgestiegen) von Bauern erwerben würden, die naturgerecht wirtschaften und ihre Tiere artgerecht halten. Für hohe konventionelle Standards und die Bio-Bauern würde das wesentlich verbesserte Absatzchancen bedeuten. Dass McDonald's im August 2001 begonnen hat, einer Erzeugergemeinschaft vom Darß in Mecklenburg-Vorpommern wöchentlich 4,5 bis 5,5 Tonnen Bio-Fleisch abzukaufen, dient nicht nur in Zeiten von BSE einer dringend benötigten Imagepflege. 20 Tonnen pro Monat sind einstweilen aber nur ein Tropfen auf den heißen Stein – die Kette benötigt jährlich abertausende Tonnen deutschen Rindfleischs –, aber es ist immerhin ein symbolischer Anfang. Das Management von McDonald's gelobt, den Bio-Fleischanteil langfristig zu steigern und mehr Einfluss auf die Nachhaltigkeit von Aufzucht und Haltung von Rindern zu nehmen.

Und auch dies: McDonald's legt zu Recht großen Wert auf Qualitätssicherheit, denn Lebensmittelskandale und Krisen wie BSE haben sich auf den Verkauf deutlich negativ ausgewirkt. Bislang geht die Sicherheitsüberprüfung der Ware aber nur bis zum Fleischlieferanten. Weitaus effektiver wäre es, noch zwei Stufen weiterzugehen und an den Quellen bei den Bauern und den Futtermittelherstellern anzusetzen. Die effektivste Sicherheit für gutes Fleisch heißt, Fleischkrisen gar nicht erst entstehen zu lassen, indem das Sicherheitsmanagement bei der Urproduktion beginnt – bei den Bauern, die die Natur schützen und ihre Tiere artgerecht halten, und natürlich bei den Futtermitteln. Damit wäre viel für die Umwelt, den Verbraucher – und gewiss auch für das Image des Unternehmens – getan.

Fast oder Convenience Food ist nicht per se ungesund. Ausschlaggebend ist der Fettgehalt eines Gerichts: je fettreicher, umso ungesünder. Auch Fast Food kann so zubereitet werden, dass es einigermaßen ausgewogen und nicht gesundheitsschädigend ist. Ich persönlich würde mich als modernen Ernährungstyp bezeichnen – ich lege Wert auf fettarme Kost und liebe Pasta aller Art! Kochen ist eine meiner Leidenschaften. Mitunter koche ich sogar öffentlich, so beispielsweise geschehen am Tag der Offenen Tür, den wir Anfang September 2001 mit vielen tausenden von Besuchern im Hinterhof des Ministeriums feierten. Da rührte ich vor Publikum oben auf der Tribüne im Topf und bereitete Nudeln mit Pfifferling- und Tomatensoße zu, die die Zuschauer anschließend kosten durften. Es ist ein sinnlicher Genuss, auf Wochenmärkte zu gehen und die Zutaten für die geplanten Gerichte auszusuchen. Gemüse, Fleisch, Geflügel oder Fisch anschließend mit Freunden oder Familienmitgliedern vorzubereiten und zu kochen, kann größtes Vergnügen bereiten. Einer schnippelt, die andere rührt im Topf; dazu wird viel geplaudert, gewitzelt und philosophiert. Guter Wein rundet die Arbeitsatmosphäre ab: Wein gehört in den Koch und in das Essen, sagt man. Dieses gesellschaftliche und kulinarische Erlebnis entgeht den regelmäßigen Einhandessern. Ich gestehe jedoch, dass ich im Privatleben seit meinem Amtsantritt nur noch selten Zeit zum Kochen habe, weil ich ständig unterwegs bin oder mich in Sitzungen befinde.

Fast Food, meinen einige Fachleute und die prosperierenden Fast-Food-Anbieter sowieso, sei ein Ausdruck von Freiheit und Selbstbestimmtheit. Auf seiner Internetseite stellt das erfolgreiche Unternehmen sich selbst so dar: »Wirtschaftsjournalisten sehen in McDonald's den deutschen Marktführer in der Gastronomie, Journalisten ein kulturübergreifendes Symbol für eine schnelle, vertraute Form des Essengehens.« Die Argumentation der Befürworter: Fast Food kann jeder essen, wann und wo er will. Convenience-Anhänger nehmen am öffentlichen Leben teil, sind flexibel und ungebunden. Tischvorschriften und gesellschaftliche Etikette spielen für sie keine Rolle oder sind zumindest kein Zwang. Anstelle gemeinschaftlicher Rituale wie gemeinsamen Mahlzeiten bietet ihnen das Einheitsessen Geborgenheit, denn Hamburger, Pizzas und Cola schmecken in Rio und Tokio genauso wie in Rom oder Berlin. Dieses Image von Mobilität fördert freilich auch die Werbung. Sie zeigt uns allerhand Gemeinschaftserlebnisse, wenn es darum geht, Pralinen, Margarine, Wurst oder Ähnliches zu verkaufen. Was zählt, ist weniger das Gesundheitsargument als ein »cooler« Lebensstil. Doch ob die Bilder von fröhlichen jungen Menschen, strahlenden Familien und feiernden Gesellschaften die Wirklichkeit widerspiegeln? Und ist es nicht eine merkwürdige Freiheit, wenn man aus Unsicherheit fast immer dasselbe globale Einheitsgericht oder denselben Snack isst und das sogar auf Reisen, gleichgültig, ob nebenan die italienische Trattoria, das französische Restaurant oder das spanische Fischlokal Köstlichstes anbieten? Freiheit und Selbstbestimmtheit sind doch auch, die Wahlmöglichkeiten zu haben und zu nutzen!

Nun bin ich weder politisch noch beim Essen dogmatisch. Mir geht es beileibe nicht darum, das Einhandessen zu verbieten und die Menschen zwangszubeglücken, sondern »nur« um Lebensmittelsicherheit für alle. Ich finde es aber bedenklich, dass junge Menschen immer seltener kochen können und dass sie nicht wissen, woher unsere Nahrungsmittel eigentlich kommen. Jahrhundertealte Traditionen, eine von Generation zu Generation weitergereichte Esskultur und Kochkunst laufen Gefahr, unterzugehen. Viele Kinder meinen, die Milch käme aus einer lila Kuh und die Butter auch irgendwie daher. Wie Brot entsteht, können viele von ihnen nur ahnen. Auch dass zur Herstellung von Wurst Tiere geschlachtet und verarbeitet werden, ist für Großstadtkinder vollkommen abstrakt, denn Rinder und Schweine kennen sie mitunter nur aus dem Buch oder aus dem Fernsehen. Die Distanz zwischen dem frittierten Hähnchenflügel aus der Fast-Food-Kette und dem geschlüpften Küken ist schon groß genug. Unendlich scheint sie zwischen dem Stück Fleisch und dem Bullen im Stall.

Weltweit leiden rund 750 Millionen Menschen unter den Folgen übermäßiger und falscher Ernährung – fast so viele wie an Hunger darben (täglich sterben 24 000 Menschen an den Folgen von Hunger, 18 000 davon sind Kinder unter fünf Jahren). Am Wohlstandsleiden Übergewicht ist nicht nur fettes Essen schuld. Auch mangelnde Bewegung, Süßigkeiten und hochgradig zuckerhaltige Getränke wie Coca-Cola sind die Ursache. Die Deutsche Gesellschaft für Ernährung (DGE) stellte fest, dass bereits jeder zweite Erwachsene übergewichtig ist und wir uns auf eine fette Gesellschaft hinbewegen. Opfer dieses Trends sind besonders Kinder: 26 Prozent der Jungen und 23 der Mädchen sind zu schwer oder fettleibig. Je älter, umso dicker, denn bei den neun- bis elfjährigen Kids sind schon 40 Prozent zu dick! 80 Prozent von ihnen werden später übergewichtige Erwachsene, die mit großer Wahrscheinlichkeit unter Herz- und Kreislauferkrankungen, Diabetes, Gicht oder Bluthochdruck leiden.

Eine umfassende Studie der Firma iconKids & Youth ergab, dass die meisten Kinder und Jugendlichen darauf pfeifen, sich gesund zu ernähren. Für 59 Prozent spielt gesunde Ernährung keinerlei Rolle, und nur für 41 Prozent ist sie wichtig – wobei Mädchen mit 52 Prozent weitaus ernährungsbewusster sind als Jungen (31 Prozent). Auf der Hitliste der beliebtesten Speisen stehen hoch oben Backwaren, Nudeln, Pizza und Burger. Obst, Gemüse, Salat oder Milchprodukte rangieren dagegen weit unten. Die bevorzugten Getränke sind der Umfrage zufolge

Milch-/Mixgetränke, Coca-Cola, Spezi und Energiedrinks. Im Elternhaus entscheiden Kinder zu 60 Prozent, was auf den Tisch kommt, und dabei sind sie außerordentlich markenbewusst. In Deutschland liegt ihre Kaufkraft bei circa 23 Milliarden Euro, in den USA hatte sie 1995 sogar schon 94,9 Milliarden Dollar erreicht. Manche Jugendliche geben wöchentlich bis zu 10 Euro ihres Taschengeldes an Imbissbuden und in Fast-Food-Restaurants aus.

Kinder sind also ein wirtschaftlicher Faktor: Ungefähr achtzig Lebensmittelprodukte werden mittlerweile speziell für sie angeboten. Den Großteil ihres Taschengeldes geben sie für Süßigkeiten, Getränke und Joghurts aus. Dabei werden Milchschnitten und andere Frühstückssnacks für gesünder gehalten, als sie wirklich sind. Fakt aber ist, dass sie weniger Milch als Zucker und Geschmacksverstärker enthalten. Kinderjoghurts und diverse Molkereiprodukte sind laut Stiftung Warentest zu süß, zu fett und voller Aromastoffe. Mitunter sind Kinder schon so an den synthetischen Geschmack gewöhnt, dass sie die eigentliche Frucht gar nicht mehr genießen können. Im Fachjargon der Industrie spricht man von »Futterprägung«: Die Nahrungsmittelkonzerne trimmen die Geschmacksnerven der Kinder auf die verarbeiteten Produkte und binden so lebenslang Kunden. Nicht viel anders ergeht es auch vielen Erwachsenen: Die Macht der Gewohnheit! Der Vergleich zwischen dem schnell gezogenen Masthähnchen mit dem zarten, weißen, meist fetten Fleisch und dem Bio-Hähnchen, dessen mageres Fleisch noch nach Fleisch und würzig schmeckt, ist dafür ein gutes Beispiel.

Wie vermitteln wir den Kindern das Wissen um andere Ernährung? Leider gibt es in den meisten Kindergärten und Schulen keine Küchen mehr. Wo ein warmes Mittagessen angeboten wird, wird es von Großküchen geliefert und enthält meist zu viele Kalorien und zu wenig Vitamine.

Daheim bekommen viele Kinder darüber hinaus Fertigessen vorgesetzt, Kinderravioli aus der Büchse, Würstchen aus der luftdichten Verpackung, Pizza aus der Tiefkühltruhe. Im Extremfall mümmeln sie regelmäßig bei langen Fernsehsitzungen noch andere Nahrungsmittel in sich hinein. Lebensmittel sollen uns am Leben und lebendig halten – sie sollen uns gut tun, die geistige und körperliche Entwicklung unserer Kinder fördern, die Sinne anregen, Genuss verschaffen und das Gemeinschaftsgefühl beim gemeinsamen Essen fördern.

Der »Internationale Tag des Kindes« am 20. September 2001 war der Auftakt für eine groß angelegte Ernährungskampagne, die ich über einen längeren Zeitraum forcieren will. Ich rief die Eltern auf, sich mehr Zeit für die Ernährung ihrer Kinder zu nehmen und als gutes Vorbild zu agieren. Je früher ein Kind lernt, sich gesund zu ernähren, umso besser ist die Gesundheit im Erwachsenenalter. Biologisch erzeugte Lebensmittel sind besonders gesund und schonen die Umwelt. Schweizer Untersuchungen haben ergeben, dass Öko-Produkte weniger Wasser einlagern als konventionell erzeugte. Bio-Fleisch lagert kaum Wasser ein und ist frei von antibiotischen Leistungsförderern – deshalb schrumpft es beim Braten auch nicht. Bio-Äpfel und Bio-Milch enthalten laut Untersuchungen eine Vielzahl Krebs hemmender Substanzen. Aber es geht nicht nur um Bio! Die Vielfalt macht es!

Unter dem Motto »FIT-KID: Die Gesund-Essen-Aktion für Kitas« haben wir in Zusammenarbeit mit der Deutschen Gesellschaft für Ernährung und aid, dem Auswertungs- und Informationsdienst für Ernährung, Landwirtschaft und Forsten, eine Aufklärungskampagne für Kindertagesstätten ins Leben gerufen. Im Rahmen dieser Kampagne bieten wir bundesweit Fortbildungsveranstaltungen über Kinderernährung, Lebensmittelhygiene und Verpflegung in Tagesstätten an. Mit dieser Aktion wollen wir vor allem die Erzieherinnen und Erzieher erreichen, denen neben den Eltern eine wichtige pädagogische Rolle zukommt.

»Unsere kunterbunte Kinderküche« ist ein Wettbewerb, bei dem Schulkinder kreativ werden und ihre Lieblingsmahlzeit malen, zeichnen oder basteln können. Dabei gibt es Preise zu gewinnen, und unser Kasimir, der Ernährungskaspar, besucht die Schule mit den schönsten Einsendungen. Mit seinen Faxen bringt er den Kindern auf unterhaltsame Weise bei, wie man sich richtig ernährt. Wir bieten auch Sinnesschulungen und Sinnesparcours an, in denen die Kinder durch Tasten und Schmecken erraten sollen, um welches Lebensmittel es sich handelt. Man schiebt eine Hand durch die Öffnung einer Box und fühlt, welches Gemüse oder welche Frucht sich darin verborgen hat: Wer kann die Mohrrübe ertasten, wer erkennt die Birne? Pastinaken oder Brombeeren sind dann schon für weit Fortgeschrittene.

Ernährungserziehung muss spannend sein und soll Spaß machen. Sie darf nicht mit dem erhobenen Zeigefinger daherkommen, denn rationale Gesundheitsargumente ziehen bei den Kids erwiesenermaßen nicht: Trink jeden Tag ein Glas Milch! klingt schon fast zu sehr nach Routine und Zwang. Unser Programm »Gemüse und Obst: Nimm 5 am Tag« ist die Basis für einen erlebnisorientierten Unterricht in den Grundschulen. Rätseln, Malen, Basteln und Geschichten, Bewegungsspiele und Erkundungsaufträge sollen die Kinder auf spielerische Weise animieren, mehr Obst und Gemüse zu essen.

Freude entsteht, wenn Kinder die Zusammenhänge zwischen Landschaft und Küche verstehen lernen, wenn sie wissen, wie Essbares gepflanzt wird, wächst, geerntet, als Rohkost verkauft oder verarbeitet wird und schließlich auf unserem Teller landet. Die Engländer sagen dazu *eating the landscape*, was so viel wie »die Landschaft essen«

bedeutet. Bauernhöfe sollen zu Klassenzimmern werden, wie das in einigen Bundesländern an den Schulen schon praktiziert wird: Kühe anfassen, Schweine begucken, Hennen beim Staubbaden zu beobachten und zu verstehen, was diese Nutztiere uns bedeuten, macht den Kindern die Natur und den Kreislauf, in dem wir leben, begreiflicher. Stadtkinder müssen das Land kennen lernen und umgekehrt. Ich bin mir sicher, dass Möhren im Wettbewerb mit Chips auch Chancen haben – das Akustikdesign einer knackigen Karotte, deren Entstehung man verfolgt hat, ist kaum zu überbieten.

Es gibt übrigens nicht nur Fast Food, sondern auch Slow Food – Nahrungsmittel, die unter umweltschonenden und tiergerechten Bedingungen entstehen. Auch wenn der Anteil verarbeiteter Lebensmittel ständig steigt, so müssen Kinder wissen, dass es köstliche Rohkost gibt, die man pur essen kann. Kochen, Backen oder Salateanrichten bringt den meisten Kindern so viel Spaß wie Basteln. Süß, sauer, salzig oder scharf zu unterscheiden ist Abenteuer und Wettbewerb. Es soll in der Schule und in Kindertagesstätten nicht nur darum gehen, des Schriftdeutschen mächtig zu sein, sondern auch darum, ein Bewusstsein für Zusammenhänge und die Umwelt zu entwickeln. Das gehört genauso zum Basiswissen wie Lesen, Schreiben und Rechnen.

Gleichwohl können wir das Rad der Geschichte nicht zurückdrehen. Unser vermeintlicher Zeitdruck lässt uns immer weniger Muße für die sinnlichen Freuden des Lebens, geschweige denn fürs Einkaufen oder gar Zubereiten von Lebensmitteln. Die Nahrungsmittelindustrie zieht immer ausgefallenere Pirouetten, um die Kunden mit schrillen Produkten anzulocken: grüner Ketchup, Eis mit Knoblauch- und Biergeschmack, gefärbte Nudeln und vieles mehr. Bäcker backen grüne Algenbrötchen und Fitnessbrote, damit sie ihr Brot weiterhin an Mann und Frau bringen. Die kleinen Geschäfte mit althergebrachtem Wissen und liebevoll hergestellten Produkten sterben aus. In Deutschland entscheiden fünf Supermarktketten darüber, was in den Supermärkten zu welchem Preis angeboten wird und was nicht – sie setzen 90 Prozent aller Lebensmittel um. Zum Glück aber entstehen in manchen Dörfern, aus denen sich der Lebensmitteleinzelhandel zurückgezogen hat, wieder kleine Geschäfte und auch in Städten mit hohem Einwandereranteil finden wir eine vielfältige Infrastruktur mit kleinen Läden, die gleichzeitig Cafés sind.

Übrigens: Functional Food gilt seit einiger Zeit als neuester Hit. Funktionellen Lebensmitteln wird eine gesundheitsfördernde Wirkung nachgesagt, weil sie mit Vitaminen und Mineralstoffen angereichert sind. Lebensmittel als Medizin? So sollen mit Ballaststoffen angereicherte Joghurts oder Gummibärchen mit Obstextrakten besonders gesund sein, Schokolade gegen Herzinfarkt wirken und Kaugummi gegen Krebs. In Wahrheit sind die Auswirkungen von Functional Food aber noch nicht ausreichend erforscht. Es gab beispielsweise mit Beta-Carotin aufgepeppte Produkte, die insbesondere Rauchern und Alkoholikern als zusätzliche Vitaminzufuhr empfohlen wurden. Inzwischen wissen wir aufgrund von zwei Studien, der ATBC-Studie (*Alpha-Tocopherol Beta-Carotene Cancer Prevention Study*) und der CARET-Studie (*Beta-Carotene and Retinol Efficiency Study*), dass isoliertes Beta-Carotin Krebs fördernd wirkt und Tumore schneller wachsen lässt. Was also als gesund galt, weil in der Natur vorkommend, macht als Zusatz krank! Anstatt darauf zu dringen, dass die Betroffenen weniger rauchen oder trinken, schuf ein Problem das nächste. Ob Functional Food der Gesundheit wirklich nützt und vor Krankheiten schützt, ist noch nicht erwiesen. Risiken können nicht ausgeschlossen werden und sind noch nicht einmal erschöpfend getestet. Die Menge der in den Nahrungsmitteln enthaltenen Zusatzstoffe ist ein Mittelwert – wie viel ist für den Einzelnen tatsächlich gesund?

In der EU gibt es 300 erlaubte Zusatzstoffe für Lebensmittel. Um Gesundheitsschäden auszuschließen, gibt es einen festgelegten Wert pro Gramm Körpergewicht, der für die tägliche Einnahme verträglich sein soll. Wir wissen aber noch viel zu wenig über die Ess- und Trinkgewohnheiten der Jüngsten und Schutzbedürftigsten, der Kinder. Die Studien über Verzehrgewohnheiten sind hoffnungslos veraltet: In unserer schnelllebigen Welt dienen uns teilweise zwanzig Jahre alte Daten als Maßstab! Deshalb haben wir die Wissenschaft beauftragt, neue Verzehrstudien zu erheben, damit wir die Menschen besser schützen können. Die EU-Kommission arbeitet derzeit an einer Richtlinie für funktionelle Lebensmittel. Zu Recht warnt das Bundesinstitut für gesundheitlichen Verbraucherschutz, dass diese neuen Gesundheitsversprechen die Grenze zwischen Lebensmitteln und Medikamenten durchbrechen könnten. Gesünder ist es allemal, anstelle von Gummibärchen mit Obstgeschmack gleich den Obstsalat zu essen.

Ist es angesichts aller dieser Fakten übertrieben, vom »Gefahrengut Lebensmittel« zu sprechen? Die Bundesvorsitzende des BUND für Umwelt und Naturschutz, Angelika Zahrnt, rennt bei mir offene Türen ein, wenn sie sagt, aus der Agrarwende müsse auch eine »Ernährungswende« erwachsen. Diese beiden Komplexe gehen Hand in Hand. Die Basis sind die Kinder und Jugendlichen. Das Ziel: Weg von der Einseitigkeit, hin zur Vielfalt. Wir müssen den nachfolgenden Generationen unser zur Verfügung stehendes Wissen vermitteln. Ich konnte die Zusammenhänge von Natur und Ernährung noch erleben. Mein Vater besaß immer einen Garten, in dem er allerhand anpflanzte. Der eigene Kohlrabi war ein Hochgenuss und dieser Spaß, im

Baum zu sitzen und die baumelnden Kirschen direkt in den Mund zu pflücken und Kirschkern-Weitspuck-Wettbewerbe auszurufen! Der Auftrag, den Korb zu füllen, war weniger attraktiv!

Wer mehr über Ernährung weiß, kann sich im Dschungel der angebotenen Waren gezielter entscheiden und eine individuelle Wahl treffen. Das Bio-Siegel und das Konventionelle QS-Siegel sollen dabei eine wesentliche Hilfe sein. Anhand detaillierter Kennzeichnung der Lebensmittelprodukte müssen wir zudem erreichen, dass jeder genau erfährt, wo was drinsteckt. So kann sich der Verbraucher vor Stoffen schützen, die er nicht essen möchte oder nicht vertragen kann. Es bleibt stets sinnvoll, auf regionale Produkte zurückzugreifen. Sie schmecken schon deshalb besser, weil sie in reifem Zustand geerntet werden und nicht tagelang gekühlt durch die Welt reisen. Man kann auch im Winter Äpfel und Weißkohl aus der Region essen. Fein geschnittener Weißkohlsalat mit kalt gepresstem Olivenöl und etwas Salz gehört zu meinen Lieblingsspeisen – da muss ich an mich halten, nicht die ganze Schüssel allein zu verspeisen – eine Geschmacksexplosion und so Vitamin-C-haltig, dass ich auf die Zitrone verzichten kann.

Unter den heutigen Lebensbedingungen und den Mehrfachbelastungen, unter denen die meisten Menschen stehen, ist es wichtig, einen Großteil des Einkaufs an einem Ort erledigen zu können. Deshalb will ich auch, dass Bio und Regionales quer in allen Supermärkten angeboten werden, damit zum Beispiel eine berufstätige Mutter einige Wege sparen kann. Unterdessen sind auch Bio-Supermärkte im Kommen: Es gibt schon über dreißig Supermärkte, die ausschließlich ökologisch erzeugte Produkte anbieten – von 2002 an sollen es laut Nürnberger Messe BioFach mehr als hundert sein. Mehr und mehr Großküchen beginnen, Bio-Kost oder Regionales anzubieten. Auch einige Universitätskantinen haben, angeregt durch Studenten, ihr Menüangebot dahingehend erweitert – in der Unimensa Hamburg zum Beispiel habe ich gute Bio-Kost gegessen. Und natürlich gibt es in der Kantine des Bundesverbraucherministeriums schon längst einen Öko-Speiseplan!

Wir nehmen uns eben die Freiheit.

14

Das Recht auf Nahrung

Es war ein milder Novembertag im wunderschönen Rom. Angeregt plaudernd wandelte ich mit einigen Mitarbeiterinnen und Mitarbeitern durch das Kolosseum am Forum Romanum. Beeindruckt von der Ausstrahlung der historischen Stätte und vollkommen davon absorbiert, dachte ich mir wahrlich nichts Böses, als mich plötzlich, keine zwei Meter vor mir, eine Gestalt mit einem Schwert bedrohte. Alles ging unfassbar schnell. Denn in derselben Sekunde, in der der scheinbare Angreifer die Waffe niedersausen ließ, riss auch schon einer der mich begleitenden Bundeskriminalbeamten reflexartig den Arm hoch und wehrte den »gefährlichen« Hieb ab. In Wahrheit war das kein Kunststück – das Schwert war, wie sich dann herausstellte, aus Plastik. Und der vermeintliche Ministerinnenschlächter war ein als Gladiator verkleideter Schausteller, dazu angehalten, Touristen atmosphärisch ins alte Rom zurückzuversetzen und mit Gags zu amüsieren. Was ihm gelungen war!

Die meiste Zeit meiner zweieinhalb Tage in Rom verbrachte ich im Gebäude der Ernährungs- und Landwirtschaftsorganisation, FAO. Die FAO wurde 1945 als Sonderorganisation der Vereinten Nationen gegründet, um den weltweiten Ernährungs- und Lebensstandard zu heben, die Produktion und Verteilung land-, forst- und fischereiwirtschaftlicher Erzeugnisse zu steigern, die Lebensbedingungen der ländlichen Bevölkerung zu verbessern und den Hunger in der Welt zu beseitigen. Deutschland trägt den FAO-Haushalt jährlich zu etwa 10 Prozent. Dennoch führte das Referat für Entwicklungspolitik im früheren Landwirtschaftsministerium ein Schattendasein. Keiner meiner Vorgänger scheint sich für dieses Thema sonderlich interessiert zu haben. Dabei ist die Nahrungsmittelproduktion längst globalisiert. Agrarpolitik ist nicht nur im europäischen, sondern im weltweiten Zusammenhang zu sehen, und die Ernährungssituation ist in der Welt unvermindert dramatisch.

Hunger ist das brutalste Merkmal von Ungleichheit und trägt ein gefährliches Konfliktpotenzial in sich. Das Ziel des Welternährungsgipfels von 1996, die Zahl der chronisch Unterernährten bis zum Jahre 2015 zu halbieren und auf 400 Millionen zu reduzieren, scheint mittlerweile kaum noch erreichbar. Es gibt mehr als 815 Millionen Hungernde in der Welt, davon 777 Millionen in so genannten Entwicklungsländern und 27 Millionen in den Nachfolgestaaten der Sowjetunion. Nur 10 Prozent der täglich 24 000 Hungertoten sind Opfer akuter Hungersnöte, 90 Prozent sterben an chronischem Hunger. Gemäß einer Studie von IFPRI, dem *International Food Policy Research Institute* in Washington, hungern jeden Tag 167 Millionen Kinder.

Seit 1974 ist die Zahl der Unterernährten zwar um jährlich etwa 8 Millionen gesunken – beispielsweise dank der klugen Politik einiger asiatischer Länder wie Thailand, die aufgrund ihres Wirtschaftswachstums und durch gezielte Förderung des ländlichen Raums die Armut reduzieren konnten. Doch besonders für afrikanische Länder südlich der Sahara stehen die Prognosen weiterhin schlecht. Auch im Nahen Osten, der Karibik und Asien ist das Leid der Hungernden ungemindert. Gerade die Teile der Welt, die als

Räume für Instabilität gelten, sind jene Elendsregionen, in denen Hungersnöte herrschen: Sierra Leone, Somalia, Eritrea, Äthiopien, Jemen, Teile des Sudan und Afghanistan. »Obwohl die Industrienationen seit Jahrzehnten so genannte Entwicklungshilfe leisten«, heißt es im Grünen Bundesprogramm von 1980, »wird der Abstand zwischen den armen und den reichen Völkern immer größer. Millionen Menschen müssen verhungern, während bei uns viele an Überernährung leiden und in großen Mengen hochwertige Nahrungsmittel verfüttert werden oder verderben.«

Naturkatastrophen, Dürre, Bürgerkriege und Korruption sowie Krankheiten und Seuchen gehören zu den Ursachen für die Unterernährung. Gerade in den ländlichen Gebieten Afrikas stirbt die erwerbsfähige Bevölkerung durch die Millionen von Aidstoten zunehmend weg, das Land kann nicht mehr bewirtschaftet werden, wodurch die Zahl der Opfer wiederum steigt. Hunger behindert die physische und geistige Entwicklung der jungen Generationen, ganze Gesellschaften können ihr wirtschaftliches Potenzial folglich nicht entwickeln. Als wäre Hunger allein nicht schon schlimm genug, verschärft er die Armut noch, weil Familienmitglieder für ihre chronisch Kranken aufkommen müssen, selber aber nur mit verminderter Kraft arbeiten können.

Hunger und Krieg gehen Hand in Hand. Die Bekämpfung des Hungers ist von einer Frage des Mitleids zu einer zentralen Frage der Weltinnenpolitik geworden. Die Frage nach Gerechtigkeit im Umgang mit den Ländern der so genannten Dritten Welt war eines der Grundmotive für die Gründung der Grünen Partei: »Es kann keine realistische Hoffnung auf einen stabilen Weltfrieden geben«, haben wir schon 1980 in unser Bundesprogramm geschrieben, »solange es keine Hoffnung für die Armen in der Welt gibt.« Die Terroranschläge auf die USA haben diesen Fragen eine neue Brisanz gegeben. Dürfen wir es zulassen, dass die Welt einerseits zusammenwächst und sich immer schneller entwickelt und andererseits ganze Regionen von dieser Entwicklung – und damit die Menschen dort – von jeder Hoffnung auf eine Zukunft abgekoppelt werden? Wie können wir das endlich ändern und welche Rolle spielt hierbei zum Beispiel die Welthandelspolitik? Wenn rund ein Fünftel der Weltbevölkerung täglich mit einem US-Dollar auskommen muss, während andere Wohlstand genießen und eine Minderheit in größtem Luxus schwelgt, entsteht Wut. Und Wut, sagt die indische Schriftstellerin Arundhati Roy in der *Frankfurter Allgemeinen Zeitung* (ihr durchaus umstrittener Beitrag bescherte Ulrich Wickert, nachdem er ihn zitiert hatte, einige Tage richtigen Ärger) in Bezug auf die Attentäter in den USA, »bekommt man unbemerkt durch den Zoll, durch jede Gepäckkontrolle«. Und Wut unterliegt auch keiner Importquote.

Auch Bundespräsident Johannes Rau hat in seiner Rede zum Welternährungstag am 16. Oktober 2001 betont, von welch großer Bedeutung es ist, den Hunger in der Welt zu bekämpfen. Vor meiner Abreise nach Italien hatte ich in der *taz* einen Kommentar zum Thema veröffentlicht, denn es war mir außerordentlich wichtig, auch in Deutschland eine Diskussion über die Bekämpfung der Hungersnot in der Welt anzuregen. Weltweite Ernährungssicherung gehört nicht nur ganz oben auf die Tagesordnung, sondern geht uns alle etwas an. Durch bewusste Ernährung und Entscheidung für einen sozial verantwortlichen, ökologischen und fairen Konsum kann jeder Einzelne viel für die Beseitigung von Hunger und für die nachhaltige Erzeugung von gesunden Nahrungsmitteln tun. Eine Politik gegen den Hunger darf sich nicht auf Nothilfeprogramme in akuten Krisenregionen beschränken. Zentrales Ziel muss die Bekämpfung chronischer Unterernährung sein. Die Stärkung der eigenen Handlungsmöglichkeiten der Betroffenen steht dabei im

Mittelpunkt. Hungerbekämpfung bedeutet: Zugang zu elementarer Bildung, zu Gesundheitsversorgung, zu Ressourcen wie Boden, Wasser und Saatgut. Voraussetzung für wirksame Strategien ist auch die Stärkung der Möglichkeiten demokratischer Teilhabe. Keine der großen Hungersnöte der Geschichte und Gegenwart fanden oder finden in einem demokratisch regierten Land statt. Ich griff den norwegischen Vorschlag von der Welternährungskonferenz 1996 auf: einen weltweit geltenden Verhaltenskodex auszuarbeiten, der die Regierungen verpflichtet, das Menschenrecht auf Nahrung sicherzustellen.

1948 verabschiedeten die Vereinten Nationen die *Universal Declaration of Human Rights,* in der sie den universellen Menschenrechtsschutz definierten: »Jeder hat das Recht auf einen Lebensstandard, der für seine eigene Gesundheit und sein Wohlergehen sowie für das seiner Familie adäquat ist – Ernährung eingeschlossen«, ist darin erklärt. 1966 wurde dieses Recht durch den Internationalen Pakt über wirtschaftliche, soziale und kulturelle Rechte weiter spezifiziert und betont, dass es zu »den Grundrechten eines jeden Menschen gehöre, nicht hungern zu müssen«. Keinen Hunger zu erleiden, ist die unterste Stufe – die nächste ist ein adäquater Zugang zu Ernährung. Das wiederum beinhaltet soziale, ökonomische, kulturelle, klimatische und ökologische Bedingungen.

Der Unterschied der englischen Begriffe *food safety* und *food security* ist nicht so einfach ins Deutsche zu übersetzen. Beide Male geht es um Sicherheit, man könnte sagen, einmal um die Qualität und einmal um die Menge. Übersetzungsprobleme haben international schon zu einigen Verwirrungen geführt. Wir nutzen deshalb konsequent die Begriffe »Lebensmittelsicherheit« und »Ernährungssicherung«. Lebensmittelsicherheit ist ein Thema von globaler Bedeutung, denn in den so genannten Süd- wie Nordlän-

202

dern sterben circa 2 Millionen Menschen jährlich an Lebensmitteln, die für den Verzehr nicht geeignet sind.

In den so genannten Transfer- und Entwicklungsländern ist der ländliche Raum für die Ernährungssicherung der eigenen Bevölkerung von lebenswichtiger Bedeutung – denn: 70 Prozent von 815 Millionen hungernden Menschen leben dort, ohne die Möglichkeit, sich selbst zu ernähren. Die Forderung des *Farmers' Rights Movement* in Afrika nach *access to land*, nach »Zugang zum Land«, ist deshalb ein wichtiger politischer Baustein, um landwirtschaftliche Produktion zu fördern und das Recht auf Ernährung zu sichern.

Wir brauchen die internationale Anerkennung einer neuen Generation von Menschenrechten: Am Anfang lag die Betonung auf Freiheit, Gleichheit und Brüderlichkeit. Heute muss darüber hinaus klar sein, dass das Recht auf Nahrung – *the right to food* – die Voraussetzung für das Recht auf Freiheit ist und deshalb für jeden einzelnen Staat eine Messlatte dafür sein muss, wie er mit seiner Bevölkerung umgeht. Das muss auch für die Verhandlungen der Welthandelsorganisation WTO Maßstab sein: Es kann nicht angehen, dass wir Handelshemmnisse abbauen, damit vor allem die einheimischen Eliten und multinationale Konzerne verdienen, während die einheimische Bevölkerung in der so genannten Dritten Welt sich nicht selbst versorgen kann.

Nach Schätzungen wird die Weltbevölkerung bis 2020 um 1,5 Milliarden auf 7,5 Milliarden Menschen wachsen. Unterdessen nimmt die landwirtschaftlich nutzbare Fläche jedoch ab. Schuld sind Umweltzerstörung, Urbanisierung, Industrialisierung, Straßenbau und Abfallentsorgung. Wertvoller Boden versalzt, erodiert – wird Wüste. Wasser wird zunehmend knapper und könnte vor allem im Nahen Osten Auslöser weiterer Kriege werden.

Eines der für mich erschreckendsten Beispiele für die

Zerstörung der Erde ist der Aralsee in Usbekistan: 1960 noch das viertgrößte Binnengewässer der Welt, ist der See wegen der intensiven Bewässerung der Baumwollfelder zunehmend ausgetrocknet. Er enthält nur noch ein Fünftel der früheren Wassermenge; Grundwasser und Böden sind mit Pestiziden verseucht, und es werden Salze freigesetzt, die der Wind verbreitet.

Eine weitere ökologische Katastrophe sind die Entwicklungen in tropischen und subtropischen Regionen: Weltweit verschwinden pro Minute 29 Hektar Regenwald – und jährlich 15 Millionen Hektar, so viel wie halb Deutschland. Ein Großteil der Wälder und mit ihnen die Tier- und Pflanzenvielfalt werden vernichtet, damit Milliarden von Rindern weiden und Schweine gemästet werden können. Rinder bilden in ihrem Verdauungstrakt das Treibhausgas Methan und tragen somit erheblich zur globalen Erwärmung bei. Durch Brandrodung und Abholzung weichen die Wälder, damit in großem Stil Futtermittel angebaut werden, welche unsere Nutztiere ernähren und uns billiges Fleisch liefern. Mit unserer gegenwärtigen globalen Marktpolitik vernichten wir Existenzgrundlagen, vertreiben Kleinbauern von ihrem angestammten Land und somit in die Armut – ein Teufelskreis.

Im deutschen Gesamtwaldbericht 2001 ist nachzulesen, dass sich durch die Nachfrage nach Pflanzenölen und Proteinfuttermitteln weltweit die Produktion von Sojabohnen in den letzten zehn Jahren von 106 Millionen Tonnen auf 154 Millionen Tonnen erhöht hat. Nach den USA sind die Hauptproduzenten Brasilien (30 Millionen Tonnen in 1999) und Argentinien (18 Millionen Tonnen); die Argentinier haben die Produktion gentechnisch angebauten Sojas in den letzten zwanzig Jahren vervierfacht, er macht jetzt schon 80 Prozent ihres gesamten Sojaanbaus aus! Für die Fleischindustrie, sagten die Autoren Tullis und Hollist 1986, bricht ein neues Zeitalter an, in dem »das Fleisch, das auf den Tisch des Verbrauchers kommt, in Europa und Nordamerika gezüchtet, in Südamerika aufgezogen, mit dem Getreide aus den Hauptanbauländern gemästet, nach internationalen Richtlinien geschlachtet und in den Ländern gegessen wird, die dem Herkunftsland am fernsten sind.«

Kleinbauern, Tagelöhner, Landlose und ihre Familien verlieren zunehmend ihre Lebensgrundlage. Ein entscheidender Faktor ihrer Armut ist neben allem anderen Übel, dass die Regierungen zugunsten der Städte immer weniger in den ländlichen Raum investieren; im Nahen Osten und in Nordafrika zum Beispiel sanken die Investitionen in den neunziger Jahren von 4,1 auf 1,1 Prozent und im südlichen Afrika von 6,2 auf 3,9 Prozent. In einigen Ländern macht die Landwirtschaft 20 Prozent des Bruttoinlandsprodukts aus, dennoch fließen nur 10 Prozent der Regierungsausgaben dahin. Im Schnitt investieren die so genannten Entwicklungsländer nur 3 Prozent ihres Staatshaushalts in den Landwirtschaftssektor. Auch die Weltbank hat in der laufenden Periode weniger Kredite denn je für den ländlichen Raum zur Verfügung gestellt. In den letzen zehn Jahren hat sich die Entwicklungshilfe für die ärmsten Länder der Erde halbiert.

Die Menschen auf dem Land brauchen einen Zugang zum Land und Kenntnisse über moderne Anbaumethoden, damit sie sich selbst versorgen können. Nach Einschätzung von IFPRI bedürfte es jährlich rund 10 Milliarden Dollar, um das zu erreichen – eine Summe entsprechend den weltweiten Militärausgaben (1999) von etwas mehr als fünf Tagen!

Nicht der verstärkte Import von Futtermitteln aus den Ländern der so genannten Dritten Welt, sondern der Aufbau einer nachhaltigen Landwirtschaft kann, wie unterschiedliche Studien nachgewiesen haben, die Armut zurückdrängen und den allgemeinen Lebensstandard der

Menschen heben. In der Vermarktung tropischer Bio-Produkte beispielsweise – insbesondere von Kaffee oder Früchten – gibt es gute Chancen für den weltweiten Absatz. Vorausgesetzt die politischen Rahmenbedingungen stimmen, folgern die Verfasser einer Studie, welche »Brot für die Welt«, Greenpeace und das britische Entwicklungsministerium in Auftrag gegeben haben, kann eine nachhaltige Landwirtschaft den Hunger besiegen. Öko-Landbau ist, wie Ulrike Höfken, agrar- und verbraucherpolitische Sprecherin der Fraktion Bündnis90/Die Grünen, sagt, »weder Luxus noch Nischenproduktion, sondern der Vorreiter für eine standortgerechte und technologisch angepasste Lebensmittelproduktion. Nur wenn die Fruchtbarkeit der Böden sowie die Leistungsfähigkeit des Naturhaushalts erhalten und gesteigert werden, kann die Ernährung der gesamten Menschheit gewährleistet werden.«

Zugleich müssen wir freilich die Handelsbarrieren beseitigen und die Handelsbeziehungen fair gestalten, um den so genannten Entwicklungsländern eine Chance zu geben, an der globalen Marktwirtschaft teilzunehmen: Topthema in den bevorstehenden Verhandlungen der Welthandelsorganisation WTO! In Indien haben Millionen von Frauen in Milchkooperativen nicht nur ihre Kinder ernährt, sondern auch Käse produziert und ihn dann weiterverkauft. Bis der weltweite Handel im Zuge der »Liberalisierung« billige Milch aus dem Westen nach Indien brachte. Unsere subventionierte Milch aus Europa zerstört die Existenzgrundlage dieser Frauen.

Ganz besonders Frauen und Mädchen sind vom Ruin der ländlichen Regionen betroffen. Ihre Probleme liegen mir besonders am Herzen. An unserem Ankunftstag in Rom, am 4. November 2001, traf ich gleich nachmittags mit Vertretern von Nichtregierungsorganisationen (NGOs) aus aller Welt zusammen. Susanne Gura und Michael Windfuhr, die die deutschen NGOs im Rahmen des Forum Umwelt und Entwicklung bei dieser 31. Konferenz der FAO koordinierten, nahmen uns in Empfang. Wir tagten in einem der Arbeitsräume der FAO, die keine Kontaktscheu zu Nichtregierungsorganisationen hat. Die Räume tragen die Namen der Mitgliedsländer, und soweit ich erinnere, beherbergten uns zu dieser Sitzung die Philippinen, wo das *Third World Network* seinen Sitz hat. Auf dem Weg dahin kam mir wieder die paradoxe Situation in den Sinn, dass wir während der BSE-Krise Rindfleisch aufkaufen mussten, um den Marktpreis zu halten. Wir haben dieses Fleisch dann, anstatt es zu vernichten, für viel Geld als humanitäre Hilfe nach Nordkorea entsandt. In Nordkorea sind hunderttausende von Kindern unterernährt und folglich in ihrer Entwicklung zurückgeblieben. Seit 1994 sollen nach Schätzung des Welternährungsprogramms der Vereinten Nationen mindestens 2 Millionen Menschen am Hunger und dessen Folgen gestorben sein. Mit der ersten deutschen Fleischlieferung von 6000 Tonnen Ende 2001 durften auch erstmals ausländische Journalisten ins Land, welches das sozialistische Regime mit Ausnahme einiger Diplomaten und Entwicklungshelfer bislang völlig abgeschottet hatte. Was Journalisten wie zum Beispiel Harald Maass von der *Frankfurter Rundschau* zu sehen bekamen, war erschütternd. »Die Menschen in Nordkorea«, schreibt der Reporter, »leben in einer lautlosen Katastrophe. Seit dem Zusammenbruch des Ostblocks leidet das Land unter Unterversorgung. Es mangelt an allem: Öl, Kohle, Getreide, Medikamenten, warmer Kleidung. Fabriken stehen still, die Böden sind ausgelaugt. Allein in diesem Jahr (2001) fehlen 1,5 Millionen Tonnen Getreide. Nordkorea betreibe eine ›Landwirtschaft der Verzweiflung‹, sagt ein deutscher Agrarexperte.« In einem Kinderheim in Anyon außerhalb von Wonsan, berichtet Maass, bekommen die ausgemergelten Kinder von der 150 Kilogramm Ration deutschen Rindfleisches, die dem Heim zugeteilt wurde, pro Woche je 33,3 Gramm.

Die Verschiffung des Fleisches nach Nordkorea hat finanziell mehr gekostet, als wir für dessen Vernichtung ausgegeben hätten. Die Entscheidung war rein ethisch begründet. Die kostenlose Fleischlieferung konnte auch keinen lokalen Fleischmarkt mehr stören, weil es einen solchen gar nicht mehr gibt. Doch Nordkorea braucht natürlich nichts so sehr wie regionale und vernetzte Projekte zum Wiederaufbau der Landwirtschaft und Infrastruktur. Ziel muss es sein, die Menschen am Ort zu bilden, ihnen NGOs als Unterstützung beim Aufbau an die Seite zu geben, Brunnen zu bauen, Saatgut zu verteilen und ein Gemeinwesen mit demokratischen Strukturen zu entwickeln. Während die Menschen in Nordkorea hungern, wird in Südkorea unser subventionierter deutscher Roggen als Fischfutter verfüttert!

In meinem Redebeitrag auf der zweistündigen Arbeitssitzung mit den rund 25 Vertreterinnen und Vertretern der NGOs habe ich betont, dass ich nicht beabsichtige, mein Engagement beim Krisenmanagement zu belassen, sondern den ländlichen Raum über spezifische Projekte fördern wolle. Deutschland, sagte ich, werde hier eine gestaltende Rolle einnehmen und mit den anderen Regierungen der Welt die Schaffung eines Verhaltenskodexes vorantreiben, damit künftig alle Regierungen dazu angehalten sind, als erste Pflicht die Ernährung ihrer Bevölkerung sicherzustellen. Dafür wolle ich mehr Geld auftreiben und das Thema wieder in die Öffentlichkeit bringen. Als einer der größten Beitragszahler der FAO wollen wir uns verstärkt in den Prozess einbringen und auch den Anteil deutschen Personals erhöhen, um eigene Projekte in die Wege zu leiten. Auf dem NGO-Treffen bekam ich die Einladung, im Juni 2002 auf dem Treffen der NGOs, das parallel zum Welternährungsgipfel stattfindet, eine Rede zu halten. Diese

Einladung nahm ich an. Das wird eine spannende und nötige Diskussion.

Die wenige Zeit in Rom habe ich genutzt, um Mitglieder anderer Regierungen zu treffen und engagierte Menschen kennen zu lernen. Schon in der Frühe des zweiten Tages begann die erste Sitzung mit der deutschen Delegation. Anschließend unterhielt ich mich erst mit dem Generaldirektor der FAO, Jacques Diouf, und dann mit dem Agarminister Indiens. Auf der Plenarsitzung sahen wir uns alle wieder. Nachmittags war ich an der Reihe, eine Erklärung abzugeben. Darin wiederholte ich die Kernpunkte, die ich bereits auf dem Treffen mit den NGOs angesprochen hatte. Die Arbeit der FAO, sagte ich, sei essenziell für einen weltweit nachhaltigen Umgang mit unseren Ressourcen und damit auch Grundlage für einen fairen Welthandel. Ich plädierte dafür, soziale und ökologische Kriterien im Rahmen internationaler Abkommen zu verankern und mit den Regeln der Welthandelsorganisation in Übereinstimmung zu bringen.

Ich sprach auch das Thema gentechnisch verändertes Saatgut an: »Wir müssen kritisch prüfen, was der Einsatz von GVOs den Menschen in den so genannten Entwicklungsländern wirklich bringt. Auf keinen Fall dürfen die Bauern und Bäuerinnen am Ende in Abhängigkeit von einzelnen transnationalen Unternehmen geraten!«

Die These, der Hunger in der Welt sei nur durch die Gentechnik in den Griff zu bekommen, bezweifle ich. Die Gentechnik kann höchstens einen kleinen Teil des Hungers bekämpfen, dessen Ursachen aber nicht. Hunger ist vor allem ein Verteilungsproblem. Bei gleichmäßiger Verteilung, meint der indische Agrarexperte Devinder Sharma in der *taz*, hätten wir heute sogar noch Überschüsse. In Indien leiden 225 Millionen Menschen an Hunger. Zugleich verfügt das Land über die Atombombe, und in den Lagern verrotten tausende von Tonnen an Getreideüberschüssen. Sharma weist auch darauf hin, dass die Industrie Getreidesorten entwickelt, die nur gegen die Pestizidsorten resistent sind, die die eigene Firma herstellt. Wer also das Saatgut kauft, muss dazu auch gleich das passende Unkrautvernichtungsmittel erstehen. Das Argument, dass GVO sogar auf noch versalzenen Böden gedeihen, klingt für mich, als löse man ein Problem mit einem anderen: Warum, frage ich, haben wir denn die kaputten Böden? In vielen Fällen durch falsche Nutzung, zum Beispiel durch Garnelenzucht, wo früher Reisfelder waren, wegen der Versalzung »herkömmlicher« Reis aber nie mehr gedeihen wird! Durch eine nachhaltige Landwirtschaft wäre für die Not leidenden Menschen am Ort viel mehr gewonnen als durch den Anbau von GVO-Monokulturen, die gar nicht für den lokalen Markt, sondern für den Export angebaut werden. Außerdem ist die aufwändige Entwicklung der Gentechnik für die Hungernden in der Welt unerschwinglich, und sie kann schon gar nicht die Probleme der Kleinbauern lösen. Hoch ist ferner das Risiko, dass die gentechnisch modifizierten Pflanzen auswildern und andere Pflanzen, die die selbstständige Ernährung ermöglichen, verdrängen.

Eine regionale Produktion und Vermarktung, die den Kleinbauern zugute kämen, sind in dem bestehenden Modell der Gentechnologie bislang nicht vorgesehen. »Der Beweis, dass die damit verbundenen Versprechungen ertragsstärkerer und widerstandsfähigerer Pflanzen realisiert werden können, steht noch aus«, sagen Herwart Groll und Bernd Nilles in der *Frankfurter Allgemeinen Zeitung*. Was wir brauchen, sind politische Lösungen! Keinesfalls dürfen die so genannten Entwicklungsländer Versuchsfeld für die Praxisforschung ungeklärter Risiken bei der Freisetzung gentechnisch veränderter Pflanzen werden, ohne juristisches Regelwerk, das die womöglichen Folgeschäden sichert.

Zurück zu meiner Rede: Ich begrüßte, dass wir am Vortag nach schwierigen Verhandlungen in der Lage waren, den internationalen Vertrag zur Nutzung und zum Schutz pflanzengenetischer Ressourcen für die Landwirtschaft zu verabschieden. Denn viele Nutzpflanzen sind heute weltweit verbreitet. Mehr und mehr traditionell genutzte Formen werden dabei von Sorten verdrängt, die mit modernen Methoden gezüchtet wurden. Dabei wurde die Verfügbarkeit dieser wichtigen genetischen Ressourcen durch rechtliche Beschränkungen wegen des geistigen Eigentums an der Züchtung systematisch eingeschränkt. Dieser Praxis haben wir mit dem Vertrag – dessen Zustandekommen sieben Jahre dauerte! – Einhalt geboten. Die Bauern auf der ganzen Welt können so zu günstigen Konditionen geeignetes Saatgut erwerben, und die Vertragsstaaten haben sich verpflichtet, die biologische Vielfalt zu erhalten und nachhaltig zu nutzen. Auf den politischen Willen käme es an, sagte ich, wenn wir Hunger und Unterernährung bekämpfen wollten. Jeder habe das Recht auf ausreichende und gesunde Nahrung.

Später sprach ich mit Ann Veneman, der amerikanischen Agrarministerin. Freundlich war die Unterhaltung, aber rein interessenorientiert, und in Sachen Gentechnik und Kennzeichnung von GVO-Produkten kamen wir uns erwartungsgemäß nicht näher. Ann Veneman erwog, in Zukunft die Nicht-GVOs zu kennzeichnen, was ich für eine indiskutable Verdrehung halte. Natürlich sprachen wir auch über die aktuelle Lage in Afghanistan, wo 6 bis 8 Millionen Menschen hungern und der Winter drohte, die Not der leidenden Bevölkerung weiter zu verschärfen. Die islamistischen Taliban standen zu jener Zeit unter ständiger Bombardierung der Amerikaner und waren im Begriff, nach und nach ihre Stellungen aufzugeben. Wie der von Bürgerkrieg und Armut gebeutelten Bevölkerung langfristig Hilfe zur Selbsthilfe gegeben werden kann, beschäftigte mich auch während dieses Gesprächs außerordentlich. Stichwort: Stärkung des ländlichen Raums und das Recht auf Nahrung! Die Nahrung für die hungernde Bevölkerung darf auf Dauer nicht in Form gelber Lebensmittelpäckchen vom Himmel fallen, sondern sie muss aus der Erde wachsen!

Ein weiterer Erfolg der Konferenz war, dass wir den Haushalt der Organisation, wenn auch nur geringfügig, steigern konnten; er beträgt nun 651,8 Millionen Dollar pro Jahr. Zu guter Letzt traf ich noch den stellvertretenden japanischen Agrarminister Iwanga. Die Japaner hatten im Herbst 2001 ebenfalls den ersten BSE-Fall und sind seither um ein knappes Jahr zeitversetzt in die gleichen Diskussionen verstrickt wie wir. Vielleicht haben sie gerade deshalb ein brennendes Interesse am Öko-Landbau und luden uns auf ihre Bio-Fachmesse nach Tokio ein. Matthias Berninger ist im Dezember 2001 für unser Ministerium hingefahren. Nach der letzten Sitzung im »Canada Room«, es war am frühen Abend des 5. November, begleitete der Deutsche Botschafter mich und meine Mitarbeiterinnen zum Flughafen Fiumicino, von wo aus wir nach Berlin zurückflogen. Die neue Welthandelsrunde in Katar stand bevor – und für mich und viele von Bündnis 90/Die Grünen eine der schwierigsten Entscheidungen: Zu welchen Bedingungen kann eine deutsche Teilnahme am Antiterroreinsatz gegen al-Qaida erfolgen?

15
Für die erste Generation
des 21. Jahrhunderts

Aufgabe der Welthandelsorganisation WTO ist es, die internationalen Handelsbeziehungen auf Einhaltung der Regeln zu überwachen und den freien Handel zu ermöglichen. Dennoch verteidigt jedes der 142 Mitgliedsländer seine Handelsbarrieren, die die Liberalisierung des Weltmarkts gerade verhindern: Zölle, Importquoten und Exportsubventionen. Auch die EU will ihre Agrarmärkte nicht öffnen, um die europäischen Bauern vor Konkurrenz zu schützen. So scheitern die Exporte aus anderen Regionen, insbesondere aus den so genannten Schwellenländern, vielfach an unseren hohen Einfuhrzöllen. Diese treiben die Preise hoch und machen die eigentlich billigeren Produkte jener Länder dann mindestens so teuer wie unsere eigenen. Zugleich sorgen Exportsubventionen dafür, dass wir unsere Produkte – vor allem Milch und Rindfleisch – weltweit zu wettbewerbsfähigen Preisen absetzen können. Unsere Produkte lassen sich somit in den so genannten Entwicklungsländern zumeist billiger anbieten, als dies einheimische Produzenten vermögen, die ihrerseits die eigenen Waren nicht mehr loswerden. Auf den Punkt gebracht: Die Exportsubventionen gefährden das Gewerbe in ärmeren Regionen und zerstören dort die regionale Landwirtschaft.

Im internationalen Vergleich gewähren die europäischen

Regierungen ihren Landwirten mit Abstand die höchsten Beihilfen für Agrarexporte, gefolgt von Japan, den USA und anderen Ländern. Die Organisation für wirtschaftliche Zusammenarbeit und Entwicklung OECD hat derweil ausgerechnet, dass gerade die USA, die sich über die EU-Subventionen stets heftig beklagen, ihre staatliche Agrarförderung seit 1996 um mehr als 400 Prozent erhöht haben und besonders den Export stützen. Im Vergleich: Die USA gaben im Jahr 2000 pro Kopf der Bevölkerung 338 Dollar für Agrarhilfen aus – die EU hingegen nur 276 Dollar pro Einwohner. Insgesamt geben die Industrieländer täglich eine Milliarde US-Dollar für landwirtschaftliche Subventionen aus! »Sie nennen das Absatzmärkte«, sagt der indische Agrarexperte Devinder Sharma, »aber eigentlich benutzen sie uns als Müllkippe.« Meine Kollegin Heidemarie Wieczorek-Zeul (SPD), Bundesentwicklungsministerin, bezeichnete die Agrarsubventionen in diesem Zusammenhang als »pervers«. Eine Öffnung der Märkte für Produkte aus so genannten Entwicklungsländern würde diesen – so das *International Food Policy Institute* in Washington – jährlich rund 21,5 Milliarden Dollar bescheren, eine allzu optimistische Schätzung, wie ich meine, die dennoch das Potenzial verdeutlicht.

Der so genannte freie Handel ist allerdings ein höchst vielschichtiges Thema mit einer komplizierten Gemengelage von Interessen. Es wäre ein großer Fehler zu glauben, man könne die Probleme der so genannten Entwicklungsländer nur durch die Liberalisierung des Handels lösen: Würde man die Märkte über Nacht öffnen, würden die armen Länder nicht automatisch prosperieren; es gibt keine einfachen Formeln wie Einfuhrquoten rauf und Subventionen runter, und schon verdienen alle. Denn es ist ja nicht so, dass die so genannten Entwicklungsländer an den Weltagrarmärkten problemlos wettbewerbsfähig wären. Es ist naiv zu glauben, die breite Masse der Bevölkerung dort sei in der Lage zu exportieren. Wer baut denn im Süden an? Nicht Kleinbauern, die in der Regel für den Eigenbedarf oder den Binnenmarkt wirtschaften, sondern große Weltkonzerne mit ihren gigantischen Monokulturen von Soja oder Mais, die für den Export bestimmt sind. In vielen Gebieten hat der Futtermittelanbau den Getreideanbau der einheimischen Bauern verdrängt, und die Monokulturen sind schuld daran, dass wertvolle landwirtschaftliche Flächen verteppen und versalzen.

Wo man auch hinblickt, hat die Weltbank darauf bestanden, dass ihre Großprojekte in den so genannten Entwicklungsländern mit dem Geld ausländischer Investoren finanziert werden. Sie sind es dann auch, die daran verdienen, und nicht die Kleinbauern. Freilich ist jeder Staat daran interessiert, dass die landeseigenen Firmen Arbeitsplätze schaffen und Steuern zahlen; dafür sind sie auch bereit, den Unternehmen Produktionsstätten außerhalb des Landes zu organisieren. Viele der so genannten Schwellen- und Entwicklungsländer geben an, dass sie Probleme mit der Weltbank haben, weil die ihnen keine Kredite gibt, mit denen sie am Ort Projekte mit der eigenen Bevölkerung aufbauen können.

Als Grüne habe ich immer die Chancen, aber auch die Probleme und Fallen der Globalisierung gesehen. Es waren Grüne, die lange bevor das Wort »Globalisierung« zum Modewort wurde, Demonstrationen gegen die Welthandelsrunden, die damals noch GATT hießen, organisierten. Es waren Grüne, die Fragen der globalen Verantwortung stellten und versuchten, das Thema ins öffentliche Bewusstsein zu bringen. Und es war die Partei »Die Grünen«, die sich mit Fragen der Demokratieentwicklung auseinander setzten, wie es dann auch das »Bündnis 90« in der damaligen DDR getan hat. Beide verstanden sich als »Sprachrohr« für die Menschen, die sonst in der Öffentlichkeit keine »Stimme« hatten. Denn bei der WTO waren

DIE WELTHANDELSORGANISATION

Die WTO, 1993 in der Uruguay-Runde gegründet, ist die Nachfolgerin des GATT, des Allgemeinen Zoll– und Handelsabkommen von 1947, dem damals 23 Staaten beitraten. 1995 löste die WTO das GATT ab. Seither gehört sie neben IWF und Weltbank zu den drei Grundpfeilern der Weltwirtschaftsordnung. Von ihren rund 550 Mitarbeitern arbeiten 180 Fachleute, überwiegend Ökonomen und Juristen, den 142 Mitgliedsländern zu. Die dritte Welthandelsrunde in Seattle war 1999 gescheitert, weil sich die Teilnehmer nicht auf Bedingungen einigen konnten, die den Handel weiter liberalisiert und das Ungleichgewicht zwischen den Industriestaaten und den Entwicklungsländern verringert hätten. Vor allem die größten Handelsmächte, USA und die EU, konnten ihre Differenzen nicht ausräumen. Die so genannten Entwicklungsländer fühlten sich auf der Handelsrunde deutlich isoliert und aus dem Globalisierungsprozess ausgeschlossen. Wütende Demonstrationen von Umwelt- und Entwicklungsaktivisten, NGOs, Gewerkschaften, Frauen- und Menschenrechtsorganisationen sowie Globalisierungsgegnern begleiteten die Konferenz.

es immer die reichen Industrieländer, die den Ton angaben und die Politik bestimmten. Man muss sich fragen, warum Umwelt- und Sozialkriterien nicht längst zum Maßstab des Welthandels erklärt wurden und warum zum Beispiel Kinder- und Zwangsarbeit weiterhin toleriert werden? Warum große Firmen wie Nike oder Adidas in Asien für Pfennigbeträge produzieren und ihre dortigen Angestellten unter unerträglichen Jobbedingungen arbeiten lassen und das sieben Tage die Woche. Hier kann die EU eine wichtige Rolle spielen und sie hat es in Doha im November 2001 erstmals erfolgreich getan.

Auf der Nachfolgekonferenz in Doha vom 9. bis 15. November 2001 verliefen die Verhandlungen letztendlich besser als erwartet. Nach zähem Feilschen, dessentwegen die Konferenz um einen Tag verlängert wurde, konnten die Teilnehmer sich endlich auf eine dreijährige Handelsrunde über die weitere Liberalisierung der Weltwirtschaft einigen. Sie begann am 1. Januar 2002 und soll bis zum 1. Januar 2005 dauern. China, das bevölkerungsreichste Land der Welt, und das Industrieland Taiwan wurden in die WTO aufgenommen, sodass diese nun 144 Mitglieder hat (Russland soll bald folgen).

Erwartungsgemäß waren die Verhandlungen über die Agrarsubventionen besonders schwierig. Europäer und Japaner verlangten, dass Umwelt- und Sozialstandards in den Verhandlungen künftig berücksichtigt werden müssen. Das Spannungsverhältnis zwischen Welthandel und Umweltschutz, das es zu lösen gilt, hat schon für einige handelspolitische Konflikte gesorgt. Zum Beispiel verbieten die Europäer die Einfuhr hormonbehandelten Fleisches aus den USA. Bei uns ist die Produktion von Hormonfleisch nicht erlaubt, weil einige der Hormone im Verdacht stehen, Krebs erregend zu sein oder es nachweislich sind.

Dagegen haben die USA bei der WTO geklagt. Jedes Land, so hat die Welthandelsorganisation daraufhin entschieden, hat das Recht, eigene Gesundheitsstandards festzulegen und Importe abzulehnen, wenn sie diese nachweislich nicht erfüllen. Aus Gründen des Verbraucherschutzes würden wir sogar gerne das Vorsorgeprinzip gelten lassen, sodass wir Importe im Zweifelsfall auch ohne wissenschaftlichen Beweis von Gefährdung ablehnen können.

Die USA und andere Länder interpretieren unser Beharren auf Umweltstandards als »grünen Protektionismus«, manche neoliberale Wissenschaftler sehen darin einen »Öko-Imperialismus«. Namibia etwa hat einen Importstopp von Rindfleisch hinnehmen müssen, weil keine Behörde garantieren konnte, dass die Tiere mit herkömmlichem Futter und nicht mit gentechnisch modifiziertem Mais gefüttert wurden. Es ist aber eben nicht im Interesse unserer Verbraucher, Lebensmittel zu essen, die ihre Gesundheit gefährden könnten oder ihren ethischen Grundsätzen nicht entsprechen. Inzwischen werden auch Stimmen in den so genannten Entwicklungsländern laut, die hier ein Umdenken fordern.

Ein weiteres Ergebnis von Doha ist, dass die so genannten Entwicklungsländer und Industrieländer bei der Liberalisierung unterschiedlich zu behandeln sind. Den so genannten Entwicklungsländern wurde das Recht einer *development box* zugestanden, die ihnen ermöglicht, sich vor Außeneinflüssen zu schützen und so die Entwicklung der eigenen ländlichen Räume zu stärken.

Auf der Sitzung des EU-Agrarrats, die im Herbst 2001 vor der WTO-Runde stattfand, waren die Mitgliedsstaaten sehr wohl darauf vorbereitet gewesen, dass in den WTO-Agrardebatten hart gerungen werden würde. Pascal Lamy, EU-Handelskommissar, und Agrarkommissar Franz Fischler haben im Vorfeld der Konferenz öffentlich gesagt, dass wir, so Lamy, bereit sind, »bei der Marktöffnung, beim Abbau der Exportsubventionen und bei der Verringerung von produktionsbezogenen Zahlungen an die EU-Landwirte weiter zu gehen als in der Uruguay-Runde«.

Doch was heißt das für die Zukunft der europäischen Agrarpolitik in einer Europäischen Union, die nicht mehr 15, sondern 25 Mitglieder hat? Spätestens mit der EU-Osterweiterung stößt das bisherige europäische Fördersystem an seine Grenzen. Mir ist jedoch etwas anderes viel wichtiger: Wenn die Förderpolitik international nicht

Bestand hat und wir deshalb sowieso umsteuern müssen, dann sollten wir es jetzt tun.

Konkret hieße das für die Beitrittsländer, sich jetzt auf das Quotendickicht der EU-Direktzahlungen einzulassen und dann festzustellen, dass diese eben zum Beispiel nicht WTO-fest sind. Deshalb erscheint es mir sinnvoll, gemeinsam einen Weg zu suchen, der den Bäuerinnen und Bauern in den Beitrittsländern eine Perspektive bietet. Ich unterstütze dabei sehr die Auffassung Kommissar Fischlers, der sich um die Entwicklung der ländlichen Räume sorgt. Sein Ansatz, den Beitrittsländern eine Flächenzahlung, die von der Produktionsmasse entkoppelt ist, zu zahlen, ist richtig – zumal er sie an Umweltgesichtspunkte bindet.

Anfang März 2002 reise ich zu einer Konferenz nach Warschau, die die Möglichkeiten im Öko-Landbau für die Beitrittsländer ausloten und diskutieren soll. Ich bin sehr gespannt, wie die Debatten dort verlaufen und für welchen Weg sich die einzelnen Länder entscheiden werden. Gerade Polen gehört zu den Ländern, in denen immer mehr Flächen zum Anbau gentechnisch veränderter Organismen genutzt werden!

Auf der Internationalen Grünen Woche 2002, die ja auch mein einjähriges Jubiläum als Ministerin anzeigte, haben wir über die EU-Erweiterung viel diskutiert. Ich war begeistert, wie viele meiner Kolleginnen und Kollegen gerade aus den Beitrittsländern nach Berlin gereist waren. Denn Europa bedeutet für mich immer: Wir wollen und müssen gemeinsam gehen und einen breiten Weg finden, der alle mitnimmt. Nur wer auch persönliche Kontakte und den direkten Austausch pflegt, verinnerlicht, europäisch zu denken, und lernt, die Probleme anderer Länder in dem inzwischen so großen Haus EU immer mit einzubeziehen. Als begeisterte Europäerin mache ich auch das mit Leidenschaft.

Die EU-Erweiterung bringt die Notwendigkeit mit sich, sich über unsere Lebensgrundlage, die Lebensmittelproduktion, auszutauschen und auf gemeinsame Standards zu einigen. Dabei gilt auch für den Agrarbereich das Prinzip der Gleichbehandlung – die Finanzströme unbedingt mit eingeschlossen! Es gelten aber auch weitere Grundprinzipien. Die Lebensmittelsicherheit beispielsweise, gerade die Hygienebedingungen, sind unteilbar! Deshalb brauchen wir auch eine starke europäische Lebensmittelbehörde.

Umso glücklicher war ich über die breite Unterstützung unserer Arbeit bei der Internationalen Grünen Woche. Ob der Regierende Bürgermeister von Berlin, Klaus Wowereit, Kommissar Fischler oder mein Kollege Laurens Jan Brinkhorst aus den Niederlanden – sie alle zeigten ganz deutlich den Willen, einen gemeinsamen Weg zu gehen. Übereinstimmend nannten sie den *midterm review*, die Halbzeitbilanz, der Agenda 2000 als Wendepunkt der europäischen Agrarpolitik. Uns alle beschäftigt derzeit die Frage, wie die Zukunft unserer ländlichen Räume aussieht und wie wir sie sinnvoll gestalten können.

Das Gesicht der Grünen Woche hatte sich verändert. Überall drängten sich die Menschen, die mir zeigen wollten, wie auch sie bei sich vor Ort die multifunktionale Landwirtschaft stärken und was sie alles für die Verbraucherinnen und Verbraucher tun. Überall gehörten die Begriffe Nachhaltigkeit und Verbraucherorientierung zum Stammvokabular.

Erstmalig hatte sogar die Jugend eine eigene Halle, und ich bin sicher, dass das nur der Anfang einer ernst gemeinten Verbraucherorientierung ist, die in Zukunft Erfolgsgeschichte schreiben kann. So, wie auch bei den technischen Errungenschaften, deren Charme ich mich nie entziehen kann! Natürlich hat es mir Spaß gemacht, mit Minister Brinkhorst auf dem knallorangefarbenen Rad (ohne Handbremse!) durch die Jubiläumshalle der Niederlande zu brausen.

Aber was ist das gegen die Trecker, die der »lebende« Beweis dafür sind, dass Landwirtschaft und Technik und Nachhaltigkeit einfach zusammengehören? Diese Schmuckstücke der modernen Technik, satellitengestützt und computergesteuert, brauchen nur eine Fahrt über den Acker, um mehrere Arbeitsgänge gleichzeitig zu erledigen. Damit wird der Boden nicht unnötig belastet, Erosion vermindert. Da leuchten Kinder- und Ministeraugen – und auch die Auftragsbücher der Firmen sehen nicht schlecht aus. Davon hatte ich mich auf der großen Agrartechnikmesse Agritechnica in Hannover überzeugen können!

Ja, in dem ersten Jahr meiner Amtszeit haben wir einiges auf den Weg gebracht. Die BMVEL-Halle auf der Internationalen Grünen Woche machte dies auf kleinem Raum »greifbar« und »erfahrbar«. Groß und Klein waren begeistert! Kita-Kinder haben gekocht, und Jugendliche beteiligten sich engagiert bei der Aktion »Käfige zu Kunst«: Sie bauten höchst kreativ Legebatteriekäfige um und stellten ihre Ergebnisse anschließend aus. Schließlich fanden sich alle in dem Sinnesparcours von Slowfood und der Universität Kassel ein, um die Sinne und das Gelernte zu testen!

Zum Jahreswechsel gab es aber auch neue Skandale: Sie machen deutlich, dass wir, obwohl wir schon weit gekommen sind, immer noch ziemlich am Anfang stehen! Laut Umfragen waren 23 Prozent der Menschen in Deutschland Ende 2001 davon überzeugt, dass es zu neuen Lebensmittelskandalen kommen werde. Das zeigt, wie zart das Pflänzchen Verbrauchervertrauen ist und wie viel Arbeit noch vor uns liegt. Sätze wie »Wir brauchen keine Agrarwende« schrecken mich nicht, ich sehe den Weg klar vor mir: Mit unserem Handeln müssen wir auch den nachfolgenden Generationen zumindest noch die Chance auf Verbrauchergrundrechte geben, wie etwa auf Wahlfreiheit, damit sie ihre Zukunft selbst gestalten können.

Als der bündnisgrüne Parteirat im Frühsommer 2001 über Kinder- und Familienpolitik debattierte, habe ich die Zusammenhänge mit einigen humoristischen Einsprengseln in einer Skizze dargestellt. Die Kinder, die erste Generation des 21. Jahrhunderts, sind der Mittelpunkt unseres Handelns, das Zentrum unseres Denkens. Entwicklungschancen für sie setzen heute politisches Handeln auf vielfältigen Gebieten voraus.

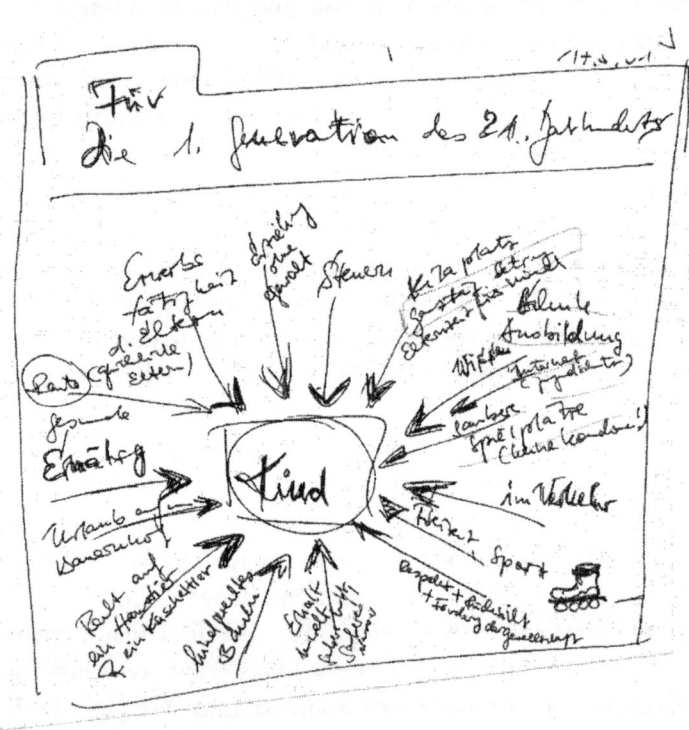

Fünfzehn Thesen für eine verbraucherorientierte Agrarpolitik

1. Vertrauen durch Veränderung

Der vorsorgende Verbraucherschutz bildet das Herzstück einer Verbraucherpolitik, die mehr Sicherheit für die Konsumenten zum Ziel hat. Vom Schutz vor BSE bis hin zu Euro-Rabatten gilt es, die Rechte der Verbraucher in den Vordergrund zu stellen. Krisen lassen sich nicht durch Gesundbeten bewältigen, sondern nur durch nachvollziehbare Veränderungen. Die Bereitschaft, althergebrachte Produktionsabläufe so zu verändern, dass Sicherheitsdefizite beseitigt und Informationslücken geschlossen werden, ist das notwendige Signal zur Neuausrichtung. So schafft man Vertrauen durch Veränderung.

2. Verbraucherpolitik ist mehr als Verbraucherschutz

Sie lebt vom aktiven Konsumenten. Erst wenn er durch sein Konsumverhalten Signale setzt, kann aus dem nachsorgenden Verbraucherschutz vorsorgender Verbraucherschutz werden. Denn Lebensmittelsicherheit entscheidet sich nicht nur an der Festlegung von Rückstandshöchstmengen oder *acceptable daily intakes* (ADI-Werten). Wenn

Produktionsprozesse strukturell verändert werden müssen, dann müssen auch die Verbraucher ihren Teil dazu beitragen. Sie brauchen Informationsrechte, um gegen die Anbieter mit dem Einkaufskorb vorzugehen, die sich und ihre Produktionsabläufe nicht am vorsorgenden Verbraucherschutz orientieren.

3. Verbraucherschutz ist eine Aufgabe, die alle Ressorts moderner Regierungen betrifft

Sicherheit, Wahlfreiheit, Informationszugang und Beteiligungsrechte der Verbraucher sind die Eckpfeiler der konsumentenbestimmten Marktwirtschaft und Maßstab dafür, wie verbraucherfreundlich die Gesetze sind. Verbraucherrechte müssen auch zum Beispiel bei der Privatisierung großer Staatsbetriebe (Bahn, Post, Telekom) eine Rolle spielen. Auch die eingeleiteten Reformen des Rentensystems, des Gesundheitswesens und der Pflegeversicherung sollten noch stärker den Bedürfnissen der Verbraucher angepasst werden. Verbraucherpolitik muss massive Konflikte zugunsten der Verbraucher entscheiden können, egal, ob es um einen neuen Rechtsrahmen bei den Finanzdienstleistungen geht oder darum, Marktstörungen durch Monopolbildung zu verhindern.

4. Verbraucherschutz ist global

In Zeiten der Globalisierung muss Marktwirtschaft ökologisch, sozial und konsumentenbestimmt sein. Hierbei spielen die Nachhaltigkeitskriterien von Rio eine wichtige Rolle. Verbraucherrechte zu verwirklichen heißt auch, das öffentliche Interesse gegenüber transnational operierenden Unternehmen zu vertreten. Die großen Unternehmen machen freiwillig meist nur dann mit, wenn sie Sorge haben, das Image ihrer Marke könnte Schaden nehmen, und sie die Macht der Verbraucher zu spüren bekommen. National-staaten, aber auch Europa, brauchen eine globale Institu-tion, um die Verbraucherrechte durchzusetzen und glo-balisierte Warenströme am Prinzip des vorsorgenden Verbraucherschutzes auszurichten. Nicht nur die Lebens-mittelbestimmungen werden immer noch von viel zu vielen Gremien festgesetzt, in denen darüber hinaus die Interessen großer Konzerne stärker einfließen als die der Verbraucher. Globale Verbraucherpolitik bedient sich der elementaren Verbraucherrechte. Sie muss Sicherheit gewährleisten, Wahlfreiheit schaffen, Informationen bereitstellen und den Verbrauchern Möglichkeiten bieten, sich Gehör zu ver-schaffen.

5. Wir müssen die Wahlfreiheit für die erste Generation des 21. Jahrhunderts erhalten

Ziel ist, das Wissen über die Zusammenhänge von Ernäh-rung und Nahrungsmittelproduktion zu vertiefen und weiterzugeben. Dies sollte eine zentrale Aufgabe der Schu-len sein und im Lehrplan verankert werden. Nur so kann die erste Generation des 21. Jahrhunderts zwischen Lebens-mittelprodukten wählen. Ganztagsschulen hätten darüber hinaus die Möglichkeit, gesunde Nahrungsmittel auf den täglichen Speiseplan zu setzen. Verbraucherschutz muss konkret an der Lebenswelt von Kindern ausgerichtet sein.

6. Europa braucht bäuerliche Landwirtschaft

Die Gemeinsame Agrarpolitik (GAP) ist ein Bereich, in dem die Regelungen schon seit langem sehr weitgehend harmo-

nisiert sind. Sie war und ist ein Motor für das Zusammenwachsen des Kontinents. Mit der Osterweiterung werden
fast 500 Millionen Menschen im gemeinsamen Binnenmarkt leben. Doch die Gemeinsame Agrarpolitik wird heute immer noch als riesige Subventionsverteilungsbürokratie
wahrgenommen. Gelingt es, die multifunktionale Landwirtschaft zu einem gemeinsamen Thema von Verbrauchern, Naturschützern und Bauern zu machen, so kann die
GAP zu einem Gestaltungsinstrument eines neu verstande-
nen europäischen Agrarmodells werden. Dies ist auch ein
wichtiger Schritt weg von einem Europa der Regierungen
hin zu einem Europa der Bürger. Die neu verstandene Rolle der Landwirtschaft umfasst mehr, als Nahrungsmittel
oder Rohstoffe zu produzieren. Wir wollen die Vielfalt der
Kulturlandschaft Europas und die unzähligen regionalen
Küchen erhalten. Wir wollen die Landwirtschaft als Basis
einer Wertschöpfungskette erhalten, die die Bewahrung und
die nachhaltige Entwicklung der Regionen ermöglicht. Deshalb ist der Kampf gegen den globalen Einheitsgeschmack
zugleich auch ein Kampf für die bäuerliche Landwirtschaft
und für unseren Naturraum. Deshalb sind auch die Verbraucher aufgerufen, mit einem neuen, nachhaltigen Konsumverhalten den Umsteuerungsprozess in der Agrarpolitik zu unterstützen.

7. Die Osterweiterung – Grau darf Grün
   nicht vertreiben

Das Zusammenwachsen Europas wird zu einer Erneue-
rung unseres Kontinents führen. Es wird – wie schon bei
der Deutschen Einheit – viele Investitionen geben, die in
die Verbesserung der Infrastruktur fließen sollen. Doch diese ausschließlich zu fördern, greift zu kurz: Überdimen-
sionierte Kläranlagen und Investitionsruinen in Südeuro-

pa sind die Ergebnisse verfehlter Investitionspolitik. Sie stehen für Beton, für Grau eben. Sinnvoll hingegen sind die Förderung regionaler Räume und die Investitionen in Naturschutz und bessere Tierhaltung. Sie stehen für Grün. Europäische Agrarpolitik könnte helfen, die Entwicklung der ländlichen Räume voranzubringen, Massenarbeitslosigkeit auf dem Lande verhindern und eine naturnahe Bewirtschaftung unserer unverwechselbaren Kulturlandschaft garantieren.

8. Regional ist erste Wahl

Regionalität bei der Lebensmittelerzeugung und -vermarktung bedeutet kurze Wege. Damit bleibt die Wertschöpfung in der Region erhalten. Darüber hinaus erfährt der Verbraucher, wo und wie seine täglichen Lebensmittel erzeugt werden. Und: Kurze Wege bedeuten ein Mehr an Frische und geringere Belastung von Umwelt und Tieren. Nur auf regionaler Ebene ist es möglich, dass Verbraucher und Landwirte neu aufeinander zugehen und ihre Interessen kommunizieren, Vorurteile abbauen, Vertrauen begründen können. Auch hier ist also ein Umdenken auf beiden Seiten erforderlich. Nachhaltige, regional ausgerichtete Landwirtschaft braucht mündige und bewusste Verbraucher.

Die Bedeutung von regionalen Zusammenhängen wächst mit dem Zusammenwachsen Europas. Regionen allein über Autobahnanschlüsse und Flughäfen zu definieren, wäre nicht richtig. Wenn es um Lebensqualität geht, muss auch die bäuerliche Landwirtschaft eine Schlüsselrolle übernehmen. Wir brauchen regionale Schlachthöfe, die Kooperation von Handwerk und Landwirtschaft und eine Vermarktungsstruktur, die den Anteil von Nahrungsmitteln aus der Region für die Region erhöht. In Gegenden, in denen dies beherzigt wird, werden die Besonderheiten unseres Landes erhalten bleiben, sind Dörfer die »Herzen der ländlichen Räume« und werden nicht zu Schlafstätten degradiert. Wir wollen Landschaften, in denen Menschen gerne leben, arbeiten und sich erholen und das produzieren, was den Menschen gut tut. Das Konzept »Regional ist erste Wahl« sollte im Sinne der Nachhaltigkeit unser Denken und Handeln im fortschreitenden Globalisierungsprozess mitbestimmen. Es ist ein Plädoyer für die Stärkung der ländlichen Räume und der in ihnen lebenden Menschen weltweit.

9. Die Agrarwende steht für Nachhaltigkeit

Die Bundesregierung erarbeitet zur Zeit eine nationale Nachhaltigkeitsstrategie. Hier wird sich zeigen, ob die biologische Vielfalt in unserem dicht besiedelten Land erhalten werden kann. Die Neue Agarpolitik orientiert sich deshalb am Leitbild der sozial, ökologisch und ökonomisch nachhaltigen Landnutzung und artgerechter Tierhaltung. Doch die Agrarwende ist nicht auf die deutsche Scholle beschränkt, sondern hat globale Auswirkungen. Wir sind der fünftgrößte Tierproduzent in der Welt. Nur die Amerikaner und Brasilianer trinken mehr Kaffee, bei Kakao sind die Deutschen sogar an zweiter Stelle des weltweiten Verbrauchs. Wer so lebt, hat Verantwortung für Waldzerstörung und Verdrängung der Kleinbauern von den guten Böden in den südlichen Ländern. Die Ausweitung des Öko-Marktes kann den Anteil von Produkten aus fairem Handel spürbar erhöhen. Die Bindung der Viehhaltung an landwirtschaftliche Fläche soll auch die Importe von Futterpflanzen wie Soja verringern. Das bisherige Prinzip der Abschottung und das Fehlen einer wirksamen globalen Entwicklungspolitik für die ländlichen Räume muss ersetzt werden durch ein System des fairen Handels und die Stärkung der bäuerlichen Landwirtschaft weltweit. Hierbei nimmt die Verbraucher-, Ernährungs- und Landwirtschaftspolitik eine Schlüsselrolle ein.

10. Nachhaltigkeit braucht Modernisierung

Eine moderne Landwirtschaft der nachhaltigen Landnutzung und artgerechten Tierhaltung setzt auf technische Innovationen und Investitionen, zum Beispiel in moderne Stallbauten. Die hofeigene Futtergrundlage kann durch moderne Tierfutter-Ergänzungsmittel optimiert werden. Satellitengesteuerte Maschinen werden den Einsatz von Düngern und Pflanzenschutzmitteln massiv reduzieren. Auch die Nachfolge auf den Höfen kann nicht mehr allein als Generationenwechsel innerhalb einer bäuerlichen Familie geregelt werden, sondern muss neu organisiert und für Menschen von außen geöffnet werden. Hier gilt es, die bäuerliche Landwirtschaft »neu zu erfinden« und gegenüber der Vielfalt der Lebensmuster in unserer Gesellschaft zu öffnen. Das müssen wiederum auch die Verbraucher annehmen, die mitunter mit einem Hofbesuch auch einen nostalgischen Ausflug in die »gute alte Zeit« verbinden. Dazu werden zusätzliche Einkommensquellen im Bereich der regenerativen Energien, der nachwachsenden Rohstoffe, im Naturschutz, in der Hofvermarktung und bei sozialen Dienstleistungen die Einkommensmöglichkeiten der Landwirte grundlegend erweitern. Nachhaltigkeit und Modernisierung gehen in der Landwirtschaft deswegen Hand in Hand. Der ökologische Landbau hat hierbei eine wichtige Vorreiterrolle.

11. Tierschutz ist mehr als eine Wettbewerbsfrage

Alle, die Fleisch konsumieren, sind in der Verantwortung für unsere Nutztiere. Tiere sind keine Gegenstände. Als Mitgeschöpfe verdienen sie und ihr Schutz eine Verankerung im Grundgesetz. Die Lebensbedingungen unserer Tiere müssen verbessert, die Tierhaltung wieder in ein Gleichgewicht mit der bewirtschafteten Fläche gebracht werden. Verbraucher wollen mehr Tierschutz, müssen aber auch konsequent handeln. Die Lebensbedingungen der Tiere zu verbessern bedeutet, mehr Platz für deren Bedürfnisse bereitzustellen, die Umwelt zu entlasten und neue Arbeitsplätze zu schaffen. Deutschland ist heute noch kein Vorreiter in Sachen Tierschutz, sondern kann von einigen Nachbarländern viel dazulernen. Deutschland wird dann von dem Standortvorteil Tierschutz profitieren, wenn es gelingt, die Produktionsweise zu ändern, ohne die Produktion zu verlagern. Dafür sind der Dialog zwischen Bauern, Tierschützern und Verbrauchern sowie des Handels und auch gesetzliche Vorgaben zur Kennzeichnung von Produkten tierischer Herkunft notwendig.

12. Uneingeschränkte Solidarität – die nächste Welthandelsrunde

Multifunktionale Landwirtschaft und den Kriterien der Nachhaltigkeit verpflichtete Agrarkonzerne schaffen Arbeitsplätze und bewahren die Artenvielfalt in unverwechselbaren Kulturlandschaften. Wir müssen Abschied nehmen von der einseitigen Politik der Agrarsubventionen und marktverzerrenden Direktzahlungen. Wir wollen eine Umverteilung zugunsten der ländlichen Räume. Dabei müssen auch die Bauern in den ärmsten Regionen der Welt im Zuge der WTO-Verhandlungen profitieren, wenn wir den Hunger dort wirksam bekämpfen wollen. Neben der Sicherung der Ernährung (*food security*) muss es auch bei der Lebensmittelsicherheit (*food safety*) zu Fortschritten kommen. Dies darf nicht als neue Abschottungsstrategie der Märkte des Nordens missverstanden werden, sondern ist eine Marktchance auch für die heute benachteiligten Länder, über Qualität zu einer nachhaltigen wirtschaftlichen Entwicklung zu kommen. Uneingeschränkte Solidarität mit den Ländern des Südens ist eine der Lehren aus den Veränderungen der Weltpolitik seit dem 11. September 2001, die in der globalen Agrarpolitik verwirklicht werden kann. So können auch Voraussetzungen für ein Gelingen des Weltklimagipfels in Johannesburg 2002 geschaffen werden.

13. Veränderungen brauchen Zeit

Landwirtschaft hält sich nicht nur an die Jahreszeiten, die meisten Familienbetriebe können auch auf eine lange Tradition zurückblicken: Ihre Höfe wurden von Generation zu Generation weitergegeben. Aber es gibt auch Interessenverflechtungen, die unter heutigen Gesichtspunkten zu Lasten des Allgemeinwohls gehen. Diejenigen aber, die ihre Vorteile daraus ziehen, halten beharrlich an ihren Privilegien fest. Um die Agrarwende durchzusetzen, dürfen die Verantwortlichen den Konflikt nicht scheuen und müssen die notwendigen Veränderungen gegen diese starke Lobby durchsetzen. Nur Veränderung schafft in diesem krisengeschüttelten Politikfeld Vertrauen. Es ist immer wieder das Gleiche: Reformvorschläge werden zunächst belächelt, dann bekämpft und am Ende wollen alle Eltern der guten Idee sein.

14. Klasse statt Masse ist das leitende Prinzip

Die Deutschen geben im europäischen Vergleich am wenigsten für Lebensmittel aus. Das liegt zum einen am ruinösen Preiswettbewerb, den sich unsere Lebensmittel-Einzelhandelsketten liefern, und zum anderen an einer Landwirtschaft, die sich in den letzten Jahrzehnten immer stärker zum reinen Rohstofflieferanten degradieren ließ. Diese Entwicklung ist kein Naturgesetz, sondern war eine verständliche Strategie zur Ernährungssicherung in der Nachkriegszeit. Doch die Zeiten und das Bewusstsein der Verbraucher haben sich verändert. Die Menschen sind bereit, für Qualität und Sicherheit mehr Geld auszugeben: Das Kaufverhalten, das im vergangenen Jahrzehnt im Automobilsektor festzustellen war, muss ab sofort auch für die Lebensmittel gelten. Regionale Produkte, am vorsorgenden Verbraucherschutz orientierte Produktionsabläufe und Bio-Lebensmittel bieten die Chance, im Handel eine höhere Wertschöpfung zu erzielen, erhöhen die Vielfalt des Angebots für die Verbraucher und tragen zum Erhalt der bäuerlichen Landwirtschaft bei. Klasse statt Masse muss ein Leitbild für alle Nahrungsmittel werden.

15. Eine moderne Verbraucherpolitik ist wählbar

Lebensmittelkrisen fallen nicht vom Himmel. Sie zeugen von mangelnden staatlichen Kontrollinstrumenten. Sie haben ihren Ursprung jedoch in falschen Produktionsstrukturen, die nicht am Leitbild der Nachhaltigkeit orientiert sind. Mit einer verbesserten Kontrolle und entsprechenden gesetzlichen Regelungen werden diese Krisen als Symptom der strukturellen Missstände in der Lebensmittelproduktion dem Verbraucher immer öfter bewusst gemacht. Sie können nur gemeistert werden, wenn die Verantwortlichen bereit sind, die Bedürfnisse des Verbrauchers mit einzubeziehen. Schon Adam Smith forderte: Der Zweck und die Rechtfertigung jeder Produktion sei der Verbrauch. Verbraucherpolitik ist wählbar, wirklich erfolgreich ist sie aber erst, wenn sich auch die Verbraucher für die konsumentenbestimmte Marktwirtschaft engagieren – eben die Erde schätzen und die Verbraucher schützen.

Anhang

Glossar

AGÖL Arbeitsgemeinschaft ökologischer Landbau

AbL Arbeitsgemeinschaft Bäuerliche Landwirtschaft

aid Auswertungs- und Informationsdienst für Ernährung, Landwirtschaft und Forsten e.V.

AMK Agrarministerkonferenz

ANOG Arbeitsgemeinschaft für naturnahen Obst-, Gemüse- und Feldfruchtanbau

ANUGA Allgemeine Nahrungs- und Genussmittelausstellung

BIOLAND Verband für organisch-biologischen Landbau

BIOPARK Ökologischer Landbau (Anbauverband)

BDL Bund der Deutschen Landjugend

BfR Bundesinstitut für Risikobewertung

BMVEL Bundesministerium für Verbraucherschutz, Ernährung und Landwirtschaft (seit 22. Januar 2001)

BSE Abkürzung für *Bovine Spongiforme Enzephalopathie*, auch Rinderwahnsinn genannt

BVE Bundesverband Ernährungsindustrie

BVL Bundesamt für Verbraucherschutz und Lebensmittelsicherheit

Cairns-Gruppe 18 argrarexportierende Länder, zu denen neben Australien und Kanada auch zahlreiche Entwicklungsländer wie Argentinien gehören

CMA Centrale Marketing-Gesellschaft der deutschen Agrarwirtschaft

DBV Deutscher Bauernverband

DEMETER Verband für biologisch-dynamischen Landbau

DGE Deutsche Gesellschaft für Ernährung

DLG Deutscher Landfrauenverband e.V.

DNA englisch für DNS, Desoxyribonukleinsäure, Erbsubstanz

DTB Deutscher Tierschutzbund

ECO VIN Bundesverband Ökologischer Weinbau

EU Europäische Union (Fünfzehner-Gemeinschaft seit 1. Januar 1995)

EUR Euro

FAO *Food and Agricultural Organization of the United Nations*, Rom (Ernährungs- und Landwirtschaftsorganisation der Vereinten Nationen)

G 8 »Gruppe der Acht«, führende westliche Industrienationen inklusive Russland

GÄA Vereinigung Ökologischer Landbau (Anbauverband)

GAK Gemeinschaftsaufgabe »Verbesserung der Agrarstruktur und des Küstenschutzes«

GAP Gemeinsame Agrarpolitik

GATT *General Agreement on Tarifs and Trade* (Allgemeines Zoll- und Handelsabkommen; Vorgänger der WTO

GVO Gentechnisch veränderte Organismen (engl. GMO)

HDE Hauptverband des deutschen Einzelhandels

IFPRI *International Food Policy Research Institute*, Washington

IFOAM Internationale Vereinigung der ökologischen Landbaubewegung

IGW Internationale Grüne Woche

ILO *International Labour Organization*, Genf (Internationale Arbeitsorganisation)

IWC Internationale Walfangkommission

MOEL Mittel- und Osteuropäische Länder

MKS Maul- und Klauenseuche

NATURLAND Verband für naturgemäßen Landbau

NGO Non-governmental Organization

NRO Nichtregierungsorganisation

NAFTA North American Free Trade Agreement (Freihandelsabkommen zwischen den USA, Kanada und Mexiko)

OECD Organization for Economic Cooperation and Development, Paris (Organisation für wirtschaftliche Zusammenarbeit und Entwicklung)

ÖKOSIEGEL Verein Ökologischer Landbau

ÖPZ Öko-Prüfzeichen GmbH

WDCS Whale and Dolphin Conservation Society

WHO World Health Organization (Weltgesundheitsorganisation)

WTO World Trade Organization (Welthandelsorganisation), Genf

WWF World Wide Fund for Nature (Umweltorganisation)

Webguide

www.bml.de Bundesministerium für Verbraucherschutz, Ernährung und Landwirtschaft

www.verbraucherministerium.de

www.bmvel-forschung.de

www.oepz.de Öko-Prüfzeichen GmbH

www.lebenswissen.de Wissenschaft im Dialog des Bundesministeriums für Bildung und Forschung

www.foerderpreisoekologischerlandbau.de

www.aid.de Auswertungs- und Informationsdienst für Ernährung, Landwirtschaft und Forsten (aid)

www.aid.de/aidintern/forum2001/forum2001talkrunde.html Informationsforum des aid zum Thema Klasse statt Masse *www.Gutes-vom-Bauernhof.de* Internetportal des BMVEL

www.bio-siegel.de

www.europa.eu.int/comm/enlargement/index.htm Website der Europäischen Kommission über die EU-Osterweiterung

www.naturland.de Erzeugergemeinschaft Naturland, die deutschen Fischzuchtbetrieben Öko-Label erteilen

www.modellregionen.de

www.abl-bayern.de Arbeitsgemeinschaft bäuerlicher Landwirtschaft e.V.

www.agoel.de Arbeitsgemeinschaft Ökologischer Landbau (AGÖL)

www.gaea.de Ökologischer Landbau

www.allesbio.de Bioführer

www.bauernverband.de

www.landjugend.de Bund der Deutschen Landjugend

www.deutsche-landwirte.de

www.cma.de Centrale Marketing-Gesellschaft der deutschen Agrarwirtschaft

www.greenpeace.de

www.nabu.de Naturschutzbund Deutschland e.V. NABU

www.nabu.de/landwirtschaft/datenbank NABU Studie über Lobbyverflechtungen in der Landwirtschaft

www.bund.net Bund Freunde der Erde

www.soel.de Stiftung Ökologie und Landbau

www.goet.de Gesellschaft für Ökologische Tierhaltung e.V. Bonn

www.dainet.de Dainet (Deutsches Agrarinformationsnetz)

www.allergieverein-europa.de

www.vegetarierbund.de

www.demeter.de

www.bioland.de

www.naturkost.de

www.naturland.de

www.ecovin.de

www.butterbrot.de

www.n-bnn.de Bundesverband Naturkost, Naturwaren, Herstellung und Handel e.V.

www.foerderpreisoekologischerlandbau.de

www.future-of-food.de oder *www.future-of-food.nl* Deutsch-niederländische Internetdiskussion: Zukunft der Landwirtschaft – Zukunft der Lebensmittelproduktion

www.slow-food.de

www.pflanzenoelinitiative.de (Bioöle in der Technik)

www.oekotopp.de Öko-Shopping Suchmaschine

www.warentest.de Stiftung Warentest

www.oekotest.de Ökotest-Verlag

www.verbraucher-ini.de Verein Verbraucher Initiative

www.verbraucher.org

www.imug.de Institut für Markt-Umwelt-Gesellschaft (imug)

www.ifav.de Institut für angewandte Verbraucherforschung (ifav)

www.ral.de Deutsches Institut für Gütesicherung und Kennzeichnung (ral)

www.soilassociaton.org/ Britisches Ökoinstitut, Bristol

www.gruene.de

www.euronatur.de

www.europa.eu.int Homepage der Europäischen Union

www.beuc.org The European Consumers' Organisation Brüssel

www.consumersinternational.org Internationale Verbraucherwebsite

http://www.nader.org/ Internetseite des amerikanischen Verbraucherschützers und Bürgerrechtlers Ralph Nader

www.citizen.org 1971 von Ralph Nader gegründete Organisation Public Citizen für Konsumenten zum Schutz von Gesundheit, Sicherheit und Demokratie

www.biotechcentury.org/ The Foundation on Economic Trends von Jeremy Rifkin *www.attac-netzwerk.de* Netzwerk für eine solidarische Weltwirtschaft gegen neoliberale Globalisierung

www.fao.org Website der Welternährungsorganisation FAO

www.welthungerhilfe.de

www.ifpri.org International Food Policy Research Institute (Ifpri), Washington

www.gruene-biotechnologie.de

www.bauernhausurlaub.de

www.projekt-mahlzeit.de Projekt Mahlzeit von »Brot für die Welt«

www.waswiressen.de

Internetadressen über Tierschutz

www.bmvel.de/tierschutz zweijährlicher Tierschutzbericht des Bundesministeriums für Verbraucherschutz, Ernährung und Landwirtschaft

www.wdcs-de.org Whale and Dolphin Conservation Society (WDCS)

www.walfang.de Kampagne des WDCS

www.walbeobachtung.de Kampagne des WDCS

www.ifaw.org International Fund for Animal Welfare

www.ifaw.org/page.asp?unitid=211 Bericht des International Fund for Animal Welfare über weltweites Whale Watching 2000

www.wwf.de Umweltstiftung World Wide Fund for Nature

www.tierschutzbund.de

www.bat-witzenhausen.de Beratung Artgerechte Tierhaltung e.V.

www.eurogroupanimalwelfare.org

www.tierschutz-medienarchiv.de

www.was-dahinter-steckt.de

www.msc.org Marine Stewardship Council. Einrichtung von Fischerei, Industrie, Handel und Naturschutz zur nachhaltigen Bewirtschaftung und Bewahrung der Meere

www.tierrechte.de Bundesverband der Tierversuchsgegner mit Informationen zu Tierversuchen und alternativen Testverfahren

Literaturhinweise

Alt, Franz: *Agrarwende jetzt*. Gesunde Lebensmittel für alle, München 2001

Angres, Volker/Hutter, Claus-Peter/Ribbe, Lutz: *Futter fürs Volk*. Was die Lebensmittelindustrie uns auftischt, München 2001

Angres, Volker/Hutter, Claus-Peter/Ribbe, Lutz: *Bananen für Brüssel*. Europa – wie unsere Steuern vergeudet werden, München 2000

Baldenhofer, Kurt: *Lexikon des Agrarraums*, Gotha 1999

Bové, José/Dufour, François: *Die Welt ist keine Ware*. Bauern gegen Agromultis, Zürich 2001

Brockhaus: *Die Zukunft unseres Planeten*, Leipzig. Mannheim 2000

Bundsministerium für Bildung und Forschung (BMBF): *Hightech statt Tiere*, Bonn 2001

Celsi, Teresa: Ralph Nader. *The Consumer Revolution*, Brookfield (USA), 1991

Gore, Al: *Wege zum Gleichgewicht*. Ein Marshallplan für die Erde, Frankfurt 1992

Grimm, Hans-Ullrich: *Aus Teufels Topf*. Die neuen Risiken beim Essen, Stuttgart 1999

Grimm, Hans-Ullrich: *Die Suppe lügt*. Die schöne neue Welt des Essens, Stuttgart 1997

HRH The Prince of Wales, Clover, Charles: *Highgrove: Portrait of an Estate,* London 1993

HRH The Prince of Wales: Halt our rural decline, in: *The Times,* July 23 2001

Institut für ökologische Wirtschaftsforschung (IÖW) im Auftrag des Naturschutzbundes (NABU): Lobbyverflechtungen in der deutschen Landwirtschaft. Beratungswesen, Kammern und Agrobusiness, Wuppertal 2001

Klein, Naomi: *No Logo!* Der Kampf der Global Players um Marktmacht, München 2001

Kluge, Ulrich: *Ökowende.* Agrarpolitik zwischen Reform und Rinderwahnsinn, Berlin 2001

Lutzenberger, José/Gottwald, Franz-Theo: *Wege aus der Ernährungskrise,* Frankfurt/Main 1999

Parrott, Nicholas und Marsden, Terry: *Organic and Agroecological Farming in the Developing World.* Ccardiss 2001.

Pollmer, Udo/Warmuth, Susanne: *Lexikon der populären Ernährungs-Irrtümer,* Frankfurt/Main 2000

Pretty, Jules/Hine, Rachel: *Ernährung sichern,* Frankfurt a. Main 2001

Reich, Robert: *Locked in the Cabinet,* London 1998

Reinecke, Ingrid/Thorbrietz, Petra: *Lügen Lobbies Lebensmittel.* Wer bestimmt, was Sie essen müssen, Hamburg 1998

Rifkin, Jeremy: *Das Imperium der Rinder,* Frankfurt/Main 2001

Rifkin, Jeremy: *Access.* Das Verschwinden des Eigentums, Frankfurt 2000

Rodham Clinton, Hillary: *Eine Welt für Kinder,* Hamburg 1996

Schlosser, Eric: *Fast Food Nation,* London 2001

Schmidt, Götz/Jasper, Ulrich: *Agrarwende oder die Zukunft unserer Ernährung,* München 2001

Schweisfurth, Karl Ludwig: *Das Buch vom guten Fleisch,* Herrmannsdorfer Landwerkstätten 1998

Schweisfurth, Karl Ludwig: *Pures Leben.* Die Früchte der Natur erzeugen, verwerten, genießen, München 2001

Stiftung Entwicklung und Frieden: Globale Trends 2002, Frankfurt 2001

Tullis, F. La Mond/Hollist, W. Ladd (Hrsg.): *Food, the State and International Political Economy,* Lincoln 1986

Personen- und Sachregister

Bildnachweis

1. Foto © AP
2. Foto © Jochen Eckel, ddp
3. Foto © ullstein bild - BPA
4. Foto © ullstein bild - Boness/PON
5. Foto © ullstein bild - Meldepress
6. Foto © Andreas Schoelzel, Berlin
7. Foto © dpa
8. Foto © ullstein bild - Roland
9. Foto © Swantje Helbing
10. Foto © Andreas Schoelzel, Berlin
11. Foto © Dr. Jürgen Gebhardt/stern
12. Foto © Fabian Matzerath/ddp
13. Foto © AP
14. Foto ©Markus Wächter, *Berliner Zeitung*